KATAMARANE
DAS BUCH

KATAMARANE

DAS BUCH

HELGE SACH
ANDREAS KLING

DSV-VERLAG

Die Autoren

Helge Sach

* 30. Dezember 1956 in Zarnekau

1974
Vierter der
Deutschen Jugendmeisterschaften
1980
Erstmals Deutscher Meister
1985
Umstieg auf den Tornado-Katamaran
seit 1989
Privattrainer für Anfänger und
Fortgeschrittene sowie für Ausbilder und
Fachhändler
1990
Weltranglistenerster und EM-Bronze
seit 1992
Trailer-Bau und -Service
1993
Nacra-Europameister
Zum sechsten Mal Deutscher Meister
1994
Tornado-Vizeweltmeister
1997
Bundeshonorartrainer des DSV
2001
Erster Deutscher Meister im Tornado mit Spi
und Doppeltrapez
Bronze bei der Kieler Woche

Andreas Kling

* 14. Januar 1963 in Kiel

1980
Freier Mitarbeiter
beim „Ostholsteiner Anzeiger"
1984
Volontariat
beim „Ostholsteiner Anzeiger"
1986
Allein verantwortlicher
Sportredakteur beim
„Ostholsteiner Anzeiger"
seit 1987
Referent für Öffentlichkeitsarbeit
1988
Redakteur der Fachzeitschrift
„Segelsport"
seit Mitte 1990
Freier Wort- und Bildjournalist,
Texter und Autor
seit 1991
Seminarleiter für
Öffentlichkeitsarbeit
1993
Koordination verschiedener
PR-Kampagnen,
u. a. der deutschen Herausforderung
zum Volvo Ocean Race 2001–2002

Vorwort

Liebe Leser,

1995 war es überfällig und wurde von Beginn an zum Nachschlagewerk und Lehrbuch Nummer eins der gesamten Szene: „Katamarane Das Buch“. Wir wurden von der positiven Resonanz geradezu überrollt. Noch heute erreichen uns E-Mails, Zuschriften und Anrufe von Freizeitseglern, die sich das erste Mal bei Starkwind sicher fühlen und Spaß an Bord haben, und von Regattafreaks, die ihre erste Wettfahrt gewinnen.
Auch viel Lob hat uns neu motiviert und bewogen, diese neue, überarbeitete Auflage zu erstellen und noch mehr Tricks und Tipps zu verraten. Denn es hat sich einiges geändert im Katsport. War es damals noch mutig und letztlich ein wenig prophetisch, den Tornado mit einem Spinnaker sowohl auf den Titel als auch ins Buch zu setzen, ist der vorweggenommene Trend seit 2001 olympische Realität. Mehr noch, die meisten Freizeitkatamarane haben inzwischen einen Spi.
Auch die Modellpaletten haben sich geändert und die Trimmeinstellungen. Das haben wir in neuen Fotos, aktualisierten Trimmbögen und weiteren Ergänzungen berücksichtigt. Vor Redaktionsschluss gab es wieder zwei Neuerungen: die Selbstwendefock und das Spibergesystem. Auch sie sind beschrieben, denn wir wagen uns wieder ein Stück weit vor. Wir meinen, beides dürfte sich sogar auf vielen Einsteigerkats durchsetzen.
Und wir wollen, dass alle Leser weiter gut vorbereitet aufs Wasser gehen.

In diesem Sinne immer eine Schwimmerlänge Vorsprung!

Ihr Autorenteam

Andreas Kling und Helge Sach

INHALT

99513

EINFÜHRUNG

Welcher Kat für welchen Einsatz? Neugierige stehen vor dieser Frage wie vor der bunten Palette an neuen und gebrauchten Bootstypen.

Auch Neueinsteiger lernen schnell, einen Kat bei viel Wind sportlich im Trapez zu segeln.

Ein einfacher Zweimann-Kat für leichte bis mittelschwere Crews, der sich schnell als eigene Regattaklasse etabliert hat, ist der Topcat K2.

Das ist Kat-Segeln

Ein Segelboot ist kippelig und unbequem. Mit diesem Vorurteil räumen Katamarane gründlich auf.

Luvkenterung unmöglich

Der größte Unterschied zwischen Einrumpf-Booten und Katamaranen ist zunächst die hohe Anfangsstabilität, die Boote mit zwei Rümpfen haben. Das heißt, ein Kat beginnt später zu krängen (in Schräglage zu gehen) als eine Jolle.

Die Stabilität ist so hoch, dass der Kat nicht nach Luv umkippen kann. Entsprechend setzt das Katamaransegeln weniger Balancegefühl voraus. Sogar das Trapezsegeln kann ohne Wind geübt werden. Das liegt am Verhältnis der Länge zur Breite von ungefähr 2 : 1. Bei Einrumpf-Booten beträgt es 3 : 1. Besonders schnelle Jollen, wie zum Beispiel die 14- oder 18-Footer, kentern auch besonders leicht.

Doppelt so schnell

Die hohe Kippsicherheit bei wenig Wind ist für Anfänger zwar ein willkommenes, gleichwohl aber ein eher unbekanntes Kennzeichen. Die meisten Neulinge wollen wegen der zu erwartenden hohen Geschwindigkeit Kat-Segeln.

Hoch am Wind beim Kreuzen, aber vor allem auf Halbwind-Kurs – beim Katamaran Flieger genannt –, kann ein Kat ohne weiteres doppelt so schnell sein wie eine Jolle. Das große Geschwindigkeitspotenzial beruht auf der geringen benetzten Fläche (zwei sehr schmale statt eines breiten Rumpfs). Die wird besonders klein, wenn sich ab einem bestimmten Winddruck der Luvschwimmer aus dem Wasser hebt. Das ist je nach Crewgewicht ab etwa zwei Windstärken der Fall. Dann beginnt der eigentliche Tempo-Spaß erst richtig.

Zusätzlich schnell wird ein Kat aufgrund der relativ großen Segelfläche. Wegen seiner Breite kann er bei gleicher Bootslänge im Vergleich zur Jolle 10 bis 20 Prozent mehr Segelfläche vertragen.

Spi und Doppeltrapez

Wer sich näher mit dem Kat-Segeln beschäftigt, merkt bald, dass ein Katamaran nur mit anliegender (laminarer) Strömung am Segel schnell segelt (siehe TRIMM UND TECHNIK II, „Segelprinzip“, Seite 150). Deshalb wird er nie mit „Schiebewind“ von hinten gesegelt, sondern es wird auch auf dem Vorwindkurs im Zickzack gekreuzt.

Alte Vorwind-Schwächen sind längst wettgemacht. Zum einen gibt es für Fortgeschrittene eine neue Vorwind-Technik (Flying), zum anderen sind fast alle modernen Kats zumindest optional mit einem Spinnaker ausgerüstet. Das sind auf Kats flach geschnittene Gennaker.

Zu den weiteren Ausrüstungsraffinessen gehört auf allen modernen Typen das Doppeltrapez. Also hat der Steuermann die Möglichkeit (aber muss nicht), auch im Trapez zu stehen und dabei zu steuern. Dadurch kann das gesamte Crewgewicht zum Gewichtstrimm verwendet und in Bootsgeschwindigkeit umgesetzt werden.

Strand- und Clubleben

Mithin hat die Katamaran-Szene dem Segelsport allgemein viele Impulse gegeben. Strandleben und Urlaubsvergnügen in puncto Segeln meint meist Kat-Segeln. Hinter Segelangeboten von Hotels und Clubs stehen häufig Katamarane. Sie eignen sich zudem gut für die Schulung, denn das zusätzliche Gewicht eines Segellehrers an Bord schadet in der ersten Lernphase überhaupt nicht. Auch später kann aus Spaß eine Person mehr mitgenommen werden, ohne dass ein Kat seinen sportlichen Charakter verliert oder gleich nicht mehr segelbar ist. Das liegt last but not least am geräumigen Trampolin, der Fläche zwischen den beiden Rümpfen. Es lädt bei Flaute zum Liegen und Sonnenbaden ein. Ein Katamaran ist schlicht ein bequemes Segelboot, mit dem ausgesprochen sportlich gesegelt wird.

Nachteile gesucht

Bei so viel Pluspunkten fragt sich der Skeptiker zu Recht, ob es denn keine Nachteile beim Katamaran-Segeln gibt. Zugegeben, es gibt sie, auch wenn sie die Vorzüge bei weitem nicht aufheben können.

Die einzige technische Niederlage gegen eine Jolle muss ein Kat bei den klassischen Manövern Wende und Halse hinnehmen. Sie dauern nicht nur konstruktionsbedingt länger, kosten also besonders angesichts des hohen Tempos auf Geradeausfahrt viel Zeit. Auch deren Ablauf perfekt zu beherrschen verlangt viel Übung.

Auf dem Wasser bleibt das der einzige Nachteil; ein weiterer liegt im wahrsten Sinne des Wortes an Land. Denn wegen der Breite benötigt ein Kat einen größeren Liegeplatz als eine Jolle. Und der ist meistens teurer.

Kritiker nennen auch die höheren Anschaffungskosten gegenüber kleinen Jollen als Nachteil. Ein neuer Kat kostet nicht unter 4500 €. Moderne Regattakatamarane sogar mehr als das Doppelte. Das wird jedoch durch ein inzwischen enormes Angebot auch an jungen Gebrauchtbooten relativiert. Außerdem war es schon immer etwas teurer, besonders viel Spaß zu haben.

Wie stabil ein Kat sogar bei Leichtwind auf einem Rumpf gesegelt werden kann, zeigt diese Crew auf einem Nacra Inter 20.

Der Hobie Fox, ein Kat der Formula-20-Klasse für fortgeschrittene Segler, hat ein Doppeltrapez und einen Spi. Dieser Steuermann verzichtet allerdings schon bei mittlerem Wind aufs Trapez und bleibt lieber hinten am Beam auf dem Schwimmer sitzen. Auch der Vorschoter ist noch unsicher und steht weit vom Steuermann weg vorne am Want breitbeinig im Trapez, um das Gleichgewicht zu halten.

Ansprüche an das Boot

Bevor die Wahl auf einen Bootstyp fällt, sollte eine genaue Analyse der Ansprüche des Seglers an seinen Kat erfolgen. So werden Modekäufe oder unvernünftig begründete Entscheidungen vermieden.

Alter und Geschlecht

Kat-Segeln kann sowohl im jungen als auch im gesetzten Alter betrieben werden. Jugendliche beginnen direkt nach der klassischen Opti-Schule im Alter von 10 – 12 Jahren, oder als Crewpartner eines älteren Seglers sogar früher damit. Sie bevorzugen entsprechend ihres Körpergewichts einen kleinen Kat (ca. 4,50 Meter lang) mit trotzdem genügend Auftriebsvolumen. Das relativ gutmütige Manöververhalten kann älteren, nicht mehr so flinken Seglern zugute kommen. Wer beim – im Vergleich zum Wenden – noch relativ schnellen Halsen mangels Gewandtheit um seinen Kopf fürchtet, sollte einen Kat ohne Großbaum wählen.

Ein Zweimann-Kat heißt nur in der Fachsprache so und nicht, weil er nur von zwei Männern gesegelt werden kann. Er eignet sich auch ideal für eine reine Frauenmannschaft und Mixed Crews. Dabei ist die oft typische Rollenverteilung Steuermann/Vorschoterin keineswegs von vornherein vorgegeben. Es gibt auch keine zwingenden Gründe, die dafür sprechen, dass die Frau nicht steuert, denn das eigentliche Steuern erfordert nicht besonders viel Kraft. Allein das Bedienen der Großschot ist ab Trapezwind anstrengend. Doch hierbei hilft selbst bei reinen Männercrews der Vorschoter mit aus. Bei Kats mit nur einem Trapez kann es sogar von Vorteil sein, wenn der meist größere und schwerere Mann die Vorschoterposition einnimmt, weil sein Gewichtstrimm wirkungsvoller ist.

Im Übrigen ist die Aufgabe an der Vorschot auch nicht weniger wert als an der Pinne. Bei Regattacrews ist oftmals der Vorschoter für die entscheidende Taktik verantwortlich und bedient die Großschot.

Einsteiger und Umsteiger

Ein Neueinsteiger, der mit einem Kat das Segeln anfangen will, sollte sich nicht gleich mit dem olympischen Tornado beschäftigen. Denn es gibt für jede Leistungsstufe das passende Boot. Und ein späteres Umsteigen in eine anspruchsvollere Klasse ist ja nicht ausgeschlossen.

Anfängern empfiehlt sich deshalb ein stabiler, einfach zu bedienender Kat mit nicht zu viel Trimmeinrichtungen, die anfangs nur verwirren würden. Der kann zwar auch etwas schwerer und dadurch nicht ganz so schnell sein. Dafür verdirbt er einem den Spaß nicht gleich, wenn das rasante Sportgerät nicht auf Anhieb unter Kontrolle zu bringen ist.

Wer große Angst vor dem Kentern bzw. dem vergeblichen Aufrichten hat (was später als unbegründet widerlegt wird), sucht nach einem Kat mit großen Schwimmern, die viel Auftrieb bieten und nicht so leicht umkippen. Diese sind dann meist auch nicht übertakelt, haben also keine übergroße Segelfläche und keine Schwerter. Fortgeschrittene Segler aus den typischen Einsteiger-Klassen sowie Umsteiger aus Jollen, Kielbooten oder vom Surfen haben oft schon einige Erfahrung mit Segeltechnik und -trimm. Sie wählen deshalb häufig einen anspruchsvollen Kat. Dieser hat eine große Segelfläche, diverse Trimmeinrichtungen, Schwerter, vielleicht sogar einen Spinnaker und Doppeltrapez.

Regattaehrgeiz

Ein weiteres Kriterium bei der Wahl des Kats wird das Interesse am Regattasegeln sein. Grundsätzlich kann mit jedem Kat an Regatten teilgenommen werden. Diese werden zum Beispiel nach dem so genannten Yardstick-System oder den speziellen Catstick-Zahlen gesegelt. Das sind quasi Rennwerte (Handicap-Faktoren) für alle verschiedenen Bootstypen. Die gesegelten Sekunden werden durch die Yardstick- oder Catstickzahl geteilt und ergeben die berechnete Zeit. So hat nicht unbedingt der gewonnen, der mit einem schnellen Boot als Erster im Ziel war, sondern im Idealfall derjenige, der am besten gesegelt ist. Auf Breitensport-Wettkämpfen und Clubregatten wird das seit langem erfolgreich praktiziert. Diese Zahlen sollen das Geschwindigkeitspotenzial widerspiegeln, damit verschiedene Boote gerecht gegeneinander segeln können. Dazu fließen Länge, Breite, Gewicht, Segelfläche, aber auch die Erfahrungen bei solchen Vergleichsregatten mit ein. Obwohl die Zahlen jährlich aktualisiert werden, gibt es ab und zu Unzulänglichkeiten der Systeme.

Wer allerdings mit viel Ehrgeiz und Engagement Regatten segeln will, dem werden diese Handicap-Regatten auf Dauer nicht genügen. Er sollte gleich nach einer Regattaklasse suchen. Das sind weit verbreitete Bootstypen, in denen genug Teilnehmer für ein eigenes homogenes Regattafeld zusammenkommen.

Die Regattaklassen sind nicht immer deckungsgleich mit den schnellen, modernen Kats. Es gibt einfache Boote als Regattaklasse und anspruchsvolle Kats ohne eigene große Regattafelder. Die freie Auswahl nach den ganz persönlichen Ansprüchen behält jeder Freizeitsegler, der fern jeden Wettkampfgedankens „just for fun“ Kat-Segeln will.

Ein idealer Einsteiger-Kat ist der Topcat Classic, der mit Fock als F 2 auch von zwei Personen gesegelt wird.

Eine der beliebtesten Regattaklassen ist der Dart 18. Felder von 100 Kats und mehr sind auf den großen Meisterschaften keine Seltenheit.

Allein oder zu zweit

Die Entscheidung, ob allein oder zu zweit gesegelt werden soll, schränkt die Wahl des Kats ebenfalls erheblich ein. Reine Einmann-Kats – was Ein-Personen-Kat meint – haben nur das Großsegel und keine Fock. Entsprechend ist das Rigg darauf abgestimmt.

Es gibt aber auch etliche Modelle, die sowohl solo als auch im Duett gesegelt werden können. Hier wird dann die Fock weggelassen oder eingerollt, wenn nur einer segelt. Abgesehen davon vertragen vom Auftriebsvolumen her alle Einmann-Kats zum Üben auch eine zweite Person.

Auch wer allein segeln will, muss sein Boot ohne Fremdhilfe aufrichten können. Das ist grundsätzlich mit allen Einmann-Kat-Typen möglich, wenngleich schwieriger, als einen Zweimann-Kat zu zweit aufzurichten. Es kann jedoch eine Aufrichthilfe montiert werden.

Mehr Spaß beim Lernen und häufig später auch beim Segeln bieten für viele die Zweimann-Kats. Wer keine Probleme hat, einen Crewpartner zu finden, wird diese auch verbreitetere Spezies bevorzugen. Vor allem in kritischen Situationen können sich zwei Segler gegenseitig helfen und sollten sich moralisch unterstützen.

Wie hilfreich eine Zweier-Mannschaft ist, zeigt sich spätestens beim Auf- und Abbauen sowie Transport des Boots. Das kann ein Einzelner selbst bei Einmann-Kats selten allein.

Ein moderner Einmann-Kat ist der Hobie FX-One, der hier sogar mit Spi gesegelt wird.

Autodach oder Trailer

Jedes Boot muss in der Regel mindestens zweimal pro Saison transportiert werden, nämlich im Frühjahr zum Revier und im Herbst ins Winterlager. Mancher fährt jedoch zwischendurch noch mit dem Kat in den Urlaub oder nimmt an mehreren Regatten teil. Für Letzteren spielt die Art des Transports eine wichtige Rolle. Im Prinzip könnten die meisten Kats auf dem Autodach transportiert werden. Es sind aber nur wenige dafür auch vorgesehen. Häufigstes Hindernis ist die Mastlänge, die auch auf einem Wohnmobil ihre Grenzen hat. Grundsätzlich darf das Dachgepäck nach vorn überhaupt nicht und nach hinten mit entsprechender Kennzeichnung höchstens 1,50 Meter über die Fahrzeugbegrenzung hinausragen. Das ist beim Pkw nur mit teilbaren Masten zu erreichen.

Eine weitere Vorschrift, die jedoch häufiger übersehen wird, ist die zulässige Dachlast. Sie beträgt bei Pkw meist höchstens 75 Kilogramm, selten 100 Kilogramm. Bei Kleinbussen und Transportern kann sie höher sein. Allein die Rümpfe der meisten Kats wiegen zusammen jedoch schon 60 bis 80 Kilogramm. Eine hohe Dachlast setzt den Schwerpunkt des Autos nach oben, was eine Gefahr beim Bremsen und in Kurven bedeutet.

Einige Kats sind für den Autodachtransport auch ziemlich ungeeignet, weil bei ihnen das Auseinanderbauen der Beam-Rumpf-Verbindungen sehr aufwändig ist. Solche und alle großen Kats sollten generell per Trailer transportiert werden. Das ist sicherer, wenn der Trailer zum Boot passt und der Kat entsprechend verzurrt wird. Nachteile sind die erforderliche Anhängerkupplung am Zugfahrzeug und die zulässige Höchstgeschwindigkeit von 80 km/h (mit Sonderzulassung 100 km/h) auf deutschen Straßen.

Ein klarer Vorteil des Trailertransports ist die Möglichkeit, die meisten Kats ohne Lösen der Beam-Rumpf-Verbindung transportieren zu können. Das verkürzt die Zeit für das Auf- und Abbauen erheblich.

Die Gesamtbreite von maximal 2,55 Metern darf jedoch dabei nicht überschritten werden. Die bei Formula-18/-20 Katamaranen gängige Breite von 2,59 Metern, bedingt durch ein Maß der amerikanischen Bauwerften, bedarf eines Spezial-Trailers mit Hochkant-Gestell zum Ankippen, der auch für noch breitere Katamarane wie den Tornado geeignet ist.

Zu einem guten Trailer gehört auch eine angemessene Materialkiste. Sie sorgt für problemlosen Transport von Segeln, Großbaum, Ruderteilen und anderem mehr. Und die Gepäcknot im Wagen entfällt.

Ein eigener Trailer kostet zwar zunächst die Anschaffung, hält aber bei entsprechender Qualität und Wartung ebenso lange wie das Boot. Außerdem kann ein Trailer eventuell beim Liegeplatznachbarn geliehen werden.

Raues Revier – robuster Kat

Weil ein Bootstransport zu jeder einzelnen Segeltour anders als beim Surfen doch zu aufwändig wäre, suchen sich praktisch alle Kat-Segler bald einen festen Liegeplatz direkt an einem See oder an der Küste. Die Wahl des Reviers kann die Wahl des Kats ebenfalls beeinflussen, wobei jedes Modell grundsätzlich überall gesegelt werden kann.

Ein Strandliegeplatz an einem Gewässer mit häufiger Brandung und/oder steiniger Uferzone verlangt jedoch möglichst einen robusten

Hobie 18 Tiger bei Starkwind vor Texel: Das 1995 auf den Markt gekommene Modell macht besonders auf rauen Revieren eine gute Figur.

Kat. Auf einem Revier mit vielen Untiefen oder Sandbänken sind schwertlose Kats oder Kats mit Klappschwertern zu empfehlen, die automatisch hochklappen können. Auf einem klassischen Starkwindrevier im Norden sollte genau überlegt werden, ob ein Kat mit besonders großer Segelfläche angebracht ist, der auf einem bayerischen Leichtwindrevier eher genau der richtige wäre.

Waren die Katamaransegler in den 80er-Jahren noch in etlichen Vereinen verpönt, sind sie mittlerweile fast überall akzeptiert und respektiert. Auf einigen Vereinsgeländen werden auch Plätze für Nicht-Mitglieder oder Gäste vorgehalten. Neben dem Vereinsleben in Form von Geselligkeit oder anderen Veranstaltungen hat eine Mitgliedschaft aber weitere Vorteile. Oft ist die Hilfsbereitschaft untereinander größer. Außerdem verlangen die meisten Regattaveranstalter einen Vereinsnachweis.

Wie viel Zeit bleibt?

Bei der Entscheidung, sich ein Boot zu kaufen, spielt auch die Zeit eine Rolle, die später für das Hobby zur Verfügung steht.

Wer vergleichsweise selten zum Segeln kommt oder nach Feierabend möglichst schnell ein paar Kreuzschläge zur Entspannung fahren möchte, wird besser auf einen einfachen Kattyp zurückgreifen. Der hat wenige oder nur die nötigsten Trimmeinrichtungen und ist mit einigen schnellen Handgriffen segelklar gemacht.

Mehr Aufwand erfordern trimmtechnisch anspruchsvollere Katamarane nicht nur beim Aufbau. Bis solche Kats sicher und dadurch wiederum mit Freude beherrscht werden, vergehen meist etliche Übungsstunden. Bei der Vielzahl der Trimmeinrichtungen lernt der Segler jedoch praktisch nie aus. Auch nach vielen Trainings- und Wettkampfjahren, in denen mehrere Segelwochenenden stattfanden, lüftet er noch so manches Speedgeheimnis.

Die Unterschiede der verschiedenen Kattypen im zeitlichen Aufwand vergrößern sich durch die Wartung. Je mehr Strecker, Drähte, Bolzen und Splinte ein Kat hat, desto länger dauert auch die Pflege. Und die ist nicht nur vor und nach dem Winterlager notwendig, sondern auch während der Saison.

Der verbreitetste Katamaran ist der Hobie 16. Er wurde weltweit mehr als 100 000-mal verkauft.

Ein typischer Schulungs-Kat, mit dem auch Regatten gesegelt werden, ist der Topcat K 3. Leichter Wind und warmes Wasser sind die idealen Bedingungen für Anfänger.

Schulung

Katamaran-Segeln will gelernt sein. Das Schulungsangebot ist umfangreich. Ein gutes Lehrbuch, auch „Katamarane Der Einstieg“, begleitet die praktischen Übungen.

Urlaubsmut

Der Kauf eines eigenen Boots sollte für einen Einsteiger nicht der erste Schritt zum Kat-Segeln sein. Eine Entscheidung von dieser – auch finanziellen – Tragweite bedarf einer vorausgehenden praktischen Erfahrung.

Die Neugier war meist lange vorher geweckt. Irgendwo am Strand wurden die faszinierend schnellen Boote bewundert, und viele wollten „das schon immer mal ausprobieren“. Es fehlte nur der letzte Antrieb oder einfach ein bisschen Mut, sich wirklich um einen Testtörn zu bemühen.

Diese gewisse Schwellenangst wird im Urlaub zum einen durch eine unternehmungslustigere Grundeinstellung eher überwunden. Zum anderen liegen die klassischen Urlaubsreviere am Mittelmeer – und dort ist es halt wärmer. Bei 25 Grad Wassertemperatur kostet es weniger Überwindung, eine auch ohne Kenterung nasse Sportart zu wagen, als bei 15 Grad. Meist fehlt es Anfängern außerdem zu Hause an der geeigneten Kleidung.

Lieber mit Lehrer

Zu vielen Urlaubsserviceleistungen gehört auch ein Bootsverleih. Allein die Mietpreise sagen allerdings noch nichts über den Zustand der Boote aus. Leider entsprechen Leih-Katamarane längst nicht überall dem erhofften Qualitätsanspruch, der für einen ungetrübten Segelspaß unabdingbar ist.

Ohne jegliche Segelerfahrung muss sich ohnehin jeder genau überlegen, ob er den ersten

Schlag auf eigene Faust machen sollte. Das so genannte „learning by doing“ ist Anfängern nicht zu empfehlen. Effektiver ist es, eine Schnupperstunde mit einem erfahrenen Kat-Segler zu buchen, der einem die wichtigsten Sachen zeigt und erklärt. Er lässt einen auf Wunsch auch steuern und Trapez segeln.

Kurse und Segelscheine

Der zweite Schritt zum Kat-Segeln kann ein ein- oder zweiwöchiger Kompaktkursus sein. Er wird von vielen Segelschulen, aber auch in einigen Vereinen angeboten. Kat-Kurse gibt es außerdem in etlichen Surfschulen. Eine Adressenliste halten der Verband Deutscher Segelschulen (VDS) und die Vereinigung Deutscher Windsurfing- und Wassersport-Schulen (VDWS) bereit. Ein Gütesiegel für die Ausbildung führen „DSV-anerkannte Segel- oder Surfschulen“, über die der Deutsche Segler-Verband ein Verzeichnis führt. Darin sind auch Schulen im Ausland empfohlen.
Bei einigen können sogar Segelscheine auf Katamaranen gemacht werden. Die Kurse enden mit einer praktischen und einer theoretischen Prüfung zum amtlichen Sportboot-Führerschein oder zum alten A-Schein des DSV (eventuell mit Reviererweiterung). Über die Notwendigkeit und den Geltungsbereich der Befähigungsnachweise erteilt die DSV-Geschäftsstelle nähere Auskünfte. Für die Teilnahme an Regatten und beim Ausleihen von Booten können durchaus Führerscheine verlangt werden.

Trainerstunden

Wem der Gruppenunterricht in den Schulen nicht intensiv genug ist, weil jeder einzelne Teilnehmer nicht ständig auf dem Wasser sein kann, sollte sich nach einem Privatlehrer erkundigen, der meist auch ein eigenes Boot zum Probesegeln hat. Einige gute Regattasegler bieten Einzeltraining oder auch für kleine Gruppen stunden- oder tageweise an. Das lohnt sich vor allem auch für Umsteiger aus Einrumpf-Klassen.
Sogar Regattasegler leisten sich ein Trainingswochenende, wenn sie ihre Technik und ihren Trimm verbessern wollen. Nur Übung macht den Meister. Denn beim Kat-Segeln gilt allenthalben: Nobody is perfect!

Der Nacra Blast mit einem Spisack am Spibaum zum leichteren Bergen des Spis

Die Kat-Flotte

Alle namhaften Hersteller haben eine Palette völlig unterschiedlicher Kats im Programm, um möglichst den Ansprüchen aller Segler gerecht zu werden. Manche Prospektangabe ist dabei großzügig ausgelegt. Die Klassifizierung und die verkaufsunabhängige Komplettübersicht mit technischen Daten erleichtern Ein- und Umsteigern die Qual der Wahl.

Klassifizierung

Die Kat-Flotte unterteilt sich in Einmann- und Zweimann-Kats, wobei einige Modelle sowohl allein als auch zu zweit gesegelt werden können. Manchmal widersprechen sich allerdings die Herstellerangaben, die einerseits eine Einmann-Tauglichkeit angeben, andererseits eine Empfehlung fürs Crewgewicht von 100 bis 120 Kilogramm ausgeben.
Ein typischer Einmann-Kat hat keine Fock und ist ohne Probleme allein aufzurichten und zu bedienen. Dazu gehören der A-Kat, der Topcat

Classic, die Hobie 14, 17 und FX-One, der Dart 15 sowie der Nacra Inter 17. Alle anderen Typen sind reine Zweimann-Kats mit Ausnahme des Hobie 21 (auch als 21-Formula), der auch zu dritt gesegelt werden kann.

Reine Schulungs-Katamarane sind schwer und haben ein großes Auftriebsvolumen. Deshalb können neben dem Segellehrer zwei oder mehr Schüler gleichzeitig mitsegeln. Sie zeichnen sich außerdem durch einfache Bedienung, Robustheit und eine günstige Anschaffung aus.

Ebenfalls zur Schulung geeignet sind Einsteiger-Kats, die es zum Teil mit verstärkten Wanten und Beschlägen gibt. Zu den wichtigsten gehören Topcat K 3 oder Classic, Dart 15 und 18 sowie Prindle 15, Nacra 450, 500 und 570. Der Hobie Wave eignet sich als eines der kleinsten Zweirumpf-Boote auf dem Markt gut für Kinder. Auch der Hobie 16 wird vielfach als Schulungs-Kat eingesetzt, wobei sein Konzept und seine individuelle Technik an sich etwas für Fortgeschrittene sind.

Doch der Hobie 16 ist mit mehr als 100 000 Exemplaren der meistgekaufte Katamaran weltweit. Allein in Deutschland sind geschätzt weit mehr als 5 000 unterwegs. Wegen der allgemein großen Verbreitung reicht seine Anwendung in viele Felder des Kat-Segelns. Auf jeden Fall ist er eine der größten Regattaklassen mit eigenen Feldern. Dazu gehört allen voran auch der Tornado, von 1976 bis zunächst 2004 der erste und einzige olympische Katamaran. Seit 2001 wird er mit Spinnaker und Doppeltrapez gesegelt. Verbreitete Regatta-Klassen bilden auch der Dart 18, der A-Kat, der Topcat K 1 mit Spi und der K 2. Homogene Wettfahrten gibt es außerdem bei den Hobie 14, 17 und Tiger. Alle anderen Kat-Typen können mit spezifischen Handicaps nach dem Yardsticksystem in der offenen Klasse mit

In der Formula-18-Klasse brachte Nacra 2001 den F 18 heraus.

Zeitvergütung gegeneinander segeln. Die Etablierung als eigene Regattaklasse, was große Hersteller seit vielen Jahren mit ihren erfolgreich gebauten Klassikern Hobie 16, Topcat F 2 und Dart 18 lange erreicht haben, versuchen sie seit Mitte der 90er-Jahre auch mit neuen, modernen Renn-Katamaranen. In der Formula-18-Klasse gibt es zukunftsweisende Modelle von Hobie Cat, Nacra, Dart und vielen kleineren Herstellern. Die F 18 hat sich bereits etabliert und segelt ihre WM und EM mit stattlichen Feldern aus. In der Formula 20 starten unter anderem der Hobie Fox und der Nacra Inter 20. Alle sind mit entsprechend aufwendiger Technik ausgestattet und für Fortgeschrittene und Könner gedacht.

Eine bedeutende Zweiteilung der Kat-Flotte muss noch für den Autodach- und den Trailertransport vorgenommen werden. Grundsätzlich sind alle Kats – auch mit zusammengebauten Beam-Rumpfverbindungen – im Zweifel hochkant trailerbar, aber längst nicht alle dachtransportfähig. Das scheitert zum einen am Gesamtgewicht, das die zulässige Dachlast bei weitem übersteigt, und an der Länge des Masts, wenn er nicht teilbar ist. Aufs Autodach passen die Topcats K 3 und Classic, der Dart 15, der Nacra 450 sowie auch die Hobie 14 und Wave. Bedingt dachgeeignet, also höchstens auf Kombifahrzeugen, Kleinbussen oder Wohnmobilen zu transportieren, sind der A-Kat sowie der Nacra 500. Alle anderen gehören unbedingt auf den Trailer. Weitere Klassifizierungen sind von eher untergeordneter Bedeutung, wobei sie jedoch manche Kaufentscheidung mit beeinflussen.

Zum Beispiel: Die Beam-Rumpfverbindungen spielen eine Rolle, wenn der Kat häufig auseinandergebaut werden muss. Am schnellsten geht das mit Steckverbindungen, die alle Topcat-Modelle und alle Dart-Typen bis auf den 5.5 Hawk aufweisen. Für das Auseinanderbauen von Bolzen- oder Klammer-Verbindungen und allen Variationen davon, mit denen alle anderen Kats ausgestattet sind, wird mehr Zeit benötigt.

Revierabhängig ist auch noch die Art der Lateralfläche zu beachten, also die Klassifizierung nach Schwert-Kats und schwertlosen Kats. Auf Tidengewässern, in denen das Wasser bei Ebbe gefährlich flach werden kann, und bei anderen verbreiteten Untiefen sind schwertlose Kats zu bevorzugen. Darunter gibt es zum einen die Kats mit asymmetrischen Rümpfen, mit denen Zweirumpfboote überhaupt erst aufkamen. Bekannt sind sie vom Hobie 16 mit seinen „Bananen-Rümpfen". Asymmetrische Rümpfe hat auch der

Ein klassischer Einmann-Kat ist der Nacra Inter 17.

Hobie 14. Er ist insgesamt am robustesten und kann einen Anleger direkt an den Strand am besten ab. Von der Abdrift sind sie allerdings den schwertlosen Kats mit einer Flosse etwas unterlegen. Dazu gehören wiederum alle Topcats und Darts (ohne 5.5 Hawk) sowie die Nacras 450, 500 und 570. Durch die symmetrischen Rümpfe haben sie außerdem im Vergleich auch noch etwas mehr Auftrieb, was sie kippstabiler macht. Auch die Gefahr der Kenterung ist geringer.

Bei den Schwert-Kats sind die Steck-Schwerter wirkungsvoller als die Klappschwerter. Dafür muss beim Anlegen und möglichen Untiefen mehr aufgepasst werden, da die Steckschwerter eine Grundberührung kaum ohne Schäden verzeihen. Die Klappschwerter – nomen est omen – klappen dann einfach hoch. Es gibt sogar zwei Kats mit beiden Varianten. Die Hobie 18 und 21 haben in der Standardausführung Klappschwerter und in der Formula-Ausführung Steckschwerter. Eine Einzelauflistung ist in der Gesamtübersicht der Kat-Typen zu finden.

Für etliche Interessenten spielt noch die Klassifizierung mit oder ohne Großbaum eine Rolle (siehe Übersicht). Abgesehen von der Gefahr für den Kopf, vor allem bei der Halse, gibt es für beide Varianten weitere Vor- und Nachteile. Generell sind die Großsegel von Kats mit Großbaum aufwendiger, aber auch effektiver zu trimmen. Ein Trimmkompromiss, den neuere Katamarane bieten, sind schnell verstellbare Rutscher auf einer kurzen Travellerschiene am Großsegelunterliek anstatt eines Großbaums.

Der Topcat K 3 ist der Nachfolger des Topcat Classic als kleinstes Modell der K-Reihe.

A-Kat

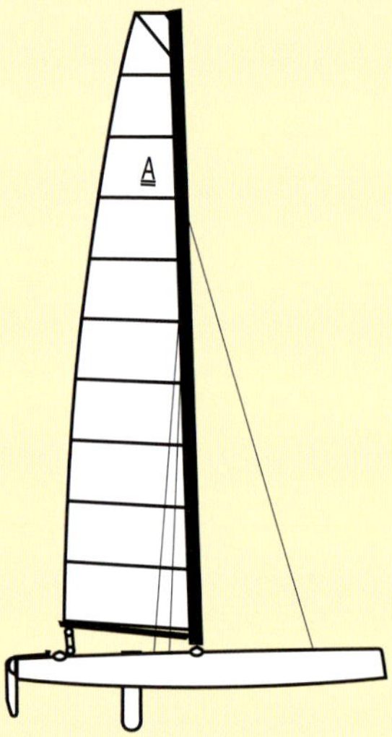

anspruchsvolle, freie Konstruktionsklasse

Dart 18

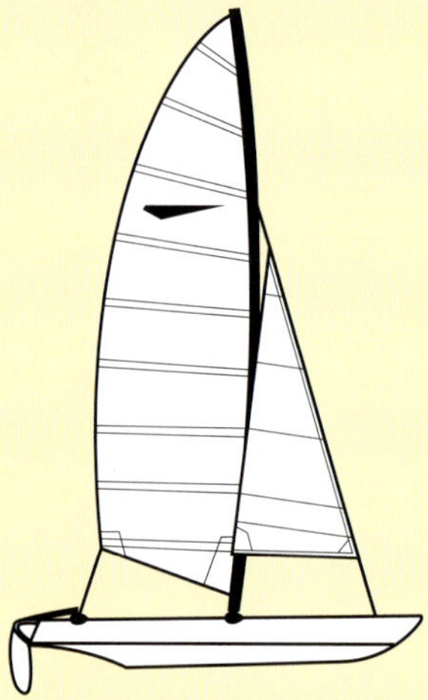

international verbreitete Regattaklasse und Einsteiger-Kat

Dart 5.5 Hawk

moderner Formula-18-Regatta-Kat

Hobie 14

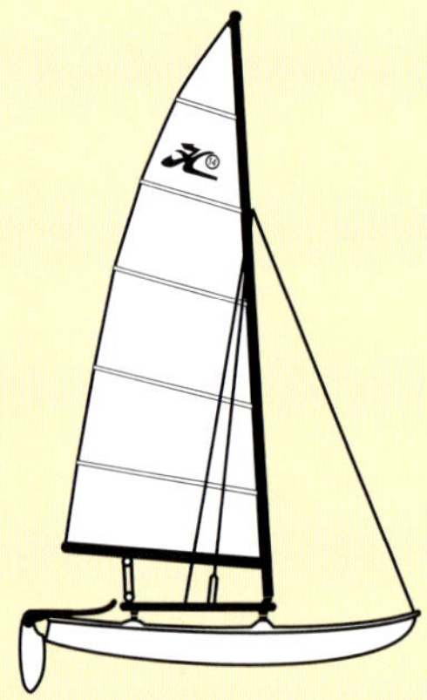

älteste internationale Einmann-Regattaklasse

	A-Kat	Dart 18	Dart 5.5 Hawk	Hobie 14
Länge	5,48 m	5,48 m	5,50 m	4,25 m
Breite	2,28 m	2,28 m	2,60 m	2,34 m
Masthöhe	8,90 m	8,00 m	9,00 m	6,78 m
Segelfläche	13,90 m^2	16,10 m^2	21,40 m^2	10,96 m^2
davon Groß	13,90 m^2	13,10 m^2	17,00 m^2	10,96 m^2
davon Fock	–	3,00 m^2	4,40 m^2	Option
Spinnaker	–	–	21,00 m^2	–
Lateralfläche	Steckschwerter	Flossen	Steckschwerter	Asymmetrisch
Großbaum	Ja	Nein	Ja	Ja
Gewicht	ca. 80 kg	127 kg	180 kg	109 kg
Crewgewicht	60-90 kg	130-180 kg	120-200 kg	50-100 kg
Besatzung	Einmann	(Ein-)/Zweimann	Zweimann	Einmann
Rumpf-Beam	Bolzen	Steckverb.	Bolzen	Pylon-Steckverb.
Bauweise	Sandwich	Polyester	Polyester	Poly./Sandwich
Transport	Trailer	Trailer	Trailer	Autodach
Regatta	Int. Klasse	Int. Klasse	Formula 18	Int. Klasse

Hobie 16

international verbreitetste Regattaklasse

Hobie FX-One

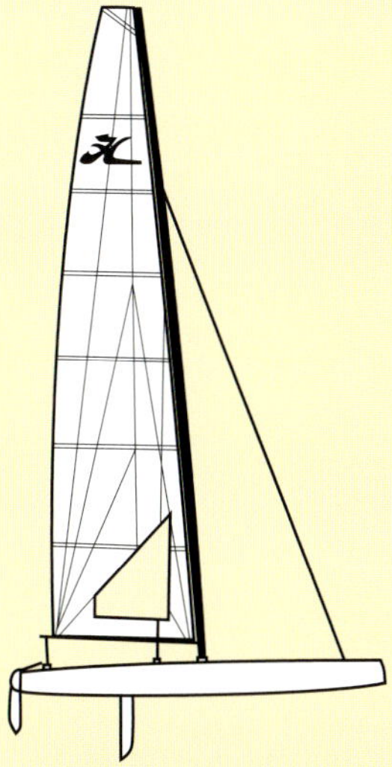

moderner Einmann-Kat mit Spi-Option

Hobie Tiger

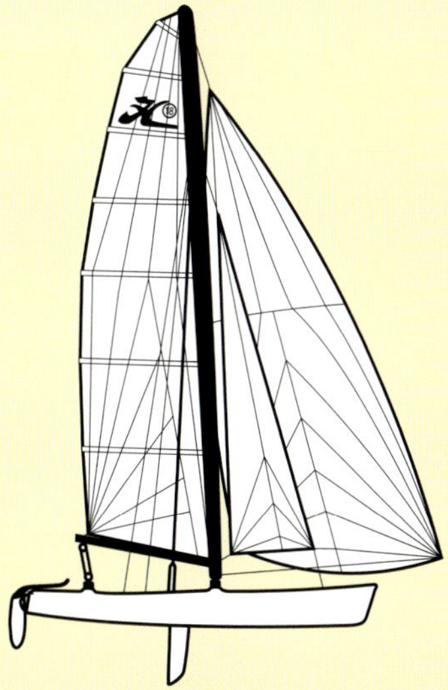

moderner Formula-18-Regatta-Kat

Hobie Fox

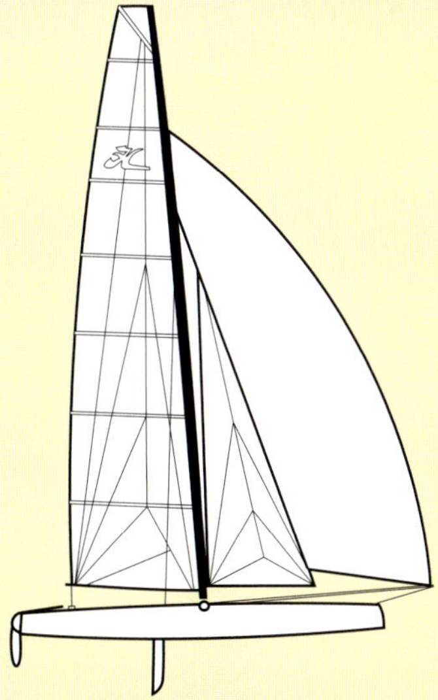

moderner Regatta-Kat der Formula-20-Klasse

	Hobie 16	Hobie FX-One	Hobie Tiger	Hobie Fox
Länge	5,11 m	5,25 m	5,50 m	6,10 m
Breite	2,41 m	2,55 m	2,59 m	2,60 m
Masthöhe	7,92 m	8,50 m	8,90 m	9,50 m
Segelfläche	20,26 m^2	16 m^2	21,40 m^2	22,85 m^2
davon Groß	15,14 m^2	16 m^2	17,00 m^2	18 m^2
davon Fock	5,12 m^2	Option	4,40 m^2	4,85 m^2
Spinnaker	Option	Option	21,00 m^2	25 m^2
Lateralfläche	Asymmetrisch	Steckschwerter	Steckschwerter	Steckschwerter
Großbaum	Ja	Ja	Ja	Ja
Gewicht	145 kg	125 kg	180 kg	190 kg
Crewgewicht	75-150 kg	65-100 kg	120-200 kg	140-200 kg
Besatzung	(Ein.-)/Zweimann	(Ein.-)/Zweimann	Zweimann	Zweimann
Rumpf-Beam	Pylon-Steckverb.	Bolzen	Bolzen	Bolzen
Bauweise	Poly./Sandwich	Poly./Sandwich	Poly./Sandwich	Poly./Sandwich
Transport	Trailer	Trailer	Trailer	Trailer
Regatta	Int. Klasse	Handicap	Formula 18	Formula 20

Nacra Inter 17

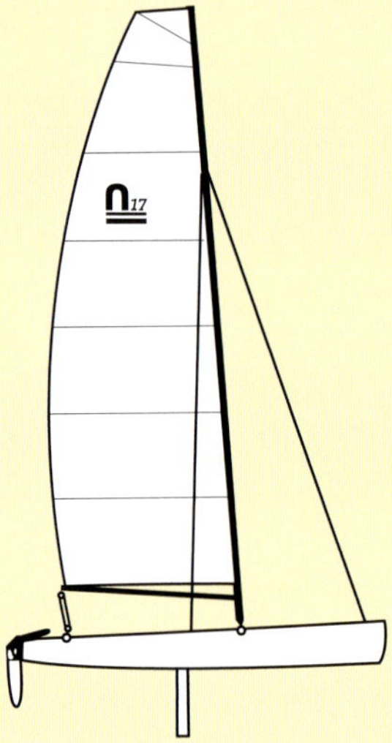

moderner Einmann-Kat mit Spi-Option

Nacra F18

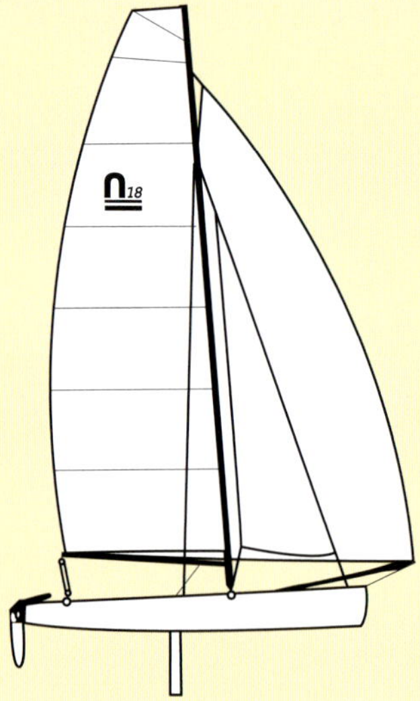

moderner Formula-18-Regatta-Kat

Nacra Inter 20

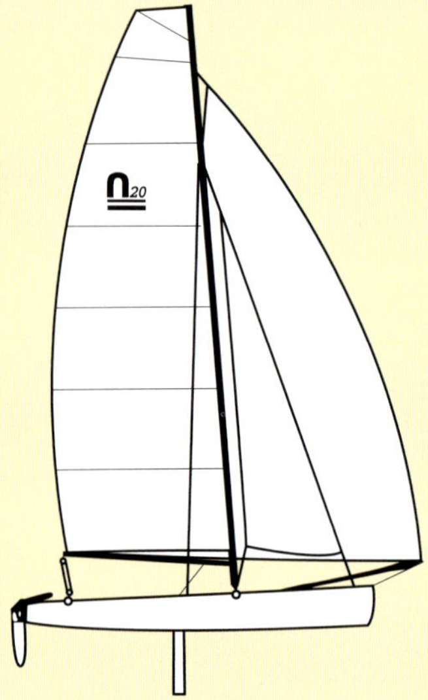

moderner Regatta-Kat der Formula-20-Klasse

Topcat F2

einfacher Einsteiger-Kat und verbreitete Regattaklasse, auch als Einmann-Kat (Classic)

Länge	5,25 m	5,50 m	6,10 m	4,80 m
Breite	2,50 m	2,59 m	2,60 m	2,00 m
Masthöhe	8,60 m	8,90 m	9,75 m	7,00 m
Segelfläche	13,8 m^2	21,40 m^2	22,85 m^2	15,50 m^2
davon Groß	13,8 m^2	17,00 m^2	18 m	12,50 m^2
davon Fock	3,5 m^2 (Option)	4,40 m^2	4,85 m^2	3,00 m^2
Spinnaker	17 m^2 (Option)	21,00 m^2	25 m	–
Lateralfläche	Steckschwerter	Steckschwerter	Steckschwerter	Flossen
Großbaum	Ja	Ja	Ja	Nein
Gewicht	140 kg	180 kg	190 kg	100 kg
Crewgewicht	65-100 kg	120-200 kg	140-200 kg	bis 150 kg
Besatzung	(Ein.-)/Zweimann	Zweimann	Zweimann	Ein.-/ Zweimann
Rumpf-Beam	Bolzen	Bolzen	Bolzen	Steckverbindung
Bauweise	Vinyl/Sandwich	Poly./Sandwich	Vinyl/Sandwich	Polyester
Transport	Trailer	Trailer	Trailer	Autodach
Regatta	Handicap	Formula 18	Formula 20	Nat. Klasse

Topcat K3

**Einsteiger-Kat
für Ein- und Zweimann**

Topcat K2

**einfacher Zweimann-Kat
auch als Regatta-Klasse**

Topcat K1

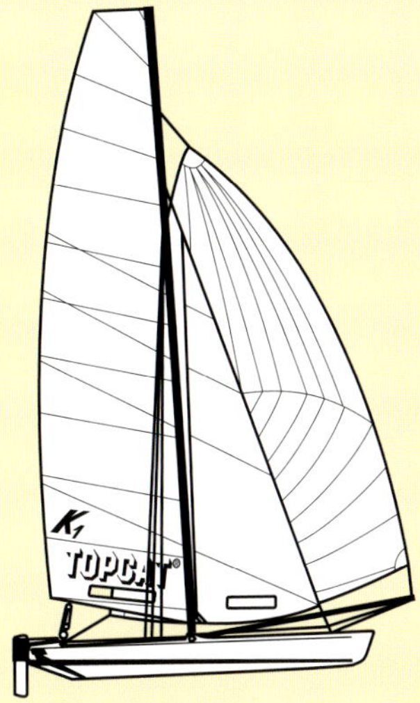

**größter Topcat,
Regattaklasse mit Spi**

Tornado

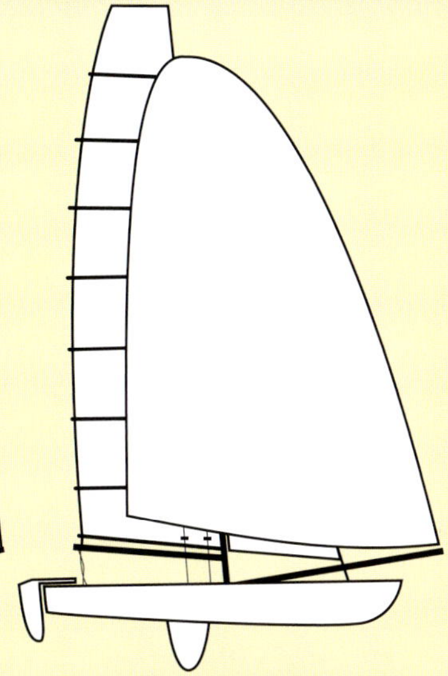

**olympische Klasse
seit 2001 mit Spi
und Doppeltrapez**

	Topcat K3	Topcat K2	Topcat K1	Tornado
Länge	4,92 m	5,17 m	5,50 m	6,00 m
Breite	2,21 m	2,44 m	2,50 m	3,00 m
Masthöhe	7,60 m	8,20 m	9,15 m	9,50 m
Segelfläche	18,1 m²	20,1 m²	22,1 m²	22,6 m²
davon Groß	14,9 m²	15,9 m²	16,7 m²	18,4 m²
davon Fock	3,2 m²	4,2 m²	5,4 m²	4,2 m²
Spinnaker	–	–	17,7 m²	25 m²
Lateralfläche	Flossen	Flossen	Flossen	Klappschwerter
Großbaum	Nein	Nein	Nein	Ja
Gewicht	128 kg	146 kg	178 kg	169 kg
Crewgewicht	bis 150 kg	120-160 kg	130-180 kg	130-180 kg
Besatzung	Ein.-/Zweimann	Zweimann	Zweimann	Zweimann
Rumpf-Beam	Steckverbindung	Steckverbindung	Steckverbindung	Bolzen
Bauweise	Polyester	Polyester	Polyester	Sandwich/Wabe
Transport	Autodach	Autodach/Trailer	Trailer	Trailer
Regatta	Nat. Klasse	Nat. Klasse	Nat. Klasse	Olymp. Klasse

Asym = Asymmetrische Rümpfe
Bo/St = Bolzen/Steck
Dach = Autodach
Klapp = Klappschwerter
Steck = Steckschwerter
Sw = Sandwich

Kat-Typ	Länge in Metern	Breite in Metern	Masthöhe in Metern	Segelfläche in m^2	davon Groß in m^2	davon Fock in m^2	Spinnaker in m^2	Lateralfläche	Großbaum	Gewicht in kg	Crewgewicht in kg	Besatzung	Rumpf-Beam-Verb.	Bauweise	Transport	Regattaklasse
Dart 15	4,54	2,13	6.56	12,3	10,2	2,1	–	Flosse	Nein	100	60-100	1-2	Steck	Polyester	Dach	Handicap
Dart 16	4,80	2,30	7,00	13,1	10,4	2,7	–	Flosse	Nein	130	60-120	2	Bolzen	Polyethylen	Trailer	Handicap
Dart 20	5,94	12,44	9,00	22,00	16,99	4,99	–	Flosse	Nein	168	80-200	2	Steck	Polyester	Trailer	Handicap
Hobie Wave	3,96	2,13	6,10	11,4	9,2	2,2	–	Flosse	Nein	118	30-75	1-2	Steck	Polyethylen	Dach	Handicap
Hobie 15	4,94	2,39	7,20	15,2	11,7	3,5	Option	Flosse	Nein	155	70-300	1-2	Bo/St	Polyester/Sw	Trailer	Handicap
Hobie 18 Formula	5,49	2,44	9,00	2,17	17,47	5,7	20	Klapp	Ja	182	120-160	2	Bolzen	Polyester/Sw	Trailer	Handicap
Hobie 20 Formula	5,95	2,50	9,00	21,40	16,00	5,40	Option	Klapp	Ja	190	130-180	2	Bolzen	Sandwich	Trailer	Handicap
Hobie 21	6,50	2,91	10,06	29,26	21,28	7,98	Option	Klapp	Ja	285	140-300	2-3	Steck	Polyester/Sw	Trailer	Handicap
Hurricane 5.9	5,90	2,43	9,40	22,00	17,80	4,20	Option	Klapp	Ja	170	130-180	2	Bolzen	Sandwich	Trailer	Handicap
Nacra 4.5/450	4,50	2,44	7,80	15,40	12,00	3,40	–	Flosse	Nein	125	55-130	1-2	Bolzen	Polyester	Dach	Handicap
Nacra Blast	4,80	2,45	8,00	16,7	13,29	3,44	12,55	Flosse	Ja	150	120-160	2	Bolzen	Vinylester/Sw	Dach	Handicap
Nacra 5.0/500	5,49	2,58	9,02	22,39	18,00	4,39	Option	Steck	Nein	170	110-150	2	Bolzen	Polyester/Sw	Trailer	Handicap
Nacra 5.7/570	5,70	2,44	8,84	21,36	17,00	4,36	Option	Flosse	Nein	165	120-180	2	Bolzen	Polyester/Sw	Trailer	Handicap
Nacra 5.5	5,49	2,58	9,02	22,39	18,00	4,39	Option	Steck	Nein	170	110-150	2	Bolzen	Polyester/Sw	Trailer	Handicap
Nacra 6.0	6,10	2,58	9,63	23,65	18,50	5,15	Option	Steck	Nein	193	150-200	2	Bolzen	Polyester/Sw	Trailer	Handicap
Prindle 16	4,88	2,44	7,93	17,64	13,92	3,72	–	Asym	Ja	136	70-150	1-2	Bolzen	Polyester/Sw	Dach	Handicap
Prindle Escape/18	5,50	2,44	7,92	19,50	15,00	4,50	Option	Asym	Nein	152	100-150	1-2	Bolzen	Polyester/Sw	Trailer	Handicap
Prindle 18-2	5,50	2,58	8,76	21,65	16,83	4,82	Option	Klapp	Ja	170	120-160	2	Bolzen	Polyester/Sw	Trailer	Handicap
Prindle 19/Pacer	5,85	2,58	9,35	22,80	18,00	4,80	25,00	Klapp	Ja	185	140-180	2	Bolzen	Polyester/Sw	Trailer	Handicap
Topcat Classic	4,80	2,00	7,00	11,00	11,00	–	–	Flosse	Nein	105	50-80	1	Steck	Polyester	Dach	National
Topcat 18 Spitfire	5,50	2,50	9,15	21,4	14,6	5,8	19	Flosse	Nein	170	120-170	2	Steck	Polyester	Trailer	Handicap

TRIMM

Der Trimm ist das Tuning-Set des Katamarans. Wer ihn außer Acht lässt, fährt einen Vierzylinder „auf drei Töpfen". Die vielen Trimmeinrichtungen sehen auf den ersten Blick komplizierter aus, als sie sind.

Trimmeinrichtungen vom Prindle Pacer

Kein Buch mit sieben Siegeln

Manche Einsteiger schrecken zu Unrecht vor dem Kat-Segeln zurück, weil sie zu viel Respekt vor den „vielen Strippen" haben. Die meisten Segler werden nämlich kaum alle Verstellmöglichkeiten ständig korrigieren. Das bleibt weitgehend dem fortgeschrittenen Regattasegler vorbehalten (siehe TRIMM UND TECHNIK II, Seite 137 ff.).
Doch auch der weniger ehrgeizige Segler wird bald feststellen, dass ein richtiger Grundtrimm seinen Kat sowohl schneller als auch bei starkem Wind beherrschbarer macht. Das Segeln wird entsprechend nicht nur spaßiger und sicherer, sondern erfordert auch wesentlich weniger unnötigen Krafteinsatz.
Und – ganz ehrlich – ein kleiner Wettfahrer steckt doch in jedem Segler. Wenn ein vergleichbarer oder gar größerer Kat am Strand auf- und abprescht, geht der Puls höher, der unauffällige Zweikampf wird gesucht. Ein guter Trimm ist dann schon die halbe Miete auf dem Weg zur inneren Genugtuung.

Rümpfe und Beams

Die meisten offenen Katamarane werden von großen Werften in Serie gebaut. Dabei bleiben Verarbeitungsrückstände und Mikro-Passungenauigkeiten nicht aus. Wer diese gleich vor dem ersten Aufbauen der fabrikneuen Kats behebt, erleichtert diese Arbeiten für immer und sichert gleichzeitig eine hohe Lebensdauer des Materials. Allerdings sollten die Beam-Rumpf-Verbindungen auch bei gebrauchten Booten kontrolliert werden, ob der Vorbesitzer sie wünschenswert behandelt hat.
Je nach Transportmethode und Winterlagermöglichkeit werden die Katamarane dann bei Revierwechsel im Urlaub, zu Regatten oder zumindest am Ende der Saison mehr oder weniger komplett abgebaut. Deshalb tauchen in bestimmten Zeitabständen einige Trimm-Schritte immer wieder auf, die vor dem täglichen Segeltörn nicht erforderlich sind. Ihnen kommt aber ebenfalls eine hohe Bedeutung in puncto Geschwindigkeitspotenzial und Höhe am Wind, also Spaß beim Segeln zu.

Steckverbindungen

Der Aufbau eines Kats sollte möglichst auf einer ebenen Fläche stattfinden. Ist der Untergrund kein Gras oder Sand, empfiehlt es sich, den Kat auf dem Slipwagen und auf den Heckstützen zu montieren.
Besonders bei Steck-Verbindungen zwischen den Rümpfen und den Beams (z. B. Topcat und Dart) müssen die Kunststofflöcher im Boot sauber und entgratet sein. Gleiches gilt für den Vorder- und den Achterbeam aus Aluminium. Grate werden vorsichtig mit der Feile und anschließend mit Schleifpapier entfernt, damit ein leichtes Zusammenstecken ohne Materialschäden möglich ist.
Eine besondere Steckverbindung, die selten auseinandergebaut wird, haben die Kat-Typen Hobie 14 und 16. Hier werden vier Aluprofile (Vorderbeam, Achterbeam und zwei Seitenbeams) mit vier Eckteilen aus Aluminiumguss zusammengesteckt, die das Trampolin von allen Seiten umrahmen. Die Gussteile an den vier Ecken werden auf die so genannten Pylone aufgesteckt und durchgebolzt, die fest einlaminiert aus den Rümpfen herausragen. Diese Arbeit wird beim Verkauf eines neuen Boots grundsätzlich vom Händler ausgeführt.

Werkzeug

Sowohl für den Aufbau eines Kats (fabrikneu und bei jedem Aufriggen) als auch zur Wartung werden bestimmtes Werkzeug, Zubehör und andere Hilfsmittel ständig benötigt. Wer sie in einer Werkzeugkiste immer bereithält, vermeidet eigene Nachlässigkeit aufgrund fehlender Teile. Und die kann schnell zu Materialbruch und teuren Reparaturen führen.

Empfehlenswert sind:

- Gabel-/Ring-Schlüssel-Set für alle Bolzengrößen (Rumpf-Beam-Verbindung, Ruderkopf und Spurstange)
- Kreuz- und Schlitzschraubendreher in guter Qualität, damit keine Schraubenköpfe zerstört werden. Einige Ersatzschrauben in Überlängen und aus rostfreiem Stahl sind nur schwer zu beschaffen.
- Wasserpumpenzange
- Metall-Feile
- rostfreies Taschenmesser mit Schäkelöffner
- Maßband (10 Meter)
- Schleifpapier (80er- und 240er-Körnung)
- dünnes Takelgarn
- wasserfester permanenter Schreibstift
- wasserabweisendes Klebeband (z. B. Greytape, das lässt sich durch Fasern im Ganzen nur schwer, punktuell aber sehr leicht zerreißen)
- Reserve-Schäkel, -Bolzen und -Splinte in verschiedenen Größen
- dünnes vorgerecktes Tau (4 bis 6 mm)
- Wollfäden oder Band von Musikkassetten

Wer seinen Hobie 14 oder 16 zum Winterlager ganz auseinander gebaut hat, kann einen Gummihammer zur Hilfe nehmen, um die stramm sitzenden Profile ohne Beschädigung wieder passgenau zusammenzustecken.

Bolzen-Verbindungen

Bei Beam-Rumpf-Verbindungen mit Bolzen (z. B. Prindles, die größeren Hobies, Dart 5.5 Hawk und Tornado) ist ein ebener Untergrund besonders wichtig, damit die Gewinde in den Rümpfen beim Festschrauben nicht durch Verkanten beschädigt werden. Vorher sollten die Rümpfe allerdings auf den Kopf gestellt werden, um die Löcher mit einer gewöhnlichen Flaschenbürste (Foto) zu reinigen. Denn fast immer verbleiben vom Schneiden der Gewinde Metallspäne in den Bohrlöchern. Durch Reibung mit den Bolzen werden die Gewinde dann schnell zerstört.
Sind auch die Beamschalen an den Rümpfen gereinigt, können die Beams aufgelegt und die zuvor gefetteten Bolzen (Foto) zunächst mit den bloßen Fingern angezogen werden. Danach wird der Ring- oder Maulschlüssel in der Mitte angefasst (nicht hebeln!) und der Bolzen fest angedreht.

Mit der Flaschenbürste werden Späne aus den Gewindelöchern in den Rümpfen und Beams geholt.

Die Bolzen müssen vor dem Zusammenschrauben sauber und gefettet sein, um die Gewinde zu schonen.

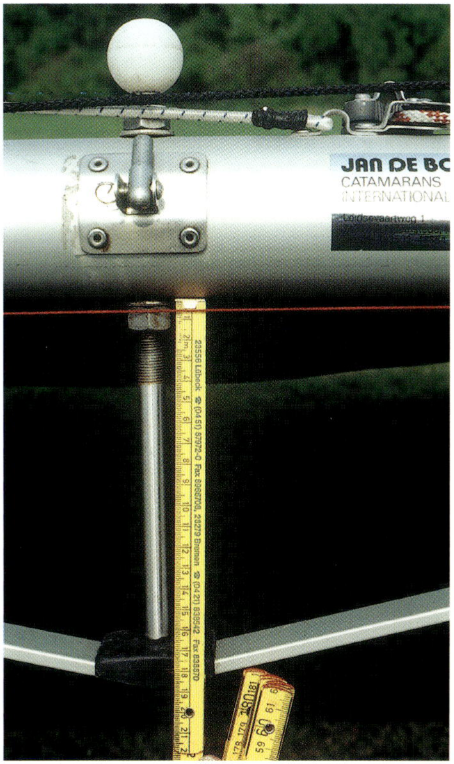

Messen der Vorbiegung des Vorderbeams am Unterzugspanner.

Klammer-Verbindungen

Bei einigen Kats (z. B. Nacras) werden die Beams auch durch Klammer-Verbindungen am Rumpf befestigt. Hier müssen zunächst die kleinen, hinter den Abdeckungen der Beamenden im Rohr versteckten Bolzen angedreht werden, die den Beam gegen Verdrehungen fixieren. Das Lösen dieser Bolzen wird häufig beim Abbauen vergessen. Die Klammern werden durch ebenfalls gefettete Bolzen in einlaminierten Metallbeschlägen mit Gewinden verschraubt, die gesäubert werden sollten (wie die Bolzenverbindungen).

Unterzug

Die meisten Katamarane haben unter dem Vorderbeam einen Unterzug. Mit ihm wird der Druck ausgeglichen, den das Rigg durch das Gewicht des Masts und die Wantenspannung auf den Beam ausübt.
Der Unterzug soll durch Drehen des so genannten dolphin strikers (Unterzugspanner) im Gewinde so weit angezogen werden, bis sich der Beam ohne Riggspannung in der Mitte 6 bis 8 Millimeter nach oben durchbiegt. Dann ist er beim Segeln durch den Stauchdruck gerade.

Gemessen wird die Biegung am besten anhand eines Fadens, der an die Unterkante beider Beamenden angehalten wird. In der Beammitte kann die Differenz mit einem Zollstock millimetergenau bestimmt werden (Foto). Als Behelf kann der Unterzug so stramm eingestellt werden, dass er sich von Hand höchstens 1 bis 2 Zentimeter durchbiegen lässt. Letzteres gilt für alle Hobies mit einem stark nach oben vorgebogenen Vorderbeam (z. B. Hobie 14, 16 und 17), weil bei ihnen diese Messmethode nicht angewendet werden kann.

Trampolin

Vor dem ersten Einziehen des Trampolins muss bei fabrikneuen Katamaranen häufig an den Aluminium-Schienen mit Feile und Schleifpapier nachgearbeitet werden. Nur wenn alle scharfen Ecken gerundet sind, kann das Trampolin leicht und ohne Beschädigung eingeführt werden. Danach wird je nach Bootstyp an den Seiten, hinten oder in der Mitte gespannt. Dazu sollten Segelhandschuhe angezogen werden, um kräftig zuzupacken. Denn nur ein strammes Trampolin ergibt einen stabilen Kat. Es darf nicht im Wind flattern oder im Wasser schleifen. Außerdem ist ein gut gespanntes Trampolin Grundvoraussetzung für saubere, schnelle Manöver.

Damit das Trampolin beim Einziehen in die Schiene nicht einreißt, sollten die scharfen Enden mit einer Feile und Schleifpapier abgerundet werden.

Zum groben Messen der Parallelität werden Klappruder zunächst hochgeklappt. Der Abstand zwischen der Mitte der Ruderbeschläge muss exakt genauso groß sein wie die Abstände an allen gleichen Stellen der Ruderblätter.

Ruderanlage und Schwerter

Die Montage und Einstellung der Ruderanlage gehört zu den wichtigsten Dingen beim Trimmen eines Katamarans. Denn Fehler können in extremen Situationen dazu führen, dass das Boot nicht mehr steuerbar ist. Auf jeden Fall hat die Einstellung der Ruderanlage entscheidenden Einfluss auf maximale Bootsgeschwindigkeit und Höhe am Wind sowie auf Kursstabilität und Manöververhalten.

Parallelität der Ruderblätter

Zur Arbeit an der Ruderanlage wird der Kat hinten mit Böcken o. Ä. hochgestellt. Die beiden Ruderblätter müssen exakt parallel durchs Wasser laufen. Ist das nicht der Fall, rütteln die Ruder beim Segeln unruhig an der Pinne. Um die Parallelität zu überprüfen, werden die Ruderblätter in eine Flucht mit den Schwertern oder den gedachten Rumpfunterkanten gestellt. Dann wird der Abstand der Vorderkanten und der Hinterkanten der Ruderblätter in gleicher Höhe gemessen (Foto). Besteht eine Differenz, wird der Abstand an der Spurstange korrigiert.

Bilden die Ruderblätter einen Schneepflug, das heißt, die Vorderkanten stehen enger zusammen als die Hinterkanten, muss die Spurstange weiter auseinander gedreht werden. Umgekehrt wird die Spurstange entsprechend gekürzt, wenn die Vorderkanten weiter auseinander stehen als die Hinterkanten. Dazu hat die Spurstange am Ende bei den meisten Kats ein Gewindestück und damit eine stufenlose Einstellvorrichtung. Ist dieses nicht vorhanden, zum Beispiel, weil eine behelfsmäßige Ersatzspurstange verwendet wird, muss ein neues Loch in die Spurstange gebohrt werden und auf den Bolzen der Pinne gesetzt werden. Ist die vorhandene Differenz in der Parallelität geringer, als durch seitliches Neubohren korrigiert werden kann, wird das Rohrende abgesägt und durch ein Kunststoffrohrstück ersetzt. Das ist stufenlos regulierbar und kann zum Beispiel beim Tornado mit einer einfa-

An heruntergelassenen Klapprudern oder Steckrudern wird die Parallelität anhand der Abstände zwischen Vorder- und Hinterkanten der Ruderblätter in gleicher Höhe gemessen und millimetergenau eingestellt.

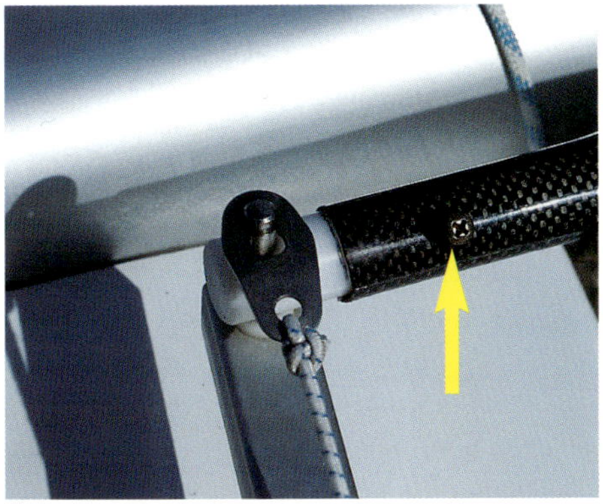

An der Tornado-Spurstange muss eine kleine Verstellschraube (Pfeil) gelöst werden, um den Kunststoffeinsatz in der Spurstange verschieben zu können.

chen Blechschraube fixiert werden. Rütteln die Ruderblätter trotz Parallelität immer noch an der Pinne, müssen die Bolzen stärker angezogen werden, mit denen die Ruderblätter im Ruderkopf befestigt sind.

Problem: Der Ruderkopf lässt sich nicht weiter zusammendrehen, aber die Ruderblätter haben immer noch zu viel Spiel.

Tipp: Zwischen den Ruderkopf und den Ruderblättern auf beiden Seiten Mylarfolie oder Plastikstücke in entsprechender Stärke legen. Eventuell sind auch die Distanzstücke in den Ruderblättern zu lang. Die werden ausgebaut und abgefeilt. Dabei können gleich Grate im Inneren des Ruderkopfs entfernt werden, die beim Herunterlassen der Ruderblätter Schrammen verursachen und die Blätter schwergängig machen.

Ruderdruck

Neben der Parallelität hängt die Steuerbarkeit eines Kats auch vom Ruderdruck ab. Dieser wird durch die vertikale Stellung der Ruderblätter an ihrer Drehachse bestimmt. Je weniger Fläche des jeweiligen Ruderblatts sich in Fahrtrichtung vor der Drehachse befindet, desto stärker ist der Ruderdruck, der beim Steuern an der Pinne zu spüren ist.

Mit dem Verändern des Ruderdrucks wird Lee- oder Luvgierigkeit des Kats nicht verändert (siehe TRIMM UND TECHNIK II, „Segelprinzip“, Seite 153). Der Ruderdruck lässt den Steuermann vielmehr eine Lee- oder Luvgierigkeit (und das heißt meistens Trimmfehler!) spüren. Nicht nur deshalb ist die optimale Einstellung der Ruderblätter so wichtig.

Großer Ruderdruck vermasselt jedem Steuermann nämlich den Spaß am Segeln und kann auf Dauer sogar zum so genannten Tennis-Arm (chronische Sehnenscheiden-Entzündung) führen. Die Ruderblätter dürfen jedoch auch nicht zu weit nach vorn gestellt werden, da sonst beim Ruderlegen (z. B. beim Abfallen) leicht die Strömung abreißt und der Kat sich dann nicht mehr steuern lässt. Deshalb hängt vom Ruderdruck auch die Sicherheit beim Kat-Segeln ab. Stimmt der Ruderdruck nicht, was beim Segeln in der Praxis ausprobiert werden muss, wird der Rudervorsprung verstellt.

Gemessen wird der Abstand der vordersten Kante des Ruderblatts zur Drehachse. Dazu können eine Segellatte oder ein Faden in Verlängerung der Bolzenmitte der Ruderaufhängung zum Ruderblatt gehalten werden (Foto). Der Abstand sollte je nach Kat-Typ 20 bis 52 Millimeter betragen (siehe TRIMM UND TECHNIK II, „Trimmbögen“, Seite 161).

Je nach Kat-Typ gibt es verschiedene Systeme mit unterschiedlich angeordneten Stellschrauben, die beim Herunterklappen des Ruders zu erkennen sind. Eingestellt wird das Maß entweder unten am Ruderkopf an einer Schraube, die als Anschlag dient (z. B. Nacra und Prindle). Bei allen Ruderanlagen, bei denen das Pinnenteil in eine Plastiknase am

Beim Messen des Rudervorsprungs muss der Faden exakt in die Mitte der Achse der Ruderaufhängungen gehalten werden. Dann kann der Wert an einer selbst auf dem Ruderblatt eingezeichneten Millimeter-Skala genau abgelesen werden (hier 52 Millimeter).

Ruderkopf einrastet (z. B. Hobies und Dart 5.5 Hawk), wird eine Schraube in der Pinne in einem Langloch verstellt. Die eingestellten Maße werden aufgeschrieben und die Auswirkung auf den Ruderdruck später auf dem Wasser kontrolliert. Eventuell muss nochmals nachkorrigiert werden. Die Steckruder der Topcats sind von der Werft korrekt eingestellt und können nicht verändert werden. Das gilt auch für die Ruder des Dart 18.

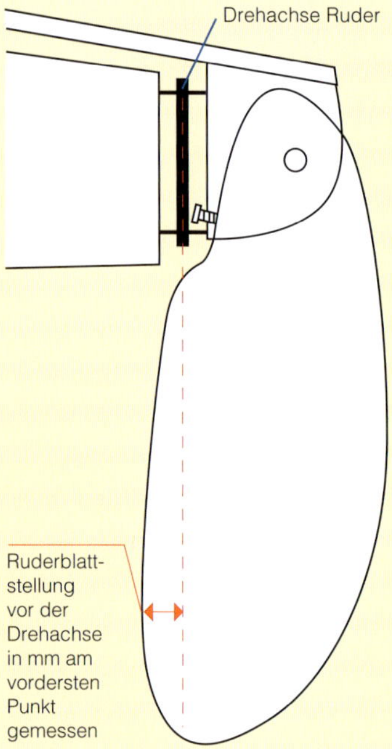

Einstellung der Ruderblätter

Die optimale Einstellung des Rudervorsprungs ist von Kat-Typ zu Kat-Typ unterschiedlich, wird jedoch bei allen verstellbaren Ruderblättern mit derselben Methode gemessen.

Ruderblatt-Einstellungen

Tornado	37 - 52 mm
Nacra	25 - 35 mm
Prindle	30 - 40 mm
	neu - 20 mm
HC 16	1/2 Höhe 30 - 40 mm
HC 18 + 20	37 mm
Dart	werftseitig vorgegeben
Topcat	werftseitig vorgegeben
Dart 5.5 Hawk	35 - 40 mm
A-Kat	20 - 40 mm

Schwerter

Ist der Kat hinten hochgestellt, lassen sich gleich auch die Schwerter kontrollieren. Seitliches Spiel im Schwertkasten kann durch Aufkleben von Teflonstreifen am Schwert oder in den Schwertkästen behoben werden. Die Parallelität wird wie bei den Ruderblättern gemessen, obwohl sie bei den Schwertern meist in Ordnung ist. Wichtig ist, dass die Parallelität der Schwerter bei ganz loser Riggspannung gemessen wird. Mit Riggspannung können die Bugspitzen 20 bis 30 Millimeter zusammengehen.

Problem: Die Schwerter stehen nicht parallel.

Tipp: Entweder sind die Schwertkästen oder die Beams nicht genau gearbeitet. Dazu wird die Parallelität der Rümpfe in der Mitte der Spitzen und der Schwertkästen sowie in der Mitte der Heckspiegel gemessen. Der Abstand sollte bis auf wenige Millimeter Toleranz gleich sein. Eine Fehlstellung (Schneepflug oder umgekehrt) wirkt sich natürlich noch fataler auf

Wartung muss sein

Abgesehen von der täglichen Pflege nach jedem Training (siehe TRAINING, „Kat-Pflege nach dem Segeln“, Seite 178) ist nach oder auch vor längeren Segelpausen, aber zumindest am Ende und am Anfang jeder Saison eine Reihe von erweiterten Wartungsarbeiten notwendig. Sie erhalten nicht nur das Material, sondern halten auch die Trimmeinstellung leichtgängig.

Das betrifft Teile am Boot, Rigg und Segel:

- Rümpfe, Schwerter und Ruderblätter auf Beschädigungen prüfen, spachteln
- Trampolin-Nähte und mögliche Scheuerstellen checken
- Drehachse der Ruderaufhängung mit Gleitspray einsprühen oder fetten
- Mastfuß fetten
- Trapezverstellung auf Scheuerstellen kontrollieren
- Segellatten entspannen (ab einer Woche Segelpause)
- Segel vor längerem Verstauen trocknen
- Zubehörkiste lüften
- Ablaufdatum der Notsignale kontrollieren und austauschen
- Auflagen des Slipwagens erneuern
- Trailer: Radlager, Bremse, Beleuchtung, Auflagen und Zubehörkiste kontrollieren und reparieren, TÜV-Fälligkeit (alle zwei Jahre) überprüfen
- Kleinere Reparaturen, wie z. B. das Ausbessern von tiefen Schrammen mit wasserbeständiger Spachtelmasse, können je nach handwerklichem Geschick selbst ausgeführt werden. Vorbereiten des Kats fürs Winterlager:
- den Kat gründlich mit Süßwasser spülen, um etwaigen Korrosionen vorzubeugen
- die Schwimmer müssen innen völlig trocken sein, unter anderem, damit sie keinen Frostschaden erleiden.
- Der Lagerplatz selbst und die Auflagen sollten unbedingt trocken sein. (Osmosegefahr!)
- Auch das Zubehör und die Segel sollten trocken und gelüftet eingelagert werden, um das Verspaken zu verhindern.

das Bootspotenzial aus als bei der Ruderanlage. Das Gleiche gilt entsprechend für Katamarane ohne Schwert. Bei fabrikneuen Katamaranen können zu starke Abweichungen beim Hersteller bzw. Händler reklamiert werden.

Auf- und Abriggen

Das Trimmen des Masts beginnt bereits vor dem Maststellen und wird am gestellten Mast fortgesetzt (siehe „Masttrimm", Seite 38). Das Auf- und Abriggen ist jedoch ein eigener, immer wiederkehrender Vorgang, dem deshalb gesonderte Aufmerksamkeit geschenkt werden sollte. Außerdem gehört er zur Materialpflege.

Maststellen

Vor dem Stellen des Masts werden die Wanten in den oberen Löchern der Locheisen oder mit aufgedrehten Wantenspannern am Boot befestigt. Dann den Mast mit dem Topp nach hinten aufs Trampolin legen. Vor dem Maststellen sollte darauf geachtet werden, dass Trapeze, Fallen und Wanten nicht verdreht sind, weil sie in Salinghöhe schwer zu erreichen sind, wenn der Mast erst steht.

Ist alles klariert, den Mastfuß auf die Kugel am Vorderbeam setzen. Einmann-Segler sollten sich zum Setzen des Masts eine zweite Person zur Hilfe holen.

Der Steuermann hebt den Mast hinten am Topp an und steigt den Mast aufrichtend aufs Trampolin. Währenddessen zieht der Vorschoter den Mast an einem Trapez nach vorn und stützt sich dabei mit den Füßen am Vorderbeam ab. Steht der Mast aufrecht, sichert der Steuermann den Mast mit dem Vorstag am Hahnepot (Fotos).

Zum Maststellen werden die Wanten an den Rümpfen befestigt und der Mastfuß auf die Kugel am Vorderbeam gelegt. Wenn vorhanden, wird der Mastfuß mit einem Bolzen gesichert (Mastfußsicherung). Der Steuermann hebt den Mast hinten an, während der Vorschoter auf den Vorderbeam steigt und den Mast durch Ziehen an den Trapezen auf die Kugel drückt (1). Weil der Zugwinkel noch ungünstig ist, hilft der Steuermann durch Hochdrücken des Masts, bis der Vorschoter im Trapez hängend den Mast ganz hochstellt (2). Der Steuermann steigt dabei zur Sicherheit aufs Trampolin und unterstützt das Maststellen bis zum Schluss (3). Ist der Mast gestellt, sichert ihn der Vorschoter weiter an den Trapezen gegen ein Umkippen nach hinten, während der Steuermann das Vorstag an den Hahnepotdrähten befestigt (4).

Mastlegen

Das Mastlegen läuft in umgekehrter Reihenfolge ab. Der Vorschoter entfernt die Gummistropps der Trapeze und sichert den Mast gegen Umfallen nach hinten, indem er sich mit seinen Füßen am Vorderbeam abstützend in die Trapeze hängt.

Dann löst der Steuermann das Vorstag und geht aufs Trampolin, um den langsam nach hinten kippenden Mast entgegenzunehmen. Den Mast ebenfalls abstützend, geht er nach hinten vom Trampolin herunter. Zum Schluss kann der Vorschoter den Mastfuß von der Kugel am Vorderbeam heben, und beide legen den Mast aufs Trampolin.

Problem: Der Mastfuß springt in der letzten Phase des Legens oder in der ersten Phase des Stellens vom Kugelkopf herunter, und der Mast schlägt gefährlich nach oben.

Tipp: Der Vorschoter muss die ganze Zeit stark an den Trapezen ziehen, damit der Mastfuß durch den Druck der Drähte auf der Kugel gehalten wird, bis der Steuermann den Mast sicher entgegengenommen bzw. zum Stellen hochgedrückt hat.

Mast- und Riggpflege

Ist der Mast sicher gelegt, muss er transportfertig gemacht werden. Dazu werden die Wanten gelöst, stehendes und laufendes Gut sortiert und mit Klebeband, Tampen oder Gummistropp parallel am Mast befestigt. Dabei sollten Terminals und Drahtpressungen auf Risse und so genannte Fleischerhaken (spitz abstehende Einzeldrähte) kontrolliert werden. Ermüdungsrisse oder lose Poppnieten können an den Großfallrollen an Mastfuß und -topp auftreten. Solche Mängel sind vor dem nächsten Aufriggen zu beheben, damit nicht überraschend „der Mast von oben kommt". Die Mastnut sollte nach längerem waagerechten Liegen des Masts mit einer langborstigen Bürste gereinigt werden und genau wie die Rollen dünn mit Gleitspray eingesprüht werden.

Masttrimm

Der Trimm des Masts beeinflusst den Segeltrimm und damit die Segeleigenschaften eines Kats erheblich. Er wird überwiegend in Abhängigkeit vom Crewgewicht am Saisonbeginn einmal eingestellt, während ihn Regattasegler unter Umständen vor jedem Wettfahrt- oder Trainingstag auf die erwarteten Windbedingungen hin verändern (siehe TRIMM UND TECHNIK II, „Trimm-Tipps", Seite 155).

Der Masttrimm unterscheidet sich nach den Riggarten der verschiedenen Kat-Typen. Bei Kats mit diamondverstagten Masten wird vor dem Maststellen die Mastvorbiegung durch den Salingwinkel und die Diamondspannung eingestellt. Nach dem Maststellen wird der Mastfall bestimmt und zum Schluss die Riggspannung. Beim Masttrimm von Kats ohne diamondverstagte Masten kommt dem Mastfall die größte Bedeutung zu. Die Wirkung der Mastvorbiegung auf den Segeltrimm wird von der Mastrotation reguliert, mit der der Mast auf dem Mastfuß gedreht wird (siehe „Großsegel", Seite 48, und TRIMM UND TECHNIK II, „Trimm-Tipps", Seite 160).

Vorbiegung

Durch den Winkel der Salinge und die Spannung der Diamondwanten werden in Wechselwirkung sowohl die Vorbiegung und gleichzeitig auch das Biegeverhalten des Masts eingestellt. Der Mast wird dadurch zudem seitlich versteift. Im Grundtrimm wählt die Crew abhängig von ihrem Gewicht nur eine bestimmte Vorbiegung. Das Biegeverhalten lässt sie dabei zunächst außer Acht, weil es als fei-

Messen des Salingwinkels.

ne Trimmgröße der Regattafreaks noch näher erläutert wird (siehe TRIMM UND TECHNIK II, „Trimm-Tipps“, Seite 155).

Die Vorbiegung ermöglicht ein Öffnen des Großsegels und Abflachen des Profils bei Starkwind auf dem Am-Wind-Kurs und wirkt der Luvgierigkeit entgegen, weil der gemeinsame Segeldruckpunkt aus Groß und Fock nach vorn wandert (siehe TRIMM UND TECHNIK II, „Segelprinzip“, Seite 153). Leichte Crews benötigen mehr Vorbiegung als schwere, um mehr Druck aus dem Segel nehmen zu können (siehe TRIMM UND TECHNIK II, „Trimm-Tabelle“, Seite 156).

Zunächst wird immer der Winkel der Salinge an den Gewinden der vorderen Salingspreizen eingestellt. Vor dem Drehen müssen die Splinte und die Sicherungsbolzen entfernt werden. Die Spreizen geben den Druck der Diamonddrähte auf den Mast weiter. Je größer der Salingwinkel bei gleich bleibender Wantenspannung ist, desto stärker ist die Vorbiegung des Masts.

Gemessen wird der so genannte Winkel in Millimetern am Abstand eines Fadens oder einer Segellatte zwischen den Salingenden und der Großsegelnut am Mast (Foto), weil der wahre Winkel in Grad nur umständlich zu messen wäre. Der besagte Abstand sollte im Grundtrimm zwischen 20 mm bei schweren Crews und 40 mm bei leichten Crews betragen (siehe Tabelle „Mastgrundtrimm“, Seite 40).

Während der Salingwinkel im Grundtrimm konstant bleibt, wird bei zunehmendem Wind die Vorbiegung durch Erhöhung der Diamondspannung verstärkt. Sie wird beim Tornado sowie allen Formula-18/-20 Kats mit einem Wantenspanner eingestellt, in dem die beiden Diamonddrähte zentral zusammenlaufen (Foto). Die Spannung darf nicht während einer Wettfahrt, kann jedoch zwischen den Rennen auf dem Wasser verändert werden (siehe TRIMM UND TECHNIK II, „Trimm-Tipps“, Seite 155). Alle anderen diamondverstagten Kats haben zwei getrennte Wantenspanner an jeder Seite, die nur mit Werkzeug an Land gedreht werden können.

Die Diamondspannung wird nach eingestelltem Salingwinkel anhand der Vorbiegung bestimmt und ebenfalls in Millimetern gemessen. Dazu wird der Mast am Mastfuß und am Wantenansatzpunkt mit der Vorderseite auf zwei Böcke gelegt und ein Faden zwischen Lümmelbeschlag (vom Großbaum) und Topphaken (vom Großfall) auf der Mastnut anliegend stramm gespannt (Grafik unten). Gemessen wird der Abstand zwischen Faden und Großsegelnut in Höhe der Salinge, und zwar genau dort, wo auch der Salingwinkel gemessen wird.

Im Grundtrimm sollte dieser Abstand genauso groß sein wie der so genannte Salingwinkel (20 bis 40 mm). Dann ist die Vorbiegung für Leichtwind von ein bis drei Beaufort genau richtig. Eine Faustregel sagt, dass die Diamondspannung danach pro Windstärke um

Mit einem kurzen Schraubenzieher kann die Diamondspannung am zentralen Diamondwantenspanner auch auf dem Wasser verändert werden.

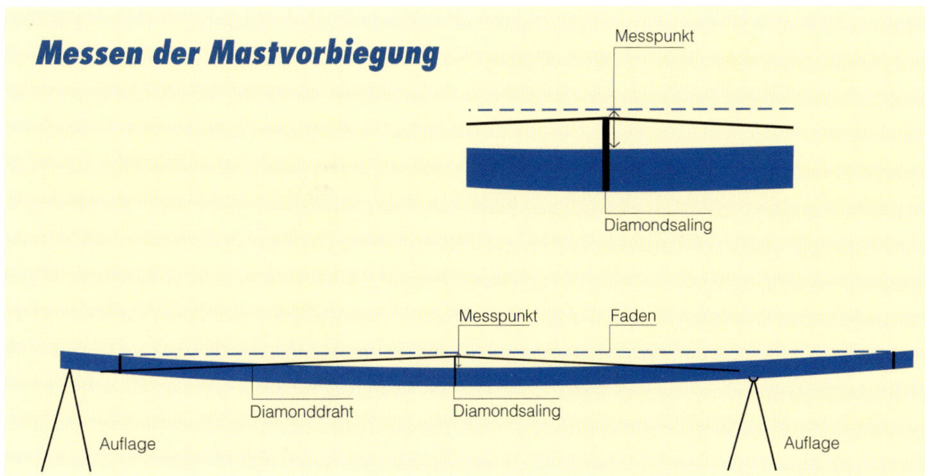

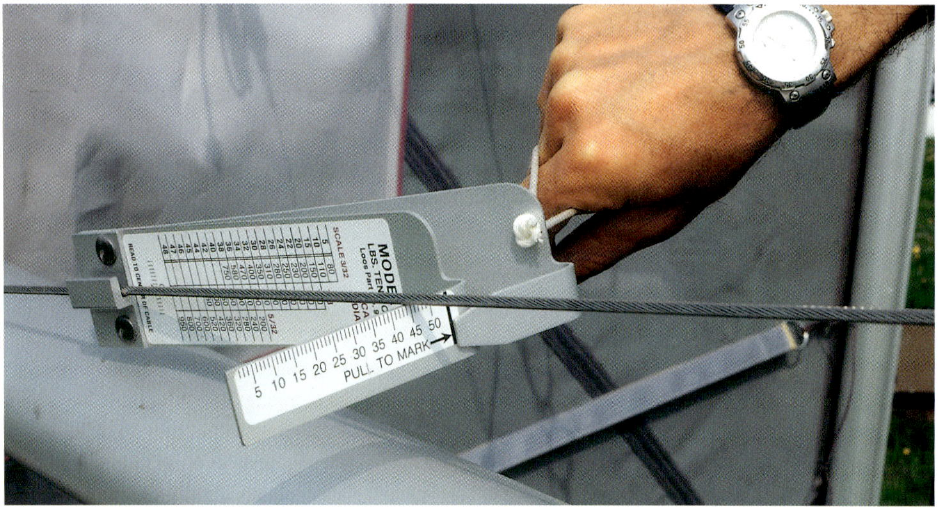

Mithilfe des so genannten Power-Ottos kann die Spannung der Diamonddrähte schnell überprüft werden.

eine Umdrehung der Wantenspanner (= 5 mm) erhöht wird oder pauschal für Mittel- bis Starkwind (4 bis 6 Beaufort) um drei Umdrehungen angezogen wird (siehe Tabelle „Mastgrundtrimm“). Nach diesem Trimmen werden die Enden der Salinge sowie die Splinte und Bolzen mit Klebeband umwickelt. Das sichert sie zum einen gegen Herausfallen, wodurch der Mast brechen könnte. Zum anderen wird so die Fock vor unliebsamem Scheuern bewahrt, das die Lebensdauer des Segels rapide herabsetzt. Auch die Gefahr, dass der Spinnaker sich hinter den Salingenden verfängt und zerreißt, wird gemindert.

Mastgrundtrimm

Salingwinkel/Vorbiegung/Mastfall

Crewgewicht	leicht	mittel	schwer
Leichtwind (1-3)	40/40/500	30/30/400	20/20/300
Starkwind (4-6)	40/55/700	30/45/600	20/35/500
Starkwind+Spi	40/55/1000	30/45/900	20/35/700

Trimmgrößen gemessen in Millimetern

Die Mastfallwerte gelten im Grundtrimm für alle Kats – ausgenommen Topcats, sowie Hobie 14 und 16 – also auch für Schwert-Kats und schwertlose Kats ohne Großbaum/ohne diamondverstagte Masten, wie zum Beispiel Nacra 500 und Dart 18.

Mastfall

Eine weitere Einstellgröße, die vor allem bei Kats ohne diamondverstagte Masten den Segeltrimm und damit die Segeleigenschaften erheblich beeinflusst, ist der Mastfall (Neigung des Masts in Längsschiffsrichtung). Mit dem Mastfall verändern sich nämlich auch die Zugrichtungen der Schoten, weil sich auch die Segel mitneigen. Das ist der gleiche Effekt wie beim Verstellen des Fockholepunkts in Längsrichtung (siehe „Vorsegel“, Seite 51) oder des Zugwinkels der Großschot bei baumlosen Kats (siehe „Großsegel“, Seite 47).

Je weiter der Mast nach hinten geneigt wird, sprich mehr Mastfall gefahren wird, desto flacher ist die Zugrichtung der Schoten. Das heißt, desto mehr ziehen sie an den Unterlieks und desto weniger an den Achterlieks. Die Segel werden unten flacher und oben offener. Also ist viel Mastfall der Starkwindtrimm.

Der Mastfall kann erst am gestellten Mast festgelegt werden. Die Bauwerften für die einzelnen Bootstypen geben einen bestimmten Spielraum für den Mastfall vor, der sich aus den Praxiserfahrungen als gut erwiesen hat. Er ist vorn begrenzt durch die Länge des Vorstags und hinten durch die Länge der Wanten sowie die jeweiligen Verstellmöglichkeiten per Wantenspanner oder Locheisen.

Bei allen Topcats soll aus Prinzip des unkomplizierten Handlings auf die Trimmgröße Mastfall verzichtet werden. Die Wanten sind nicht in Locheisen justierbar, sondern werden in einer festen Länge geliefert und in einem Beschlag eingehakt. Doch die Klassenvorschriften lassen bei der vorgeschriebenen Wantenlänge einen Spielraum von 70 Millimetern (siehe TRIMM UND TECHNIK II, „Trimm-Tipps“, Seite 158). Die Länge des Vorstags ist auch bei den Topcats verstellbar.

Bild links: Zum Messen des Mastfalls mit der Trapezmethode wird das Trapez so lang eingestellt, dass der Bügel die Rumpfaußenkante in Höhe des Hahnepotbeschlags schneidet.
Bild rechts: Der Nullpunkt (0 Grad Mastfall) ist von der Vorderkante des Vorderbeams genauso weit entfernt wie der Schnittpunkt am Hahnepotbeschlag. Dieser Mast hat 40 Zentimeter Mastfall.

Im Grundtrimm wird der Mastfall bei nahezu allen Kats (außer Hobie 14 und 16, die kein ebenes Deck haben) gleich eingestellt (Tabelle „Mastgrundtrimm"). Gemessen wird der Mastfall mit der so genannten Trapezmethode. Dazu werden Vorstag und Wanten ohne Kraftaufwand gespannt. Das Messtrapez muss genauso lang eingestellt werden, dass der Bügel direkt gegenüber den Rumpfbeschlägen des Hahnepots an der oberen Rumpfaußenkante endet. Dann wird das Trapez nach hinten gezogen, bis der Bügel die Decksaußenkante erneut schneidet (Fotos und Grafik).
Ist dieser Punkt von der Vorderkante des Vorderbeams genauso weit entfernt wie vom Hahnepotbeschlag, steht der Mast mit 0 Grad Mastfall, also gerade auf dem Kat. Grund-

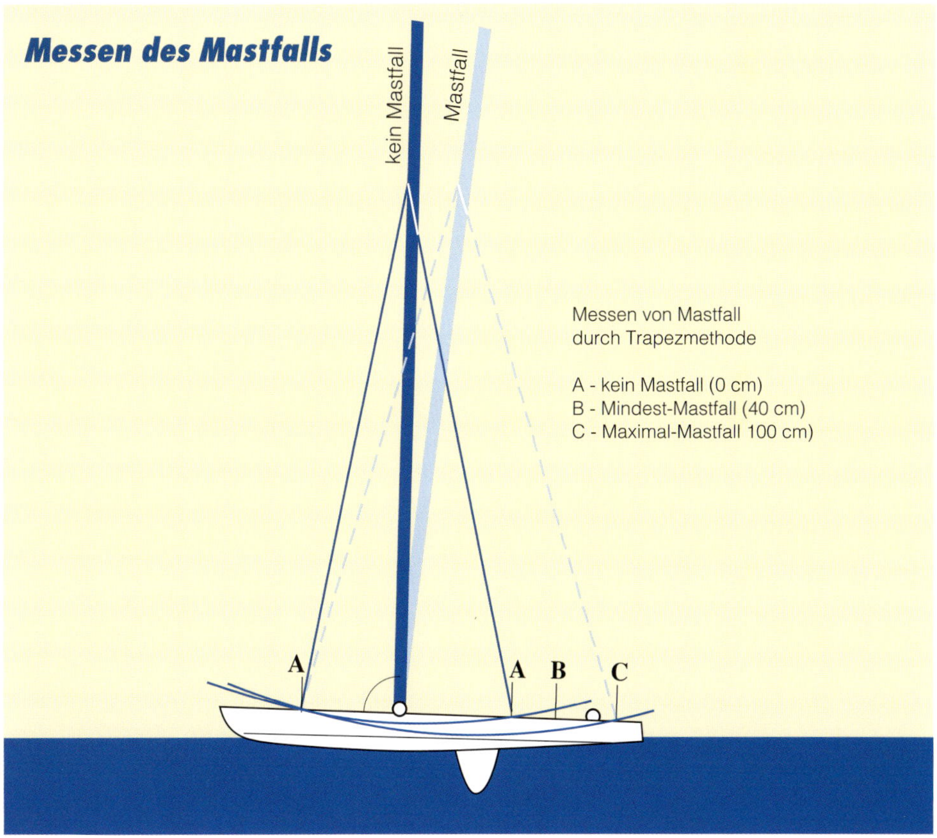

sätzlich gilt, je stärker der Wind, desto mehr Mastfall wird gefahren und umgekehrt. Leichte Crews fahren bei gleicher Windstärke mehr Mastfall als schwere Crews, und Kats mit Spi benötigen mehr Mastfall als Kats ohne Spi. Der Mast sollte im Grundtrimm so weit geneigt werden, dass der Schnittpunkt 40 bis 100 Zentimeter hinter dem Nullpunkt liegt. Das entspricht einem Mastfall von 4 bis 10 Grad (siehe Tabelle „Mastgrundtrimm“, Seite 40).

An den typischen Bananenrümpfen der Hobie 14 und 16 funktioniert diese Messmethode nicht. Beim 14er wird der Mastfall im Grundtrimm wie folgt eingestellt: Das Vorstag beim Locheisen im dritten Loch von oben befestigen, die Wanten in den dritten Löchern von unten. Diese Grundtrimmeinstellungen gelten auch für den Hobie 16, wobei er kein festes Vorstag hat, an dem das Vorsegel gesetzt wird. Stattdessen bildet ein Draht im Vorliek der Fock das Vorstag. Dessen Länge wird mit dem Fockfall reguliert. Also kann der Mastfall beim Hobie 16 sogar auf dem Wasser verändert werden (siehe TRIMM UND TECHNIK II, „Trimm-Tipps“, Seite 158). Für den Grundtrimm wird das Fockfall stramm durchgesetzt. Das sorgt gleichzeitig für die richtige Riggspannung beim Hobie 16.

Auch für andere Regattasegler ist die Trimmgröße Mastfall wichtig, vor allem zum optimalen Trimmen von schwertlosen Kats ohne Großbaum (z. B. die meisten Darts und einige Nacras). Bei Booten ohne Großbaum, aber mit Schwertern (z. B. die meisten Nacras) wird der Mastfall schon weniger verstellt, während selbst Regattafreaks bei Schwert-Kats mit Baum den Mastfall kaum variieren.

Riggspannung

Damit der Mast sich bei Wellengang nicht bewegt (schlackert), muss der Mastfall durch Riggspannung fixiert werden. Eingestellt wird sie am besten, indem sich zwei Personen schräg nach hinten in das jeweilige Trapez hängen. Ein dritter Helfer zieht dann die Wantenspanner fest oder justiert den Bolzen im Locheisen. Beide Seiten sollten gleich eingestellt sein. Das Gewicht bzw. die Kraft von zwei Personen am Trapez ist ein guter Anhaltspunkt für eine Allround-Riggspannung. Regattasegler variieren dabei noch (siehe TRIMM UND TECHNIK II, „Trimm-Tipps“, Seite 160).

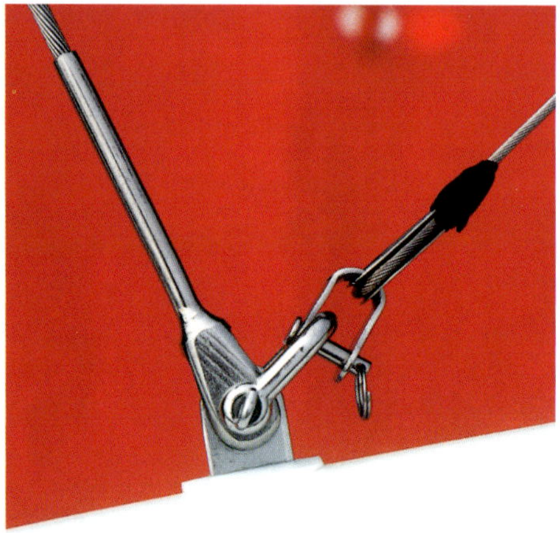

An Splinten, Bolzen und Beschlägen kann z. B. der Spi aufreißen oder die Crew sich verletzen. Außerdem kann ein Splint durch einen darüber laufenden Tampen herausgezogen werden und der Bolzen herausfallen.

Mit Klebeband umwickelt ist die Gefahrenstelle entschärft und Beschädigungen vorgebeugt.

Damit sich nichts in den Splinten verhaken kann, werden beim Trimmen des Masts an Land alle Bolzen so eingesetzt, dass deren Köpfe in Richtung der bewegten Teile (Schoten, Crew etc.) zeigen. Das heißt zum Beispiel bei den Wanten: Bolzenkopf nach außen, Splinte nach innen; beim Trampolin: Splinte nach unten. Alle Schäkel an Wanten, Trapezen, Hahnepot sowie Fock- und Großtrimmeinrichtungen werden mit einer Zange oder einem Schäkelöffner fest angezogen und sorgfältig abgetapt.

Nach dem Segeln sollte die Riggspannung wieder gelockert werden, um das Boot (Rigg, Beschläge etc.) zu schonen. Das geht am besten bei noch gesetztem Groß – sowohl auf dem Wasser als auch an Land. Der Traveller wird gelöst und die Großschot so fest angezogen, bis sich das Leewant entspannt und länger eingestellt werden kann. Ansonsten müssen, wie beim Einstellen der Riggspannung, zwei Personen schräg nach hinten am Trapez ziehen, um ein Want zu entlasten.

Großsegel

Das Großsegel, kurz Groß, sorgt auch bei Kats mit Vorsegel für den Hauptteil des Vortriebs. Es wird durch den Masttrimm stärker beeinflusst als die Fock. Eigene Trimmeinrichtungen sind Großschot und Traveller, Rein- und Rausrotierer, Vorliekstrecker (Cunningham),

Unterliekstrecker oder Lochplatte am Schothorn sowie Segellatten.

Windfäden

Um später die optimale Segelstellung zum Wind und den effektivsten Kurs kontrollieren zu können, eignet sich ein Verklicker (Fähnchen) auf dem Mast nicht. Dazu sind etliche Windfäden, auch Spione oder Telltales genannt, vonnöten.

Während sie von guten Segelmachern bereits an den wichtigen Stellen in die Segel eingeklebt sind, fehlen sie an den Hahnepotdrähten immer. Dort sind sie vor allem auf den Vorwind-Kursen eine ausgezeichnete Steuerhilfe, die anzeigt, ob die laminare Strömung (scheinbarer Wind aus 90 Grad) schon abreißt oder noch nicht.

An den Hahnepotdrähten werden am besten rund 20 Zentimeter lange Band-Streifen von ausgedienten Diktiergerätekassetten verwendet. Die kosten quasi nichts und zeigen auch bei sehr wenig Wind noch exakt an. Sie sind auf beiden Seiten des Hahnepotdrahts in etwa 50 Zentimetern Entfernung vom Vorstag mit dünnen Klebebandstreifen zu befestigen.

Die Windfäden im Großsegel zeigen die Windanströmung an. Damit wird die Segelstellung kontrolliert (siehe TECHNIK, „Vorwind", Seite 66). Für diese Fäden eignet sich Spinnakertuch besser. Wenn es nass ist, klebt es nicht so schnell am Segel und weht besser aus als Wollfäden. Daraus werden zirka 10 Zentimeter lange und knapp 1 Zentimeter breite Streifen geschnitten. Drei oder vier pro Seite werden mit 5-DM-großen Stücken aus selbstklebendem Spituch ins obere Drittel des Großsegels geklebt. Zwei Streifen gehören, ebenfalls ins obere Drittel, zusätzlich ans Achterliek. Spituch gibt es in kleinen Reparatursets beim Segelmacher.

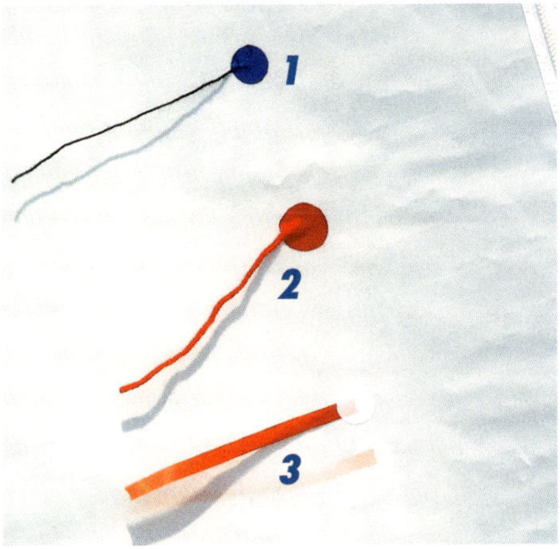

Steuerfäden (hier im unteren Drittel der Fock) sollten aus dünner Wolle (1) sein, die besser anzeigen als aus dicker Wolle (2). Zur Trimmkontrolle eignen sich Fäden aus Spituch (3) am besten.

Vor allem auf dem Vorwindkurs sind die Steuerfäden an den Hahnepotdrähten eine große Hilfe. Sind sie aus dem besonders dünnen Band der Diktiergerätekassetten, zeigen sie auch bei ganz leichtem Wind noch gut an. Etliche Segler schwören auch auf eine Windex-Anlage (Anzeigepfeil).

Windfäden

Ort der Fäden	Kontrollfunktion
Großachterliek	Schotzug auf Am-Wind-Kurs
oberes Großdrittel in Luv und Lee	Schotzug auf Vorwind-Kurs
Hahnepotdraht	Scheinbare Windrichtung Steuertechnik Vorwind-Kurs
unteres Fockdrittel 20-30 cm hinterm Vorliek in Luv und Lee	Steuertechnik auf Am-Wind-Kurs Grobeinstellung Schotzug und Barberhauler auf Vorwind-Kurs und Flieger
oberes Fockdrittel 20-30 cm hinterm Vorliek in Luv und Lee	Feineinstellung Schotzug und Barberhauler auf allen Kursen

Segellatten

Die Segellatten gehören beim Großsegel mit zu den Trimm-Möglichkeiten. Es gibt sie in unterschiedlichen Härtegraden, und sie können unterschiedlich stramm gespannt werden (siehe TRIMM UND TECHNIK II, „Trimm-Tipps", Seite 154). Die meisten Segler haben jedoch nur eine Sorte Segellatten, die im Grundtrimm immer gleich gespannt werden.

Bei neuen Latten sollten scharfe Kanten an den Spitzen und Enden mit Feile und Schleifpapier abgerundet werden, um die Lattentaschen und damit das Segel zu schonen. Für Kats mit Spinnaker ist das besonders wichtig, da der Spi nach einer Kenterung nach hinten flattern und an scharfen Lattenenden zerreißen könnte.

Die Latten sollten außerdem im gespannten Zustand am Ende nicht länger als 5 Zentimeter aus dem Segel herausragen. Anderenfalls sind sie auf diese Länge abzusägen. Das verhindert beim Setzen das Haken hinter Schoten oder Travellerklemme.

Die Latten werden sorgsam in die dazugehörigen Lattentaschen gesteckt und mit einem Spezial-Knoten auf Spannung gebracht (Fotos). Sie sollten so stramm sein, dass sie gebogen im Segel hin- und herspringen und beim Segeln keine kleinen Querfalten an den Lattentaschen mehr sichtbar sind.

Setzen und Bergen

Bei Kats mit Großbaum wird der Baum nach dem Maststellen und -trimmen am Lümmelbeschlag des Masts festgebolzt. Vor dem Setzen des Großsegels muss bei neuen oder nie „vorbehandelten" Masten manchmal der Anfang der Nut sogar aufgebogen oder zumindest rund gefeilt und geschliffen werden. Sonst lässt sich das Segel schwer einführen und kann sogar einreißen.

Zum Einhaken des Großsegels am Masttopp gibt es je nach Kat-Typ unterschiedliche Vorrichtungen. Im Prinzip hakt jedoch fast immer ein Metallring am Ende des Großfalls in einen Haken am Masttopp ein (Foto). Selten wird außerdem ein Drahtfall mit einer Presshülse in einen Schlitz am Masttopp eingeklemmt.

Ein Schäkel verbindet den Ring oder die Presskausch am Ende eines Drahtgroßfalls mit dem Kopfbrett des Segels. Bei neuen

Der Knoten für die Spannung der Segellatten fängt mit einer einfachen Schlaufe an, die an der rückseitigen Öse der Lattentasche festgezogen wird. Die beiden gleich langen Enden des Bändsels werden durch das Loch in der Segellatte gesteckt.

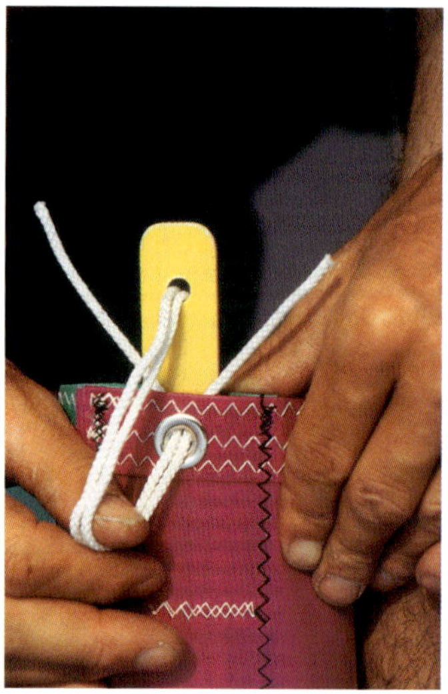

Auf der anderen Seite werden die beiden Enden von oben durch die zweite Öse der Lattentasche gesteckt und getrennt an beiden Seiten des zu spannenden Bändsels vorbeigeführt.

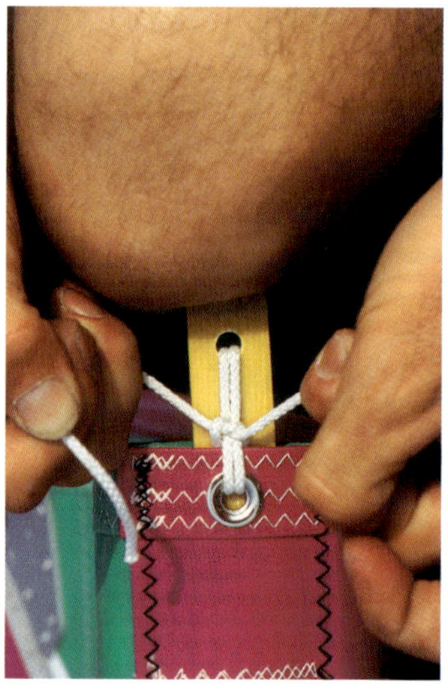

Durch Druck der Latte gegen das Knie wird sie gespannt und das Bändsel nachgezogen. Die gewählte Spannung wird zunächst mit einem einfachen Knoten (erster Teil des Kreuzknotens) gesichert und überprüft.

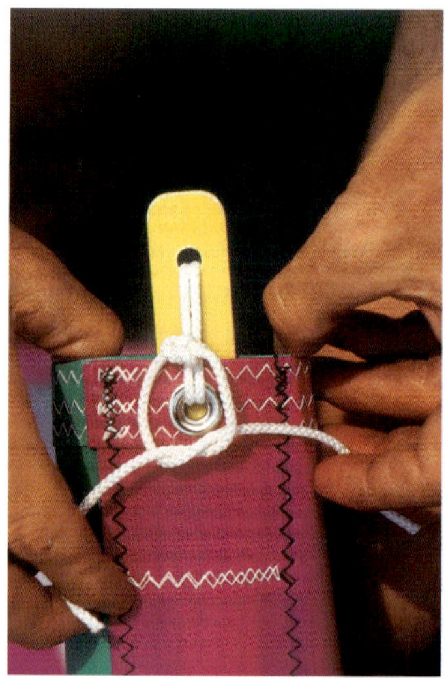

Ist die Lattenspannung okay, wird sie mit einem vollständigen Kreuzknoten eingebunden und mit einem zusätzlichen einfachen Knoten gesichert.

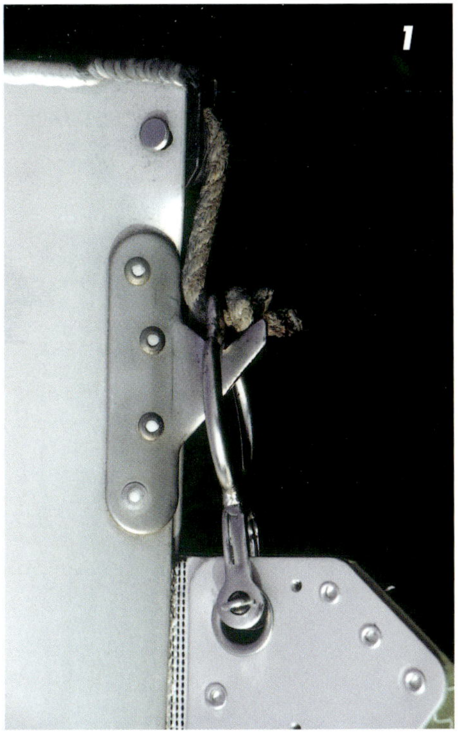

1 Am Masttopp eingehakter Großfallring beim Dart 18.

2 Zum Bergen des Großsegels muss das Großfall ganz angezogen werden, bevor der Mast zu der Seite, an der der Haken am Topp befestigt ist, rausrotiert wird, damit der Ring beim ruckartigen Herunterziehen des Großvorlieks am Haken vorbeirutschen kann.

3 Am einfachsten lässt sich das Großsegel mit zwei Personen setzen. Während der Steuermann das Tuch mit beiden Händen nach oben führt, damit das Liektau leichter in der Mastnut nach oben rutscht, legt die Vorschoterin das Großfall hinter die Schultern und zieht so mit dem ganzen Körper.

Segeln oder Masten sollte das Liektau mit etwas Gleitspray angefeuchtet werden. Wenn der Kat genau im Wind steht, sollte sich das Groß ohne großen Kraftaufwand setzen und einhaken lassen.

Problem: Das Groß lässt sich nicht einhaken.

Tipp: Hilfsweise kann das Fallende mit dem Knoten nach vorn zum Mast angeschäkelt werden. Die Zugrichtung zieht den Ring dann näher an den Mast, also auch an den Haken heran. Ansonsten muss der Kat an Land gekentert werden, um das Problem von nahem zu begutachten. Meist lässt es sich durch Zurechtbiegen des Fallrings oder des Hakens lösen.

Zum Bergen des Großsegels wird der Kat ebenfalls genau in den Wind gestellt. Das Fall ziehen und den Mast mit dem Rausrotierer (wenn vorhanden) zur Seite drehen. Dadurch kommt der Ring vom Haken frei, und das Groß kann am Hals ruckartig nach unten gezogen und aufgerollt werden. Hakt das Fall nicht aus, muss der Mast nochmals zur anderen Seite gedreht (rotiert) werden.

Schot anschlagen

Zum Anschlagen der Großschot an den Großbaum wird von den Herstellern ein gewöhnlicher Schäkel mitgeliefert. Besser sind jedoch stabile Schnappschäkel oder Stagreiter, die mit ihren Federbolzen viel leichter und schneller zu öffnen sind. Selbst klammen Fingern geht so nie der Schäkelbolzen verloren. Und selbst ein vollstehendes Groß kann in brenzligen Situationen sofort gelöst werden.

Dem Anschlagen der Großschot kommt bei Kats ohne Großbaum eine besondere Bedeutung zu. Diese Kats haben keinen klassischen Unterliekstrecker, und die Schot zieht nicht nahezu senkrecht am Baum, sondern direkt am Segel in einem bestimmten Winkel schräg nach hinten und unten. Die Lage des Zugpunkts (der Zugwinkel) der Schot am Segel bestimmt also den Trimm von Achterliek und Unterliek.

Dazu haben baumlose Kats häufig hinten am Unterliek eine Platte mit mehreren Löchern (z. B. Nacra 450, 500 und die älteren Topcats bis Baujahr 1992), in die ein Haken an der oberen Großschottalje (Block) eingehakt wird. Je mehr Wind herrscht, desto weiter vorn wird die Schot eingehakt und umgekehrt. Grund: Der Schotzug wirkt mit einem Zugpunkt vorn durch die flachere Zugrichtung mehr auf das Unterliek und weniger auf das Achterliek. Dadurch wird das Segel am Wind flacher und oben offener getrimmt, das heißt, es lässt Druck heraus. Je weiter hinten der Ansatzpunkt liegt, desto steiler wirkt der Schotzug, also mehr auf das Achterliek und weniger auf das Unterliek. Dadurch wird das Segel voller und nimmt mehr Druck auf.

Der Grundtrimm wird je nach Windstärke an Land eingestellt. Unterwegs auf dem Wasser ist der Haken nur sehr schwer aus- und wieder einzuhaken. Bei leichtem und mittlerem Wind wird ein mittleres Loch gewählt, denn im hintersten Loch steht das Segel auch bei schwacher Brise am Wind nicht mehr gut. Bei Starkwind wird der Haken ein oder zwei Löcher vor der Mitte eingehakt. Im vordersten Loch klappt das Groß im oberen Achterliekbereich auf dem Vorwindkurs zu weit auf. Leichte Crews müssen bei zunehmendem Wind früher auf ein vorderes Loch umstellen als schwere Mannschaften.

Einige baumlose Kats, wie zum Beispiel Nacra 5.5 und 6.0 sowie alle Topcats (ältere Modelle erst ab etwa Baujahr 1993), haben statt der Lochplatte hinten am Unterliek eine kurze umgedrehte Travellerschiene, auf der der Schotzugpunkt über einen Schlitten mit einem Strecker variiert wird (Foto). Hier kann der Trimm auch während des Segelns abhängig vom Kurs verstellt werden (siehe TECHNIK, Seite 62 ff.). Der Grundtrimm an Land funktioniert nach demselben Prinzip wie bei der Lochschiene. Also steht der Schlitten bei Leicht- und Mittelwind in mittlerer Stellung und bei Starkwind in vorderster Stellung. Dies ist für den Am-Wind-Kurs und den Flieger ideal, während der Schlitten von geübten Seglern vor dem Wind nach hinten verstellt wird.

Unten wird die Großschot mit einem Schäkel am Großschotblock in den Rutscher am Traveller eingehakt. Die Stellung des Travellers auf der Schiene variiert ebenfalls mit den Kursen (siehe TECHNIK, Seite 62 ff.).

Über einen Rutscher auf einer Travellerschiene am Unterliek des Großsegels kann der Großschotzugpunkt bei vielen baumlosen Kats auch während des Segelns verstellt werden.

Der Zugwinkel der Schot sollte so gewählt werden, dass sie von der Crew aus dem Trapez und auf der Kante sitzend jederzeit schnell aus der Klemme gelöst und wieder eingeklemmt werden kann. Der Winkel kann an der Klemme am Großschotblock verändert werden, indem die beiden Schrauben (Pfeile) gelöst werden. Das gilt auch bei den Fockblöcken.

Baum und Unterliekstrecker

Kats mit Großbaum haben einen Unterliekstrecker, der windabhängig und kursabhängig eingestellt wird (siehe TECHNIK, Seite 62 ff.). Der Unterliekstrecker bestimmt die Profiltiefe des Großsegels. Dies ist die tiefste Stelle (der größte Abstand) zwischen Baum und Segel und kann etwa in der Mitte des Baums gemessen werden.

Ab Trapezwind wird der Unterliekstrecker im Grundtrimm so stramm durchgesetzt, dass das Unterliek eine Gerade bildet. Herrscht kein Trapezwind, sollte der Unterliekstrecker so weit gelöst werden, dass eine Profiltiefe von 5 Zentimetern entsteht. Dies ist der richtige Trimm für den Am-Wind-Kurs und den Flieger, während der Unterliekstrecker auf dem Vorwind-Kurs auf eine Profiltiefe von 20 bis 30 Zentimetern gelöst werden soll.

Problem: Nach einem Kurswechsel steht das Segel nie ganz optimal, weil der Unterliektrimm schnell und ohne Anhaltspunkt eingestellt werden musste.

Tipp: Die Leichtwind- und die Trapezwind-Stellung für den Am-Wind-Kurs und den Flieger wird mit einem wasserfesten Stift auf dem Strecker markiert. Die optimale Stellung für den Vorwind-Kurs wird durch einen Knoten im Strecker fixiert, sodass der Strecker beim Abfallen nur aus der Klemme genommen werden muss und automatisch bei der optimalen Segelstellung stoppt.

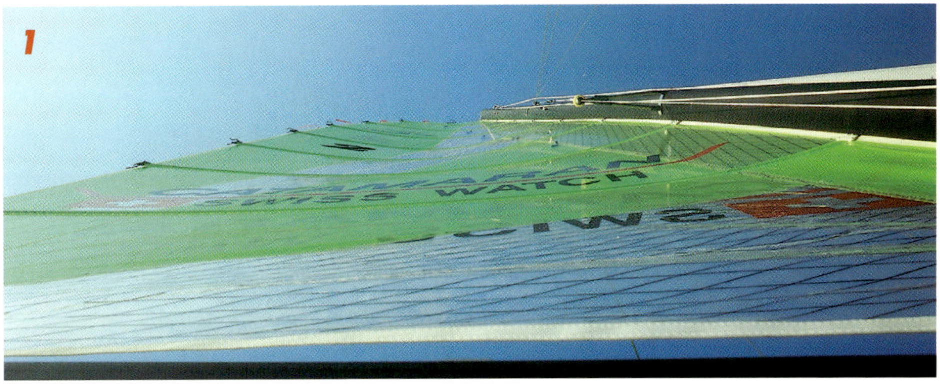

Bei Starkwind für den Am-Wind-Kurs getrimmtes Groß (1): Das Segel ist durch ganz dicht gezogene Unterliekstrecker und Cunningham maximal flach und oben offen getrimmt.

Bei Leichtwind für den Am-Wind-Kurs getrimmtes Groß (2): Das Unterliek hat 5 Zentimeter Profiltiefe, und das Vorliek ist lose. Das Segel steht voller und geschlossener als bei Starkwind.

Für den Vorwind-Kurs getrimmtes Groß (3): Das Unterliek hat 25 Zentimeter Profiltiefe, und das Vorliek ist lose. Das Segel hat ein maximal volles Profil.

Cunningham

Der Vorliekstrecker, meist Cunningham genannt, ist die wichtigste Trimmeinrichtung des Großsegels auf dem Am-Wind-Kurs. Bei den meisten Kats wird das Cunningham über einen Strecker eingestellt, der von der Crew vor allem bei böigem Wind wie eine Schot ständig bedient werden kann. So kann der Großsegeltrimm ständig der Windstärke angepasst werden.

Das Cunningham zieht mithilfe einer mehr oder weniger großen Übersetzung (Foto) am Vorliek. Durch die Streckung wird – rein mechanisch betrachtet – auch Tuch aus der Segelmitte nach vorn Richtung Vorliek gezogen. Das heißt nichts anderes, als dass das Profil (die Bauchigkeit) flacher und damit Druck aus dem Segel genommen wird (siehe Fotos, Seite 47).

Ein weiterer Effekt tritt durch die Zugwirkung am Topp entlang der Achterkante des Masts auf. Dadurch wird der Mast weiter gebogen und das Segel zusätzlich abgeflacht sowie im Achterliek geöffnet. Ein voll durchgesetztes Cunningham nimmt bei Starkwind bis zu 80 Prozent Druck aus dem Groß.

Eine feste Cunninghameinstellung gibt es selbst im Grundtrimm nur auf dem Vorwind-Kurs. Dann ist das Vorliek immer ganz lose. Kommt eine Mannschaft auf dem Am-Wind-Kurs und dem Flieger noch nicht mit der ständigen Regulierung zurecht, oder lässt es sich nur schwer verstellen, sollte sie das Cunningham umso strammer durchgesetzt lassen, je stärker der Wind ist.

Problem: Das Cunningham soll im Trapez stehend verstellt werden, aber das Ende des Vorliekstreckers liegt auf dem Trampolin.

Tipp: Die Enden des Vorliekstreckers auf beiden Seiten mit der Bucht eines Palsteks auf dem Trapezgummi laufen lassen. So können sie an den Enden des Vorderbeams, an denen das Trapezgummi umgelenkt wird, immer erreicht werden und verdrehen sich auch bei Manövern nicht mit den Fockschoten.

Die Trimmeinrichtungen des Prindle Pacers: Diamondspanner (1), Fockholepunktverstellung in Querrichtung (2), Lochschiene an der Fock (3), Rotation (4) und Cunningham (5)

Rotation

Die Drehung des ovalen Masts in seiner Längsachse beeinflusst die Windanströmung von Mast und Großsegel, die eine gemeinsame Fläche bilden. Auch der Einfluss der Mastvorbiegung auf das Segelprofil kann durch Drehen des Masts reguliert werden. Das geschieht mit der so genannten Rotation. Eine komplette Rotation besteht aus einem Reinrotierer und einem Rausrotierer.

Die meisten Kats mit Diamondverstagung haben in der Standardausführung nur einen Reinrotierer. Das ist eine Gabel (Foto) mit unterschiedlichen Zugvorrichtungen. Sie wird auf dem Am-Wind-Kurs und dem Flieger eingesetzt, um den Mast in den gewünschten Winkel zur Längsschiff- und damit Fahrtrichtung reinzurotieren, da der Mast sich sonst durch den Druck des Großbaums nahezu quer stellen würde. Im Grundtrimm liegt der Winkel für leichte bis mittlere Brise bei zirka 60 Grad aus der Mitte heraus. Dann zeigt die Mastnut auf das jeweilige Want. So wird wenig von der Vorbiegung wirksam, die nur bei einem ganz reinrotierten Mast voll zur Geltung kommt, weil der Mast ja nur in Längsrichtung des ovalen Mastprofils vorgebogen ist. Außerdem bildet dann die Leeseite des Masts mit der Leeseite des Segels einen glatten Flügel für eine saubere Anströmung vom Wind.

Bei Starkwind, wenn andere Trimmmöglichkeiten zum Abflachen des Segelprofils (z. B. Cunningham) erschöpft sind, wird der Mast weiter reinrotiert. Dadurch wirkt die Mastvorbiegung stärker aufs Groß und flacht es zusätzlich ab. Die Anströmung verliert wegen des ohnehin starken Drucks im Segel an Bedeutung.

Als Rausrotierer haben der Tornado und die neueren Kats mit Spi meist nur noch zwei Tampen an der Vorderkante des Masts angeknotet und in jeweils eine Schlitzklemme am Baum geführt. Sie werden bei Leichtwind auf dem Vorwindkurs eingesetzt, um den Mast möglichst quer zur Fahrtrichtung zu drehen, wenn dazu der Druck der Großschot über den Baum nicht mehr ausreicht. Dann ist die Vorbiegung fast unwirksam, das Segel steht voll und wird gut angeströmt. Optimal ist bei Leichtwind auf Vorwindkurs eine Maststellung von 80 bis 90 Grad (fast querab).

Bei den baumlosen Kats mit Lochplatte am Unterliek zum Einhaken der Großschot wird die Rotation hierüber bestimmt. Je weiter vorn die Schot in der Lochplatte eingehakt wird, desto weniger rotiert der Mast sowohl auf dem Am-Wind- als auch auf dem Vorwind-Kurs raus, will heißen, desto flacher wird das Großsegel getrimmt. Bei baumlosen Kats mit Unterliekstrecker rotiert der Mast entsprechend weniger stark raus, je weiter vorn der Schlitten auf der Schiene steht. Auf dem Vorwind-Kurs wird er also ganz nach hinten gestellt, um den Mast möglichst weit rauszurotieren.

Bei den Hobie 14 und 16 sowie beim Dart 18 ist die Rotation nicht zu verstellen. Deren Masten haben auch keine Diamondverstagung, können also nicht vorgebogen werden.

Beim Dart 18 ist der Spielraum der Rotation durch einen von der Werft und durch die Klassenvorschriften genormten Tampen zwischen Gabel und Schothorn vorgegeben. Er gehört zur Vermessung der Einheitsklasse und darf auf Regatten nicht verändert werden. Bei den Hobie 14 und 16 rotiert der Mast auf einem Alu-Gussteil, an dessen Seiten jeweils eine Nase zur Begrenzung herausragt. Diese ist so angebracht, dass der Mast nicht weiter als auf 60 Grad rausrotiert. Auf Regatten spielt die Rotation jedoch auch bei diesen Booten eine Rolle (siehe TRIMM und TECHNIK II, „Trimm-Tipps“, Seite 160).

Einfluss der Rotation auf die Profiltiefe des Segels beim vorgespannten Mast

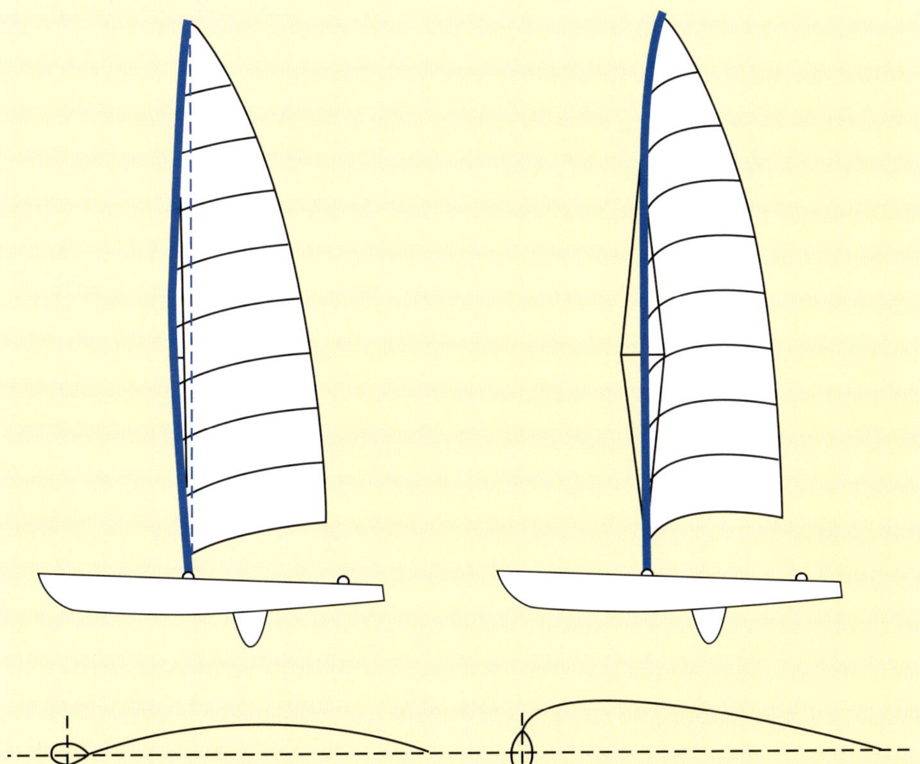

Beim diamondverstagten Mast wird mit der Rotation auch der Einfluss der Vorbiegung auf das Segelprofil reguliert. Beim reinrotierten Mast kommt die Vorbiegung voll zum Tragen, das Segel wird flach; beim rausrotierten Mast wirkt die Vorbiegung nicht, das Segel bleibt voll.

Vorsegel

Nicht alle Katamarane haben eine Fock. Vor allem Einmann-Kats, wie zum Beispiel A-Kat, Nacra Inter 17 sowie Hobie 14, 17 und FX-One, verzichten zumindest in der Standardausführung auf das kleine Vorsegel. Viele kleine Kats, wie zum Beispiel Topcat Classic/F 2 und K 3, Dart 18 sowie Nacra 450 und 500, können sowohl mit als auch ohne Fock gefahren werden.

Die Trimmmöglichkeiten sind etwas anders als beim Großsegel. Vorliekstrecker, Fockholepunkte und Barberhauler (Fockbeiholer) sind nicht bei allen Kats vorhanden.

Windfäden

Ins obere Drittel der Fock wird pro Seite und ans Achterliek je ein Windfaden aus Spituch geklebt (wie beim Großsegel), mit denen der Anstellwinkel (durch Barberhauler oder Fock-

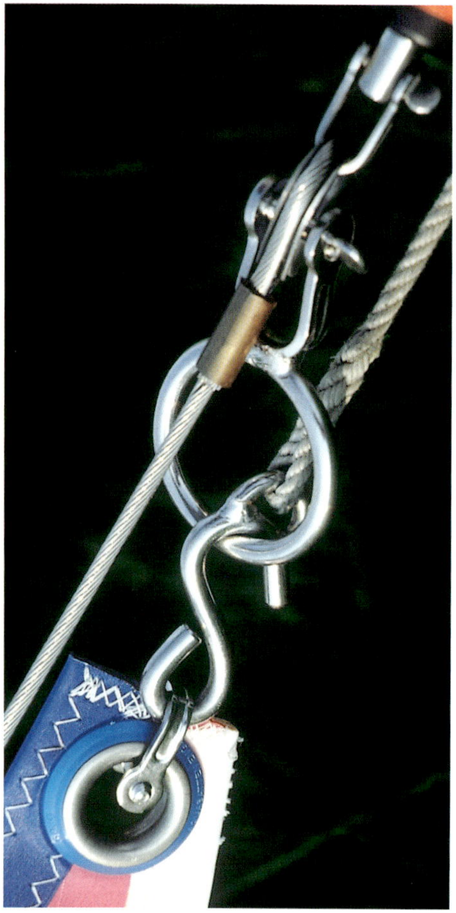

Der Ring am Fockfall ist in den Haken am Masttopp eingehakt. Zum Bergen der Fock hakt ein schnelles Anziehen und Loslassen des Falls den Ring wieder aus.

holepunkt in Querrichtung) und die Achterlieksöffnung – auch Twist genannt – (Zugrichtung der Schot) kontrolliert werden. Zusätzlich sollten als Steuerhilfe im vorderen unteren Drittel der Fock zwei Wollfäden genau gegenüber aufgeklebt werden (Foto Seite 43). Mit ihnen wird der Kurs am Wind kontrolliert (siehe „Großsegel", Seite 43).

Focksetzen und Vorliekstrecker

Es gibt verschiedene Systeme, mit denen das Vorsegel gesetzt wird. Davon ist direkt auch der Vorliekstrecker abhängig, also die Möglichkeit, die Fock im Vorliek zu trimmen.

Außer Hobie 16, Dart 15 und Dart 18 haben alle Kats Vorsegel, die mittels eines Reißverschlusses am Vorstag gesetzt werden. Das Fockfall läuft über eine Rolle oben am Vorstag und von dort im Reißverschluss nach unten. Ist der Segelkopf am Fall angeschäkelt, wird der Reißverschluss beim Hochziehen um das Vorstag und das Fall geschlossen. Der Reißverschluss hakt nicht, wenn die Fock abgerollt wird. Zuletzt wird der Hals am Fockbeschlag des Hahnepots befestigt. Das Bergen erfolgt in umgekehrter Reihenfolge mit Herunterlassen und gleichzeitigem Aufrollen der Fock.

Die Vorliekstreckung wird am Ende des Falls entweder über eine Übersetzung mit kleinen Rollen oder direkt mit einem kurzen Strecker an der Drahtkausch eingestellt (Foto u. re.). Bei einigen Kats wird das Fall vom Hahnepot mit Umlenkung über eine Rolle auf den Spibaum oder den Vorderbeam in eine Klemme fortge-

So wird das Fockfall bei den meisten Katamaranen zu Beginn des Setzens in den Vorlieksreißverschluss aufgenommen.

Ist die Fock gesetzt, wird das Vorliek mit dem Strecker am Ende des Fockfalls je nach Windstärke gespannt.

führt und kann so vom Trampolin aus noch verstellt werden. Läuft das Fockfall außen am oder innen im Mast fast bis zum Mastfuß, wird es im unteren Mastbereich in eine Übersetzung eingehakt, mit der das Vorliek entsprechend unterschiedlich stark durchgesetzt werden kann. Alle anderen Kats haben wie beim Großsegel einen Haken am Topp der Fock, der in einen zirka 30 Zentimeter vom Want- und Vorstagbeschlag entfernten Ring am Mast eingehakt wird. Bei den meisten dieser Kats wird das Fall beim Setzen mit in den Reißverschluss eingezogen, die eine Hälfte des Falls dann ausgehakt und in der Trampolintasche verstaut. Hier erfolgt die Vorliekstreckung durch eine Übersetzung mit Klemme, allerdings am Hahnepot, und ist im Grundtrimm vom Trampolin aus nicht zu verstellen (siehe TRIMM UND TECHNIK II, „Trimm-Tipps", Seite 160).

Im Grundtrimm erfolgt die Vorliekspannung windabhängig. Bei Leichtwind ist sie so locker, dass die Fock hinterm Vorliek bei loser Schot gerade keine Querfalten mehr wirft. Bei Starkwind wird der Strecker so stark durchgesetzt, dass bei loser Schot parallel zum Vorliek eine lange Falte entsteht. Der Mittelwindtrimm liegt entsprechend dazwischen.

Ein Sonderfall ist der Hobie Cat 16, weil das Boot kein festes Vorstag hat, an dem das Vorsegel gesetzt wird, sondern nur ein dünnes Vorstag, das den Mast an Land gegen Umfallen sichert. Es ist auf dem Wasser funktionslos und sollte mit einem dünnen Gummistropp stramm gehalten werden, damit es die Anströmung der Fock weniger stört. Beim Segeln bildet stattdessen ein Draht im Vorliek der Fock das Vorstag. Dessen Länge wird mit dem Fockfall reguliert. Also kann beim Hobie 16 sogar der Mastfall auf dem Wasser verändert werden (siehe TRIMM UND TECHNIK II, „Trimm-Tipps", Seite 158). Die Vorliekstreckung erfolgt ebenfalls über ein Bändsel am Hahnepot, das so genannte Flachreff.

Schoten und Fockholepunkt (längs)

Der Schäkel, den die Hersteller zum Anschlagen der Fockschoten liefern, sollte wie bei der Großschot gegen einen Schnappschäkel oder einen Patentschäkel ausgetauscht werden (Foto). So lässt sich die Fock ebenfalls schnell und sicher abschlagen.

Nach dem gleichen Prinzip, wie ein Großsegel ohne Baum durch Verändern der Schot-Zugrichtung voller oder flacher getrimmt wird, kann bei den meisten Kats auch die Fock getrimmt werden. Dies geschieht beim neuen Tornado, Hobie 16, allen Topcats mit Fock sowie einigen kleineren Nacras durch eine Lochplatte am Schothorn. Je weiter unten das Loch gewählt wird, desto flacher und offener wird die Fock getrimmt und umgekehrt.

Ältere Kat-Modelle, wie der Dart 18 zum Beispiel, haben zwei Leitschienen auf den Decksinnenkanten in Längsschiffrichtung, an denen der Fockholepunkt in Längsrichtung in 6-Zentimeter-Schritten (siehe TRIMM UND TECHNIK II, „Trimmbögen", Seite 170) gewählt wird. Eine Leitöse oder ein Leitblock, durch den die Fockschot läuft, wird auf der Schiene nach vorn oder hinten verschoben und arretiert. Je weiter vorn der Fockholepunkt gewählt wird, desto steiler ist die Zugrichtung und umgekehrt. Steil heißt, die Schot zieht mehr am Achterliek und weniger am Unterliek, also das Vorsegel wird voller und geschlossener.

Im Grundtrimm wird der Fockholepunkt bei leichten Crews und/oder viel Wind hinten, bei schweren Crews und/oder wenig Wind vorn eingestellt. Das Variieren des Fockholepunkts in Längsrichtung auf dem Wasser gehört zum Regatta-Trimm (siehe TRIMM UND TECHNIK II, „Trimm-Tipps", Seite 160).

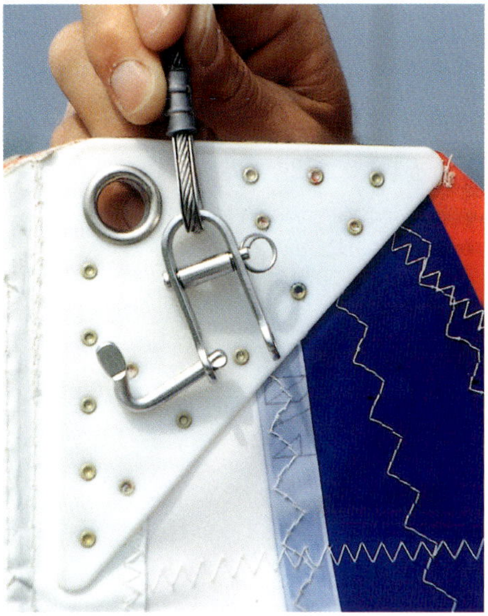

Mit diesen Patentschäkeln können Groß- und Fockfall sowie die Schoten nachgerüstet werden. Sie verhindern ein unbeabsichtigtes Losdrehen, können kaum verloren gehen und lassen sich auch mit klammen Fingern in einer brenzligen Situation noch schnell lösen.

Problem: Der Fockblock mit seiner Klemme verdreht sich ständig, oder die Schot lässt sich schwer ein- und ausklemmen.

Tipp: Gegen Verdrehen helfen zwei kleine Madenschrauben, die unten am Block in den Wirbel weiter reingedreht werden und diesen fixieren. Die Klemme lässt sich ebenfalls dem Zugwinkel der Fockschot anpassen, indem alle vier Schrauben gelöst werden und die Klemme gedreht werden kann (siehe „Großsegel", Seite 46).

Sind keine oder nur geringe Verstellmöglichkeiten für den Fockholepunkt in Längsrichtung vorhanden, wird derselbe Effekt auch durch

Verstellen des Mastfalls erreicht. Bei festem Fockholepunkt wird die Zugrichtung flacher, sprich die Fock im Unterliek flacher und im Achterliek offener getrimmt, je mehr der Mast nach hinten geneigt wird. Umgekehrt ist die Fock bei weniger Mastfall voller getrimmt (siehe „Masttrimm", Seite 40, und TRIMM UND TECHNIK II, „Trimmtabelle", Seite 156).

Barberhauler und Fockholepunkt (quer)

Eine weitere Trimmeinrichtung ist die Verstellung des Fockholepunkts in Querrichtung. Mit dem Barberhauler (Beiholer), den aber längst nicht alle Kats haben, wird die Fockschot auf dem Vorwindkurs und raumen Fliegern nach außen gezogen, um den Anstellwinkel der Fock groß zu halten. Solche Barberhauler wirken nur nach außen und bleiben auf dem Am-Wind-Kurs und auf dem Flieger lose und ohne Bedeutung.

Alle neueren Modelle, aber auch zum Beispiel der Hobie 16, haben links und rechts vom Mast auf dem Vorderbeam zwei Travellerschienen, auf denen der Fockholepunkt in Querrichtung über zwei Schlitten eingestellt wird. Auf diese Rutscher sind die Fockblöcke mit Klemmen gebolzt. Die Verstellung des Fockholepunkts in Querrichtung erfolgt kursabhängig. Auf dem Vorwind-Kurs wird er ganz außen eingestellt, auf dem Am-Wind-Kurs und auf dem Flieger dagegen ganz innen (siehe TECHNIK, „Vorwind", Seite 66).

Nur bei Starkwind kann der Schlitten bis zu 20 Zentimeter weiter außen gefahren werden (siehe TRIMM UND TECHNIK II, „Starkwind", Seite 144).

Selbstwendefock

Ein Trend, der erst 2001 zum ersten Mal beim Tornado mit der neuen olympischen Konfiguration mit Spi und Doppeltrapez auftauchte, sich aber weiter verbreiten dürfte, ist die Selbstwendefock. Sie erleichtert die Arbeit des Vorschoters vor allem bei der Halse unter Spi, aber auch bei der Wende. Ein günstiger Nebeneffekt ist die höhere Untersetzung mit 1:4 statt 1:2 bisher. Dadurch verringert sich der Zug auf der Schot, und sie kann exakter eingestellt werden.

Das Prinzip der Selbstwendefock, die es anfangs nur in Eigenkonstruktionen gab, funktioniert über eine gebogene Travellerschiene auf dem Vorderbeam. Auf der Schiene läuft der Travellerschlitten mit dem Fockblock, der die Fockschot untersetzt. Vom Block geht die Schot nach vorn auf den Spibaum zum Fockhalsbeschlag, wo sie nochmals untersetzt und zum Vorderbeam zurückgeführt wird. Dort wird die Schot dann „geteilt" und zu beiden Seiten in Schwenkklemmen in Höhe der Schwimmerinnenkanten geführt.

Die Fockschot kann so auf beiden Seiten verstellt werden und muss weder bei der Wende noch bei der Halse mitgenommen werden. Die Verstellung des Fockholepunkts in Querrichtung erfolgt entweder über einen Stopper als Anschlag auf der Travellerschiene oder einen kleinen Strecker, der vom Travellerschlitten zu einer Klemme in der Mitte des Beams geführt wird.

Eine Selbstwendefock hat immer eine Lochplatte am Schothorn. Damit wird der Fockholepunkt in Längsrichtung verstellt (siehe „Schoten und Fockholepunkt [längs]").

**Längsverstellung des Fockholepunkts durch Lochplatte am Schothorn, hier bei einer Selbstwendefock.
Dieses System ist die Zukunft nicht nur bei Regatta-Katamaranen. Es erleichtert auch besonders dem Einsteiger Wende und Halse.**

TECHNIK

Geschwindigkeit ist keine Hexerei. Wer zwei Rümpfe hat, aber nur einen im Wasser, erlebt den Temporausch pur. Den Luv-Schwimmer über den Wellenkämmen in der Luft zu halten, ist das A und O der Technik des Katamaransegelns.

Eine sichere Segeltechnik beginnt schon beim Ablegen. Während die Steuerfrau Traveller und Pinne klariert, bringt der Vorschoter den Kat in die richtige Ausgangsposition.

Ein Slipwagen mit Ballonreifen und gepolsterten Schalenauflagen erleichtert das Ziehen des Kats über weichen oder unebenen Untergrund.

Ab- und Anlegen

Vor dem eigentlichen Kat-Segeln muss eine Crew mit ihrem Sportgerät überhaupt aufs Wasser kommen. Dieser Schritt erfordert mehr Geschick als später das auch für Anfänger schon faszinierende Hin- und Herrauschen vor der Küste.

Denn mit einem Katamaran ab- und anzulegen, ist schwieriger als mit einer Jolle. Die Manöver benötigen mehr Platz, weil ein Zweirumpfboot nicht so drehfreudig ist. Oft sind unnötig umständliche und zuweilen auch gefährliche Ab- und Anleger zu beobachten. Deshalb wollen viele Schritte im Voraus überlegt sein.

Da die meisten Kats einen Landliegeplatz haben, werden sie entweder am Strand oder im Hafen über eine Slipbahn zu Wasser gelassen. Probleme entstehen häufig bei genau ab- oder auflandigem Wind zum Teil mit Brandung.

Generell gilt, lieber die Fahrt zu verlangsamen, den Kat aufzustoppen oder vorübergehend an einem Pfahl o. Ä. festzuhalten, als sich, andere sowie das eigene oder fremde Boote zu gefährden.

Ablegen am Strand bei ablandigem Wind

Beim Ab- und Anlegen am Strand gibt es meist mehr Platz als im Hafen. Dafür kann die Brandung das Manöver erschweren. Außerdem ist immer auf Badende Acht zu geben.

Zum Ablegen bei ablandigem Wind am Strand werden die Segel an Land gesetzt sowie Großbaum und Schoten angeschlagen. Mit hochgeklappten bzw. -gezogenen Rudern und Schwertern, losen Schoten und offenem Traveller wird das Boot rückwärts ins Wasser geschoben. Wer mit einem Slipwagen ins Wasser fährt, bevorzugt ein Modell mit besonders dicken Reifen. Dann hat er das Ziehen und Schieben im weichen Sand, über steinigen Untergrund und auch im Wasser leichter. Sobald das Boot aufschwimmt, wird der Kat an einer Spitze angehoben, um den Wagen darunter herauszuziehen. Dazu ist für Einmann-Crews eine Deichsel oder Zugleine hilfreich.

Ist das Wasser knietief, springt die Besatzung auf die Bugspitzen und erzielt damit eine Art Ruderwirkung. Auch ein einzelner Segler hat den gewünschten Effekt trotz Gewichtskonzentration nur auf einen Bug, weil der andere Schwimmer mit heruntergedrückt wird. Dadurch treibt ein Kat mit den Bugspitzen in Windrichtung ruhig vor dem Wind ins tiefere Wasser, wo die Ruder und die Schwerter her-

Auf Regatten wird das Ablegen am Strand bei auflandigem Wind zusätzlich erschwert, weil meist viele Kats gleichzeitig ablegen wollen. Der Kat 98499 hat es bereits geschafft, während 100072 mit backstehender Fock in den Wind gedreht ist. Der Vorschoter steht schon bis zum Bauch im Wasser und versucht die Situation zu retten. Der Kat mit den weißen Segeln (rechts) ist besser davor. Der Vorschoter braucht nur noch aufzuspringen.

untergelassen werden können, um auf den gewünschten Kurs abzufallen.

Anlegen am Strand bei ablandigem Wind

Das Anlegen bei ablandigem Wind ist am Strand unkompliziert. Dazu wird mit halbhohen Schwertern bis in stehtiefes Wasser gekreuzt und der Kat mit einem Aufschießer in den Wind gedreht. Bevor er an den Strand gezogen werden kann, müssen die Schwerter und die Ruderblätter ganz hochgezogen oder hochgeklappt werden.

Ablegen am Strand bei auflandigem Wind

Am Strand ist das Ablegen bei auflandigem Wind mit Brandung in flachem Wasser am schwierigsten. Die Crew zieht das Boot ins knietiefe Wasser, möglichst nicht gerade in den Bereich, wo die Brandung zu brechen beginnt.

Die Schwerter bleiben wegen der noch zu geringen Wassertiefe zunächst ganz oben. Nur die Ruder werden – falls möglich – schon etwas heruntergelassen, aber es wird mit der Pinne kaum gesteuert. Das geschieht durch die Segelstellung und die Gewichtsverlagerung. Dazu muss das Großvorliek mit dem Cunningham stramm durchgesetzt werden, und auch das Unterliek wird mit dem Strecker ganz flach gezogen. Die Fockschot wird wie am Wind dichtgeholt. Die Großschot wird fast ganz dichtgeholt und eingeklemmt. Der Traveller aber bleibt offen.

Die Crew dreht das Boot auf den Kreuzkurs, der sie schneller vom Strand wegbringt, falls der Wind schräg auf die Küste trifft. Ist das nicht der Fall, muss der Steuermann klare Kommandos geben, auf welchem Bug gestartet werden soll, damit der Vorschoter die Fock nicht auf der falschen Seite dichtholt und damit backhält. Dann springt die Crew auf und nimmt durch leichtes Dichtholen des Travellers Fahrt auf. Gesteuert wird mit der Travellerschot. Um anzuluven, muss der Traveller dichtgeholt werden und umgekehrt. Zusätzlich spielt die Gewichtsverlagerung eine Rolle, weil sich dadurch die Lateralfläche verändert (siehe TRIMM UND TECHNIK II, „Segelprinzip“, Seite 153). Sitzt die Crew weiter hinten, fällt der Kat etwas ab, rutscht sie weiter nach vorn, luvt er etwas an. Das muss auch im geschickten Wechselspiel mit dem Bedienen der Travellerschot geschehen.

Problem: Der Kat dreht gleich beim Starten in den Wind.

Tipp: Den Kat auf einen etwas tieferen Am-Wind-Kurs drehen und beim Aufspringen anschieben. Die Großschot etwas loser fahren und das Gewicht weit nach hinten verlagern. Versuchen, die Ruder etwas herunterzulassen. Sobald das Wasser tiefer ist, können auch die Schwerter halb heruntergelassen werden, um die Brandung besser durchkreuzen zu können.

Problem: In hohen, brechenden Wellen schlägt der Kat gleich quer und wird aufs Ufer zurückgedrückt.

Tipp: Kurz vor den Wellenkämmen sollte etwas angeluvt werden, um der Brandung weniger Angriffsfläche am Rumpf zu bieten.

Anlegen am Strand bei auflandigem Wind

Bei auflandigem Wind gibt es zwei Möglichkeiten, zurück an den Strand zu gelangen. Sind viele Badende im Wasser, empfiehlt sich

1 Die Ausgangsposition für das Ablegen am Strand bei auflandigem Wind: Die Fock- und Großschot sind dicht, der Traveller ist offen und außen, weil der Kat von der Crew auf dem Am-Wind-Kurs gehalten wird. Das Cunningham ist stark gezogen, und die Ruder sind hoch ...

2 ... dann steigt die Crew auf, und der Steuermann nimmt die Travellerschot, ...

3 ... um durchs Dichterziehen loszusegeln. Zum Abfallen muss sie gefiert werden.

4 Erst im tiefen Wasser werden die Ruder nach unten gedrückt.

ein Anlegen rückwärts. Die Crew schießt mit dem Kat vor der Brandung in den Wind, nimmt Schwerter und Ruder hoch und lässt sich auf den Bugspitzen sitzend bis ins knietiefe Wasser treiben. Dort springt sie ab, um den Kat rückwärts an Land zu ziehen. Bei hoher, brechender Dünung können die Rümpfe im Wellental auf Grund aufsetzen oder eine Welle kann auf den Kat hereinbrechen. Um das zu verhindern, kann mit Schwung auf einer einzigen Welle bis kurz vor den Strand gesurft werden. Dazu müssen Schwerter je nach Wassertiefe halb oder ganz hochgeholt werden und die Ruder zum Hochholen bereit sein. Vor der Brandung wird eine geeignete Welle ausgesucht, die durch geringes Anluven mit hoher Geschwindigkeit anzusteuern ist. Mit der Welle abfallen und bis ins flache Wasser mitlaufen. Dort einen Aufschießer fahren, abspringen und den Kat an den Spitzen im Wind halten. Dann wie beim Anlegen bei ablandigem Wind rückwärts an Land ziehen.

Bei auflandigem Wind wird rückwärts treibend am sichersten am Strand angelegt. Dazu hat der Einmann-Segler zuvor beigedreht gelegen, um die Ruder hochzuklappen. Das Großsegel ist ausgehakt. Er sitzt auf einer Schwimmerspitze und hält die Fock back.

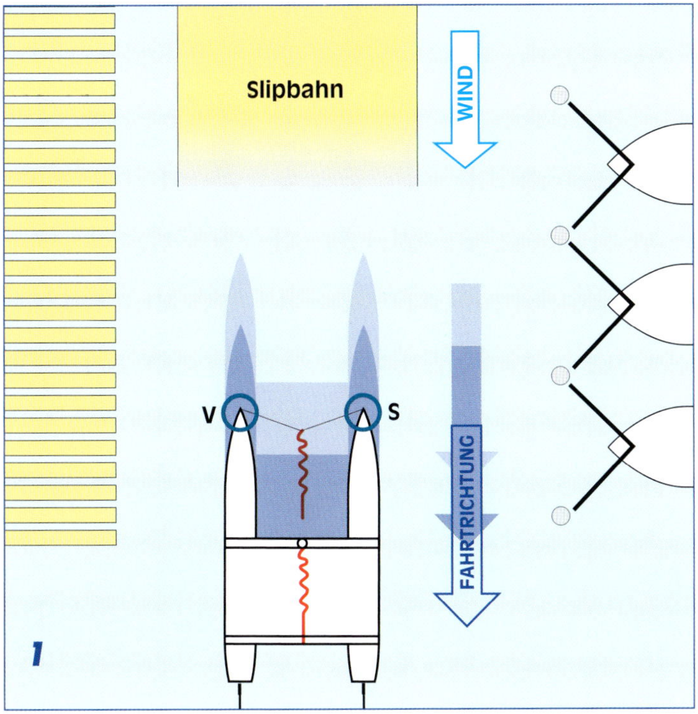

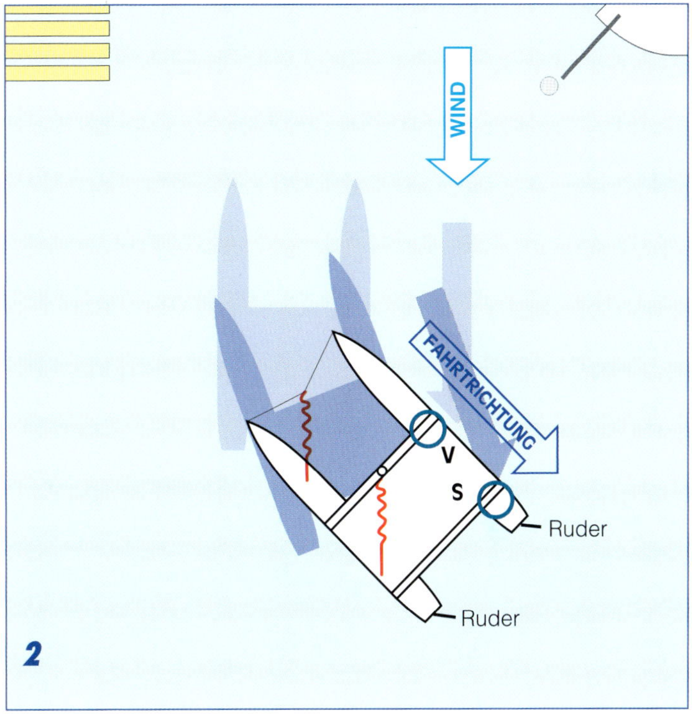

Ablegen im Hafen bei ablandigem Wind

Eine schmale Slipanlage, enge Stegreihen und manövrierende Dickschiffe sind die häufigsten Hindernisse beim Ab- und Anlegen im Hafen. Hier gilt besonders: Lieber langsam und vorsichtig als rasant und riskant!

In engen Hafenbecken sollte das Großsegel zum Ablegen zunächst am Baum oder am Schotblock ausgehakt bleiben. Bei ablandigem oder schräg ablandigem Wind kann der Kat nämlich allein durch Ruderwirkung und Gewichtsverlagerung in die gewünschte Fahrtrichtung gedreht werden. Wie am Strand sitzt die Crew auf den Schwimmerspitzen und lässt das Boot mit hochgestellten Rudern und flatternden Segeln zunächst ebenfalls rückwärts von seitlichen Hindernissen frei treiben (siehe Grafik **1**), bis genügend Platz zum Drehen ist. Dort werden die Ruder heruntergelassen und die Pinne entgegengesetzt der gewünschten Fahrtrichtung zum Rückwärts-Abfallen weggedrückt (**2**). Steht der Kat ohne Fahrt quer zum Wind, hält der Vorschoter die Fock back, um das Drehen des Bugs mit dem Wind zu unterstützen (**3**). Mit beginnender Vorwärtsfahrt zieht der Steuermann die Pinne an, um abzufallen. Der Vorschoter holt die Fock in Lee dicht, damit der Kat schneller abfällt. War das Großsegel ausgehakt, wird an einer Stelle, wo genügend Platz ist, ein Aufschießer gefahren und das Groß wieder eingehakt. Je nach Kurs werden danach die Schwerter abgesenkt sowie Traveller und Schoten eingestellt (**4**).

Problem: Der Kat bricht beim Rückwärtstreiben seitlich aus.

Tipp: Die Crew darf nicht zu früh von den Bugspitzen aufs Trampolin wechseln, weil der Kat durch die Gewichtsverlagerung unkontrollierbar wird.

Auf jeden Fall sollte die Großschot ausgehakt bleiben. Mit eingehaktem Großsegel wird der Radius beim Abfallen nämlich größer und das Manöver gefährlicher. Grund: Ein eingehaktes Groß kann höchstens bis zur Rumpfaußenkante aufgefiert werden mit der Folge, dass das Segel schon bei 45 Grad Windeinfall voll steht. Weil das Boot steht und der Fahrtwind fehlt, ist es zunächst sehr luvgierig und fällt nur im großen Bogen ab (siehe TECHNIK, „Kurswechsel", Seite 67). Erst wenn ausrei-

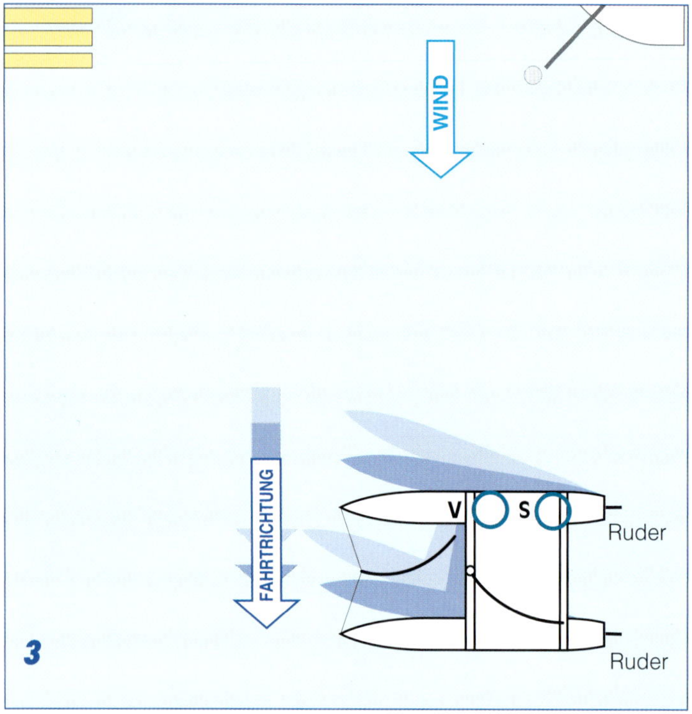

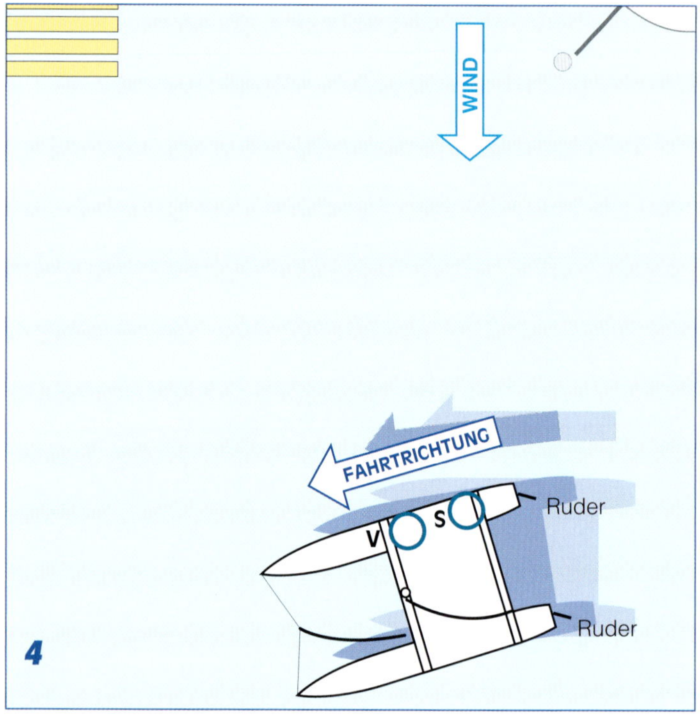

chend Platz ist, sollte kurz angeluvt werden, um die Großschot einzuhaken.

Problem: Weil die Großschot vorher eingehakt wurde, ist der Kat schwer zu manövrieren und giert frühzeitig nach Luv, obwohl die Fock zur Unterstützung des Abfallens backgehalten wird.

Tipp: Sofort extrem gegen den Druck der Fock anluven, bis der Kat wieder im Wind steht und die Großschot ausgehakt werden kann.

Einmann-Kats ohne Vorsegel sind zwar durch die Maststellung grundsätzlich nicht so luvgierig. Trotzdem können sie ohne Fock mit ausgehakter Großschot allein durch eine Gewichtsverlagerung und Ruderstellung rückwärts ablegen. Das ist zudem auch bei diesen Booten gefahrloser.

Wenn das Groß beim Ablegen in engen Häfen nicht ausgehakt wird, kann es zu brenzligen Situationen kommen, in denen der Kat von Hindernissen abgehalten werden muss.

Anlegen im Hafen bei ablandigem Wind

Zum Anlegen bei ablandigem Wind sind oft kurze, schnelle Wenden notwendig. Kurz vor dem Steg oder der Slipbahn wird ein Aufschießer gefahren und an Land gesprungen.

Problem: Der Kat treibt vom Steg ab, bevor die Crew an Land ist.

Tipp: Mit höherer Geschwindigkeit forscher an den Steg heransegeln, denn bei starkem Anluven (Aufschießer) stoppt ein Kat ohne Restschwung schneller auf als ein Einrumpfboot.

Ablegen im Hafen bei auflandigem Wind

Vor dem Ablegen im Hafen bei auflandigem Wind bleibt die Großschot ausgehakt, bis der Kat im Wasser stehend in den Wind gedreht werden kann. Dann wird alles auf den Am-Wind-Kurs eingestellt (Schwerter und Ruder so weit wie möglich unten, Vorliek[s], Unterliek, Schot[en] und Traveller dicht). Mit kurzen, schnellen Wenden aus dem engen Hafenbecken segeln.

Problem: Der Kat dreht nicht schnell genug und steht ohne Ruderwirkung im Wind.

Tipp: Um wieder Fahrt aufzunehmen, den Kat mit backgehaltener Fock und zusätzlich zur anderen Seite gegen den Wind gedrücktem Groß aus dem Wind drehen. Dazu die Pinne wie beim Rückwärts-Abfallen wegdrücken.

Anlegen im Hafen bei auflandigem Wind

Zum Anlegen sollte besonders bei Starkwind das Groß frühzeitig geborgen oder zumindest ausgehakt werden. So ist der Kat auch quer zum Wind mit den Händen zu bremsen und zu halten, wenn er auf ein Hindernis zutreibt. Nur mit Fock ist die Geschwindigkeit außerdem so gering, dass in Ruhe angelandet werden kann.

Nur bei ganz leichtem ablandigem Wind im Hafen kann auch mit dem für Katamarane unüblichen achterlichen Wind abgelegt werden. Dazu dreht der Vorschoter das Boot mit dem Heck in den Wind, während die Steuerfrau die Schoten klariert.

Dann springt der Vorschoter auf, und der Kat legt ganz langsam mit achterlichem Wind ab, der aber wirklich genau von hinten kommen muss. Es darf keine laminare Strömung am Groß entstehen, da der Kat dann anluvt und zu schnell wird.

Erst im tieferen Wasser klappt die Steuerfrau die Ruder runter. Sicherer wäre auch diese Methode des Ablegens, wenn das Großsegel zunächst am Schothorn ausgehakt bleibt. Bei mehr Wind muss ohnehin rückwärts treibend abgelegt werden.

Katamaran-Kurse

Die Kurse eines Kats werden nach dem Winkel zum wahren Wind bezeichnet, der sich durch die hohe Bootsgeschwindigkeit zum Teil erheblich vom scheinbaren Wind unterscheidet, mit dem ein Boot segelt. Der scheinbare Wind ist die Summe aus wahrem Wind und Fahrtwind (Grafik, Seite 63). Es gibt den Am-Wind-Kurs, der beim Kreuzen gegen die Windrichtung gesegelt wird, den Flieger, bei dem der wahre Wind halbwinds (von der Seite) kommt, und den Vorwind-kurs, der bei fast allen Kats eine Vorwind-Kreuz ist. „Platt vor dem Laken“, das heißt mit achterlichem Wind, segeln nur noch wenige Kats älterer Bauart (Grafiken „Kurse zum wahren Wind“ und „Fahrtrichtungen zum wahren Wind“, Seite 61). Durch die unterschiedlich hohen Bootsgeschwindigkeiten von Jollen und Katamaranen unterscheiden sich auch die Windeinfallswinkel von wahrem und scheinbarem Wind (siehe Tabelle).

Die Segeltechnik auf den verschiedenen Kursen unterscheidet sich in der Segelstellung und in der Steuertechnik, wobei die Windfäden die wichtigste Kontrollanzeige sind sowie in der Sitzposition bzw. Trapezstellung der Crew. Böen und Windlöcher werden zusätzlich mit dem Schotzug ausgeglichen. Reichen diese Reaktionsmöglichkeiten nicht mehr aus, müssen die Segel anders getrimmt werden (siehe TRIMM, „Großsegel“, Seite 42 ff., und „Vorsegel“, Seite 49 ff.). Wer die Grundtechnik beherrscht, ist mit seinem Kat bald schneller als andere unterwegs.

Kurse zum wahren Wind

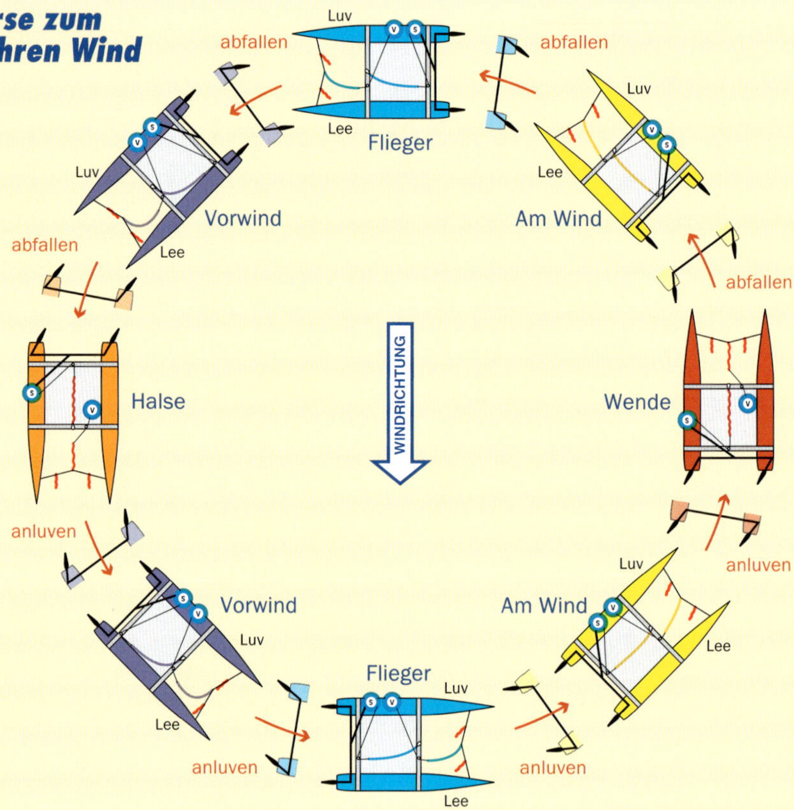

Kurse und Einstellungen

	Anstellwinkel Traveller	Großschot	Fockschot
Am Wind	Mitte	stark gezogen	stark gezogen
Flieger	Mitte bis 50 cm los	mittel	mittel
Vorwind	ganz außen	leicht gezogen	leicht gezogen

Kursbezeichnung	**wahrer Wind aus**		**scheinbarer Wind aus**	
Kat/Jolle	Kat	Jolle	Kat	Jolle
Am Wind/Am Wind	45-50°	45°	30°	36°
Flieger/Halbwind	90°	90°	45°	80°
Vorwind/Raumer Wind	135°	135°	90°	125°
Achterlicher Wind	--	180°	–	180°

Fahrtrichtungen zum wahren Wind

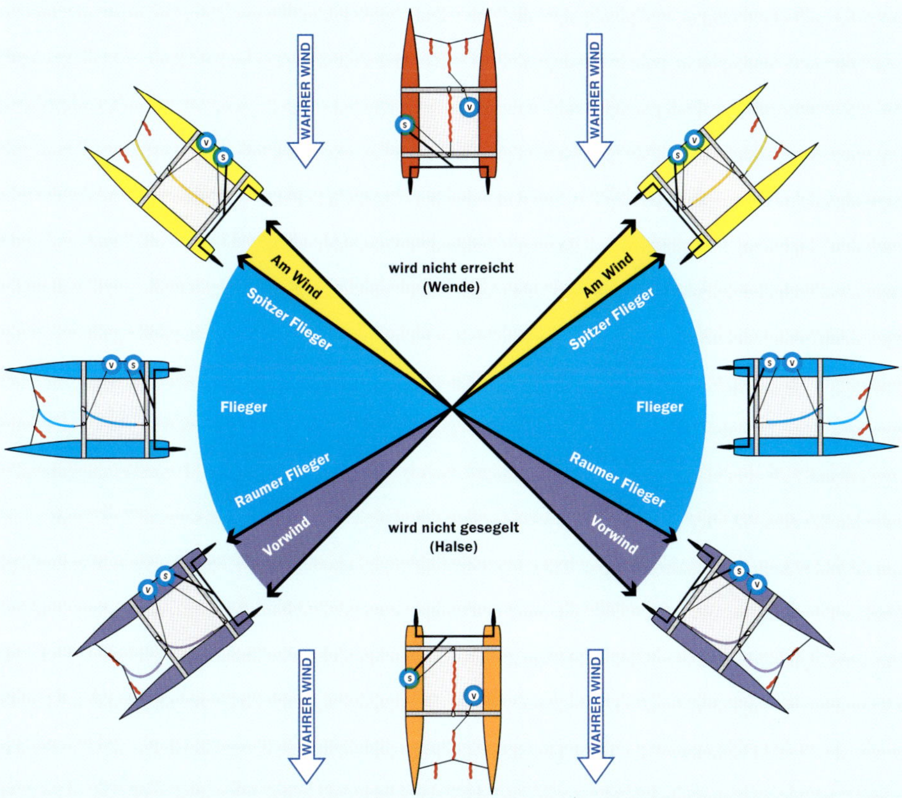

Am Wind

Für Freizeitsegler, die nicht an einer Wettfahrt teilnehmen, ist das Kreuzen am Wind wichtig, um bei auflandigem Wind von der Küste ins Segelgebiet zu kommen bzw. bei ablandigem Wind wieder zurück. Damit das nicht zu lange dauert, kommt es auf eine passable Höhe (Kurs zum Wind) bei guter Geschwindigkeit an.

Sitzpositionen

Bei Leichtwind, der noch nicht zum Trapezsegeln reicht, unterscheidet sich die Sitzposition der Crew nach der Größe (Volumen) der Schwimmer. Bei kleinen Schwimmern, wie zum Beispiel beim Hobie 16, sitzt der Steuermann in Luv auf dem Vorderbeam und der Vorschoter in Lee auf dem Vorderbeam oder umgekehrt. Bei großen Schwimmern, wie zum Beispiel beim Tornado, sitzt der Steuermann in Luv hinter dem Vorderbeam und der Vorschoter in Luv vor dem Vorderbeam. Nimmt der Wind zu, sitzen auch beim Hobie 16 beide in Luv vor und hinter dem Want. Genau dort geht die Crew auch ins Trapez. Nimmt der Wind weiter zu, geht die Crew im Trapez weiter nach hinten, damit der Leeschwimmer nicht unterschneidet und die Wellen vorn nicht zu stark gegen den Luvschwimmer klatschen.

Segelstellung

Bei allen Kats mit Schwertern, die am Wind immer beide unten sind, wird der Großschot-Traveller in der Mitte gefahren. Bei schwertlosen Kats und den meisten Einmann-Kats wird er mit zunehmendem Wind in 10-cm-Schritten aufgefiert.

Der Fockholepunkt in Querrichtung liegt auf dem Am-Wind-Kurs ganz innen (30 cm neben der Innenkante des Schwimmers), solange alle anderen variablen Trimm-Möglichkeiten „gegen" den zunehmenden Wind noch nicht ausgeschöpft sind. Dann erst wird das Großsegel durch Cunningham und Unterliekstrecker ganz flach getrimmt. Ist der Fockholepunkt nur in Längsrichtung verstellbar, wird er bei Starkwind 10 bis 20 cm nach hinten verstellt. Ist auch eine Querverstellung möglich, wird der Fockholepunkt in 10-Zentimeter-Schritten bis zur Rumpfinnenkante nach außen verstellt, ohne die Längsverstellung zu benutzen.

Schotzug und Steuertechnik

Wie schnell und wie viel Höhe der Kat am Wind segelt, bestimmt die Crew in einem ständigen Wechselspiel zwischen Schotzug und Steuertechnik. Dieses Wechselspiel ist der Schlüssel für ein schnelles, sicheres und erfolgreiches Kat-Segeln. Es erfordert viel Fin-

Am-Wind-Trimm und -Technik bei Starkwind: Das Großsegel ist durch Cunningham und Unterliekstrecker flach und offen gezogen. Das Vorsegel ist durch den Fockvorliekstrecker ebenfalls flach getrimmt und der Anstellwinkel mit dem Fockholepunkt in Querrichtung 20 Zentimeter nach außen gestellt. Der Vorschoter steht in Höhe des Wants im Trapez und fährt die Großschot aus der Hand. Der Steuermann sitzt dicht dahinter mit den Füßen unterm Trimmgurt auf der Rumpfaußenkante und steuert kleine Böen durch Anluven aus. Bei noch mehr Wind könnte der Mast noch weiter reinrotiert werden, wodurch das Groß noch weiter abflachen würde.

gerspitzengefühl und bei Zweimann-Crews ein gutes Zusammenspiel.

Das Ziel ist, den Luvschwimmer möglichst immer knapp über der Wasseroberfläche zu halten, während das Luvschwert (sofern vorhanden) noch durchs Wasser zieht. Das ist bei ganz leichtem Wind noch nicht möglich und beginnt je nach Bootstyp und Crewgewicht etwa bei zwei Windstärken. Vorher werden Fock- und Großschot nicht ganz dichtgezogen, damit das Segel etwas voller und offener steht.

Auf der Suche nach der optimalen Technik gilt nicht nur am Wind: Zum Ausgleichen von Windschwankungen wird zunächst mit der Pinne reagiert, bevor der Schotzug verändert wird. Denn die Steuertechnik ist exakter zu dosieren. Erst wenn die Windänderung durch eine abgestimmte Kursänderung nicht mehr zu kompensieren ist (z. B. bei starken Böen), muss zusätzlich mit den Schoten reagiert werden.

Während der Steuermann durch leichtes Anluven (= weniger Druck/Krängung) und Abfallen (= mehr Druck) versucht, den Kat möglichst gleich bleibend so gerade eben auf einem Schwimmer zu halten, beobachtet er vor allem die unteren beiden Fäden der Fock. Das sind die empfindlichsten Windfäden und werden deshalb als Steuerfäden genutzt.

Der Leefaden sollte immer waagerecht nach hinten auswehen, während der Luvfaden leicht steigen darf. Flattert der Luvfaden ständig unruhig nach oben, muss der Steuermann abfallen; flattert der Leefaden, muss angeluvt werden. Kurze Winddrehungen werden so sofort ausgeglichen.

Die Windfäden oben in der Fock sowie in Luv und Lee beim Groß sind die Trimmfäden. Sie sollen waagerecht am Tuch anliegen. Flattern die Luvfäden, müssen die Schoten dichter geholt werden und umgekehrt, wobei der Fock-

Wahrer Wind + Fahrtwind = scheinbarer Wind

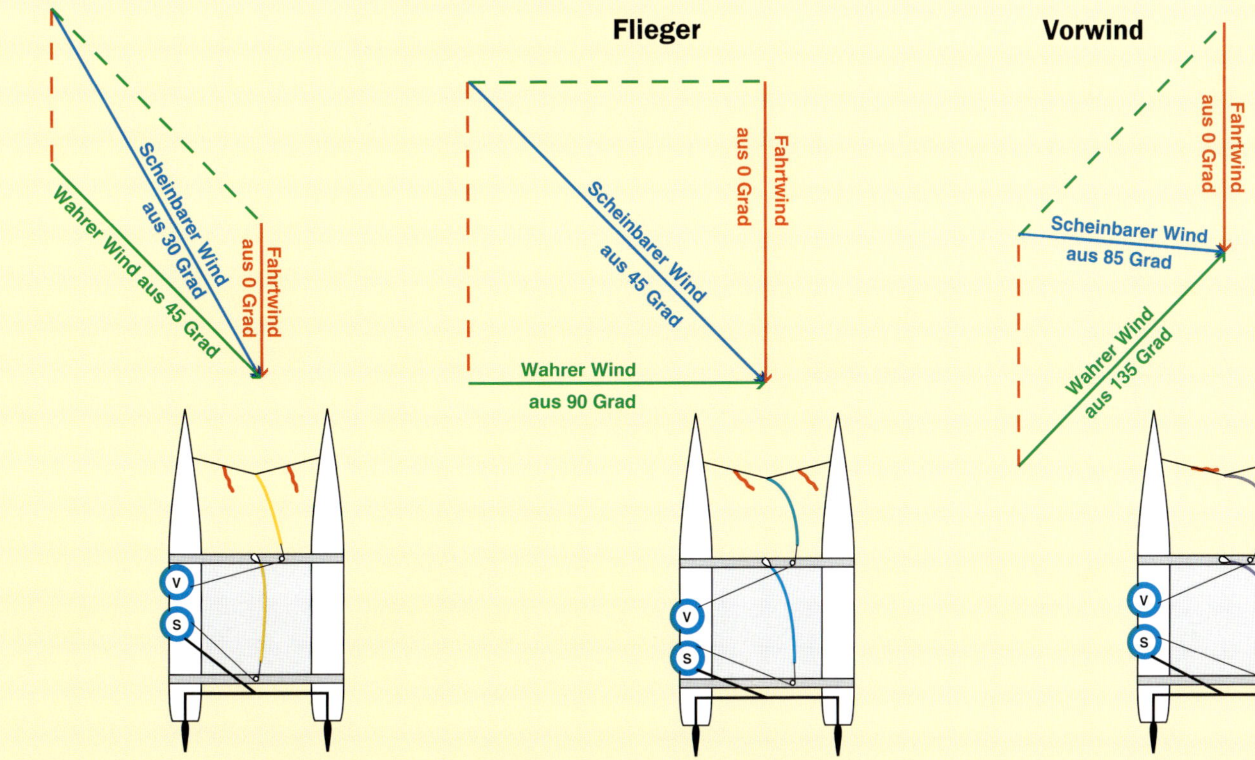

Der wahre Wind trifft schräg von vorn auf den Kat, der Fahrtwind von vorn, der scheinbare Wind trifft spitzer von vorn auf den Kat.

Trifft der wahre Wind von der Seite auf den Kat, der Fahrtwind von vorn, somit kommt der scheinbare Wind spitzer, also schräg von vorn.

Trifft der wahre Wind schräg von hinten auf den Kat, der Fahrtwind von vorn, ergibt das einen scheinbaren Wind aus 80 bis 90 Grad, also von der Seite.

Der wahre Wind und der Fahrtwind ergeben Richtung und Stärke des scheinbaren Windes.

schotzug nur bei Leichtwind variiert wird. Ab Trapezwind soll die Schot immer maximal dichtgezogen bleiben.

Als Trimmfaden für das Groß dient auch der Windfaden zwischen der zweiten und dritten Segellatte am Achterliek des Großsegels. Er weht meist aus, darf aber bei Leichtwind ab und zu mal herunterfallen. Fällt er ständig herunter, muss die Großschot gefiert werden.

Voraussetzung für eine effektive Nutzung der Windfäden ist neben einem vernünftigen Grundtrimm eine solide Steuertechnik. Das heißt, die Pinne muss ruhig und konzentriert bedient werden und darf auch beim Beobachten der Windfäden oder anderem nicht verrissen werden. Auch das Anluven und Abfallen verlangt keine ruckartige, sondern eine ausgeglichene Bewegung der Ruder.

Die Aktion der Fäden sind bei zunehmendem Wind genauso zu deuten, wobei der Achterlieksfaden dann ständig gerade nach hinten auswehen soll. Ab Trapezwind muss neben den Drehern auch noch auf die Böen und Windlöcher reagiert werden. Die erste Reaktion bei einer Bö ist jedoch auch die Steuertechnik. Durch leichtes Anluven wird der Druck im Segel geringer. Die Geschwindigkeit bleibt nahezu gleich, aber der Kat fährt etwas höher am Wind.

Das geht aber nicht unbegrenzt. Bei einer längeren oder stärkeren Bö muss die Großschot etwas aufgefiert werden. Die Fockschot wird ab Mittelwind im Klemmblock festgezogen. Je nach Kondition wird die Großschot jetzt ständig aus der Hand gefahren. Bei eingespielten Zweimann-Crews übernimmt sie der Vorschoter, weil der große Schotzug mit zwei Händen besser zu halten und zu variieren ist.

Muss bei anhaltend zunehmendem Wind zu stark angeluvt werden und dabei die Großschot mehr als eine Armlänge gefiert werden, ist eine Trimmveränderung nötig. Das Großsegel muss durch Ziehen des Cunninghams abgeflacht werden. Das macht auf Zweimann-Kats immer derjenige, der die Großschot nicht fährt. Lässt der Wind wieder nach, sodass mit dichtgeholter Großschot zu stark abgefallen werden muss, um genug Druck zu haben, wird das Cunningham wieder gelöst. Bei einigen Kats (z. B. Hobie 14 und 16 sowie Dart 18) kann das Cunningham in einer Bö konstruktionsbedingt nicht ständig gezogen werden. Bei ihnen wird deshalb nur der Traveller etwas gefiert und nach der Bö wieder dichtgeholt.

Flieger

Auf dem Flieger (Kurs mit wahrem Halbwind) segelt ein Kat am schnellsten. Deshalb macht er vielen Kat-Fans am meisten Spaß. Der Flieger ist jedoch bei zunehmendem Wind am schwierigsten zu segeln.

Sitzposition und Segelstellung

Bei Leichtwind sind Sitzposition und Segelstellung auf dem Flieger wie am Wind. Erst im Trapez steht die Crew bei zunehmendem Wind weiter hinten, weil die Gefahr des Unterschneidens des Leeschwimmers größer ist. Das geht bei Starkwind auf Zweimann-Kats so weit, dass der Steuermann wegen der Steckergefahr aufs Doppeltrapez verzichtet. Er sitzt hinten auf dem Schwimmer, hat die Füße unterm Trimmgurt und sitzt auf der Rumpfaußenkante. So kann er bei Krängung nicht nach Lee rutschen und steuert sicherer.

Das Hecktrapez kann auf der Steuerbordseite, wo es meistens gebraucht wird, über eine spezielle Klemmrolle an der Trapezhose verstellbar geführt werden, damit der Trapezsegler je nach Windstärke, Wellen und Kurs an verschiedenen Stellen am Heck stehen kann.

Außerdem kann der Vorschoter dann noch weiter hinten, sogar direkt hinter dem Steuermann oder auf dem Achterbeam stehen.
Auch bei Katamaranen mit Schwertern, die auf dem Flieger bei allen Bedingungen das Luvschwert oben fahren, kann der Traveller aufgefiert werden, um den Segeldruck auszugleichen. Der Segeltrimm (Vorliek, Unterliek, Holepunkte) wird wie auf dem Am-Wind-Kurs eingestellt.

Schotzug und Steuertechnik

Bei Leichtwind sind Schotzug und Steuertechnik auf dem Flieger wieder identisch mit dem Wechselspiel auf dem Am-Wind-Kurs. Steuerausschläge und Schotarbeit fallen bei zunehmendem Wind allerdings stärker aus, um den gleichen Effekt wie am Wind zu erzielen.
Ab Trapezwind spielen die Windfäden keine große Rolle mehr. Stattdessen werden Fock- und Großschot beide aus der Hand gefahren, um Böen sofort ausgleichen zu können. Denn: In einer starken Bö bloß anzuluven verringert den Segeldruck nicht genug, weil der Kat dann ja quasi nur mit dichten Segeln auf den Am-Wind-Kurs geht und weiter eine Kenterung droht. Und noch höher will die Crew ja von der Richtung her nicht fahren.
Auch die Gefahr eines Steckers ist größer als am Wind. Darauf wird ebenfalls mit Fieren der Schoten reagiert. Abrupte Kursänderungen, hohe Wellen und Abtauchen des Leeschwimmers erschweren durch die hohe Bootsgeschwindigkeit das Trapezsegeln. Beim „Einbremsen“ wird der Vorschoter häufig nach vorn geschleudert. Um das zu verhindern, hakt er sich entweder am Hecktrapez ein (Foto, Seite 65) oder hält sich daran mit seiner schotfreien Hand fest. Das Hecktrapez ist eine Leine, die am oberen Ruderbeschlag befestigt ist und mit einem Gummi in den Beam gezogen wird. Zur Not kann er sich auch kurz an der Schwimmweste des ausreitenden Steuermanns festhalten.

Vorwind

Auf dem Vorwind-Kurs macht sich der Unterschied zwischen Kats und Jollen am deutlichsten bemerkbar. Der wahre Wind ist zwar ein raumer Wind (schräg von hinten), aber der scheinbare Wind fällt höchstens von der Seite aus 90 Grad ins Segel ein, damit die laminare Strömung nicht abreißt (siehe TRIMM UND TECHNIK II, „Segelprinzip“, Seite 150).
Einen Kurs mit achterlichem Wind („Platt vorm Laken“) gibt es beim Katsegeln praktisch nicht. Nur ganz wenige, meist ältere oder sehr schwere Bootstypen kommen bei Leichtwind schneller zu einem Ziel in Lee, wenn sie mit dem Wind genau von hinten segeln.
Die meisten aber kreuzen – sofern vorhanden, mit beiden Schwertern oben – auch die Vorwindstrecke, weil die Zeitersparnis durch den Geschwindigkeitszuwachs größer ist als der Zeitverlust durch die länger zu segelnde Strecke. Dieser Effekt verleitet viele Steuerleute jedoch, im Temporausch zu hoch zu fahren und zum gewünschten Ziel in Lee doch zu lange zu brauchen. Die optimale Tiefe zu fahren zeichnet einen guten Steuermann aus.

Sitzpositionen

Die optimale Sitzposition der Crew ist am glatten Ablauf des Wassers am Spiegel (kein saugender Wirbel) zu erkennen. Dazu sitzt sie bei Leichtwind wie auf den anderen Kursen je

Der Steuermann versucht, auf dem Vorwind-Kurs möglichst mit scheinbarem Wind aus 90 Grad zu steuern, aber gleichzeitig schnell zu segeln. Der Vorschoter sorgt für den richtigen Gewichtstrimm und stellt die Fock anhand der Windfäden ständig auf den gesteuerten Kurs ein.

nach Schwimmervolumen auf beiden Seiten am Vorderbeam (z. B. Hobie 16) oder in Luv vor und hinter dem Vorderbeam (z. B. Tornado). Auch auf dem Vorwind-Kurs wächst die Gefahr des Unterschneidens des Leeschwimmers mit zunehmendem Wind, sodass die Crew dann immer weiter nach hinten rückt. Bei Starkwind kann sie sogar ins Trapez gehen.

Segelstellung und -trimm

Der Anstellwinkel des Großsegels wird mit dem Traveller bei allen Windstärken auf Höhe der Innenkante der Schwimmer eingestellt. Die maximale Außenposition wird durch einen Knoten in der Travellerschot begrenzt, damit der Schlitten nach einer Halse nicht mit Wucht gegen das Ende der Travellerschiene prallt.
Unterliek (25 bis 30 cm) und Vorliek (lose) werden bis in den Starkwindbereich mit maximaler Profiltiefe bauchig gefahren, um den höchstmöglichen Vortrieb zu erreichen. Ein flacherer Trimm erfolgt nur, wenn die Gefahr eines Steckers zu groß wird.
Wenn ein Barberhauler vorhanden ist, bleibt der Holepunkt der Fock in Querrichtung so wie auf dem Am-Wind-Kurs eingestellt. Denn durch Ziehen des Barberhaulers wird der Anstellwinkel auf das Ende des Vorderbeams nach außen vergrößert, wodurch der Holepunkt in Querrichtung auf dem Vorwind-Kurs keine Bedeutung hat. Ohne Barberhauler wird der Fockholepunkt in Querrichtung ganz nach außen eingestellt.

Schotzug

Die Großschot ist vor dem Wind nur leicht gezogen und meistens in der Klemme belegt. Die Windfäden im Toppbereich sollen waagerecht anliegen. Das wird bei Mittel- und Starkwind durch etwas stärkeren Schotzug und leichtes Ziehen des Cunninghams erreicht. Der Achterlieksfaden weht in der laminaren Strömung in Verlängerung des Segels aus. Nur in starken Böen sollte auch mit der Großschot gearbeitet werden.
Wichtiger ist die ständige Schotarbeit mit der Fock, die vor dem Wind grundsätzlich aus der Hand gefahren wird. Alle Fäden sollen möglichst waagerecht anliegen. Auf zu wenig oder zu viel Schotzug reagieren Luv- und Leefaden im oberen Drittel der Fock zuerst. Flattert der Luvfaden, muss die Fockschot dichter genommen werden, flattert der Leefaden, muss sie gefiert werden.

Steuertechnik

Beim Steuern auf dem Vorwind-Kurs helfen vor allem die Windfäden aus Kassetten-Tape am Hahnepotdraht. Sie sollen quer zur Fahrtrichtung möglichst ruhig auswehen. Beginnen sie unruhig nach vorn zu flattern, reißt gleichzeitig

Kurse und Segelstellung zum scheinbaren Wind

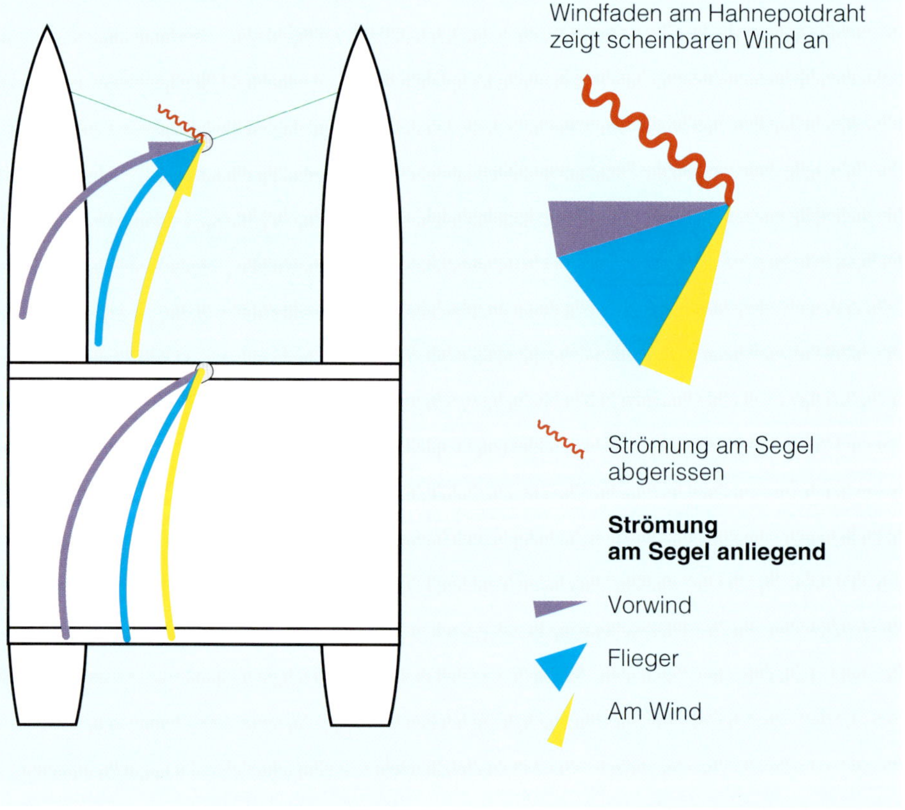

auch die laminare Strömung an den Segeln ab, und der Kat wird sofort spürbar langsamer. Der Vorwind-Kurs ist ein Kompromiss aus Anluven auf 80 bis 70 Grad Windeinfall, um die Geschwindigkeit zu erhöhen, und mit der hohen Geschwindigkeit gleich wieder abzufallen, um Tiefe zu gewinnen. Das ist eine Art ständiger Schlingerkurs, muss aber feinfühlig wind- und wellenabhängig gesteuert werden. In einer Bö wird abgefallen und in einem Windloch angeluvt. Besonders bei Starkwindböen ist das Abfallen wichtig, um ein Unterschneiden zu verhindern.

Regattasegler nutzen eine Vorwind-Technik, mit der unter bestimmten Bedingungen ein Ziel in Lee noch schneller erreicht wird. Sie heißt Flying oder „wild thing" und erfordert hohes Geschick und Erfahrung. Dabei sitzt der Vorschoter in Lee, und der Luv-Schwimmer kommt aus dem Wasser (siehe TRIMM UND TECHNIK II, „Flying", Seite 146).

Kurswechsel

Je stärker der Wind ist, desto mehr kommt es beim Kurswechsel auf die Einhaltung eines bestimmten Ablaufs an. Neben dem veränderten Schotzug kommt dem rechtzeitigen Verlagern des Crewgewichts und Verändern des Anstellwinkels der Segel eine besondere Bedeutung zu. Ansonsten ist der Kurswechsel entweder nicht möglich oder eine Kenterung droht.

Abfallen

Beim Abfallen vom Am-Wind-Kurs oder Flieger auf den Vorwind-Kurs rückt die Crew kurz vor dem Ruderziehen je nach Windstärke nach hinten, um zu verhindern, dass der Leeschwimmer in der Drehbewegung gleich unterschneidet. Mit dem Ruderlegen muss unbedingt der Traveller ganz aufgefiert werden. Sonst reißt mit einer Fontäne an den Rudern die Strömung ab, der Kat fährt unkontrolliert geradeaus weiter und neigt sofort zum Stecker.

Erst auf dem Vorwind-Kurs wird der Segeltrimm verstellt. Die Reihenfolge lautet (sofern vorhanden):

- Fockschot fieren und Barberhauler ziehen, wenn dieser nicht vorhanden ist: den Fockholepunkt in Querrichtung nach außen stellen
- Unterliekstrecker los
- Rausrotierer ziehen
- Cunningham los
- Schwerter hoch

Anluven

Starkes Anluven vom Vorwind-Kurs auf den Flieger oder Am-Wind-Kurs ist nicht so problematisch. Aber hierbei sollte umgekehrt – abgesehen vom Barberhauler – zunächst der Segeltrimm auf den neuen Kurs eingestellt werden. Dazu gehört zunächst das Absenken des Leeschwerts, wenn nur auf den Flieger angeluvt wird, oder beider Schwerter, wenn gleich auf den Am-Wind-Kurs angeluvt wird. Dann wird der Rausrotierer gelöst und – sofern vorhanden – der Reinrotierer eingestellt sowie anschließend der Unterliekstrecker gezogen.

Erst mit dem Ruderlegen werden der Traveller und die Großschot dichtgeholt und der Barberhauler beim Dichtziehen der Fockschot gelöst (ohne Barberhauler: Fockholepunkt in Querrichtung nach innen stellen). Sofort danach wird das Mannschaftsgewicht abhängig von der Windstärke weiter nach vorn verlagert. Die exakte Einstellung des Trimms von Vorliekstreckung und Mastrotation für die entsprechende Windstärke erfolgt dann auf dem neuen Kurs.

Trapezsegeln

Viele Einsteiger haben unnötig großen Respekt vor dem Trapezsegeln. Dabei fängt der Spaß am Kat-Segeln erst im Trapez so richtig an. Besonders bei Zweirumpfbooten ist es aber nicht halb so schwierig, wie es von außen

Über dem Trapezgriff (1) ist eine Trapezlängenverstellung (2) montiert. Damit kann die Höhe, auf der der Segler hängt, während des Segelns im Trapez verstellt werden. Das umgelenkte Rückholgummi (3) hält den Trapezring (4) unter Spannung, damit er nicht ungewollt aus der Trapezhose aushakt, wenn kein Druck auf dem Draht ist.

den Anschein hat. Denn im Gegensatz zur Jolle kann fast kein Katamaran durch das Trimmgewicht der Mannschaft am Trapezdraht nach Luv kentern. Also können Vorschoter und beim Doppeltrapez auch der Steuermann das Stehen im Trapez auch bei Flaute oder sogar an Land ohne Segel üben.

Trapezeinstellung

Voraussetzung für einen ungetrübten Spaß am Trapezsegeln ist die korrekte Einrichtung des Trapezes. Am wichtigsten ist die Einstellung der Gesamtlänge. Diese geschieht am praktischsten mit einer einfachen Talje zwischen Trapezdraht und -bügel. Diese Talje besteht meist aus einem Tampen, der an der oberen Seite am Ende des Trapezdrahts an einen Block mit Schlitzklemme festgeknotet ist, unten durch einen Umlenkblock am Trapezring läuft und dann wieder nach oben in den Block mit Klemme, hinter der er mit einem Achtknoten gesichert ist (Foto). Damit der Tampen

1 Bei leichtem Trapezwind hakt sich der Vorschoter ein, drückt sich mit dem Gesäß über die Rumpfkante, winkelt das vordere Bein an ...

2 ... hält die Schot in der hinteren Hand. Mit der vorderen Hand hält er sich am Trapezgriff fest.

3 Nach dem Rausdrücken wird der zweite Fuß auf die Rumpfkante gesetzt und der Trapezgriff losgelassen. Der Vorschoter drückt in der Hocke die Knie durch ...

4 ... und steht mit dem Oberkörper gestreckt im Trapez. Mit der Schot in der Hand und möglichst geschlossener Fußstellung versucht er, die Balance zu halten.

sich nicht vertörnt oder mit der Schot verwechselt wird, kann das Ende mit einem dünnen Gummistropp am Trapezdraht hochgebunden werden. Ist keine Talje mit Blöcken vorhanden, kann die Trapezlänge auch durch Knoten im Tampen bestimmt werden, aber nicht während des Segelns verstellt werden.

Die Länge des Trapezes sollte ab Trapezwind so gewählt werden, dass der Körper des Vorschoters bei geschlossener Fußstellung und gestreckter Hüfte im Trapez eine Ebene mit dem Trampolin bildet. Bei leichterem Wind, wenn ständig angehockt und wieder ins Trapez gegangen werden muss, sollte das Trapez so kurz sein, dass es gerade noch eingehakt werden kann, wenn der Vorschoter auf dem Schwimmer sitzt.

Ist ein zweites Trapez vorhanden, sollte der Steuermann grundsätzlich 10 Zentimeter höher als der Vorschoter hängen. Dann hat er freie Sicht am Vorschoter vorbei und kann zum Beispiel auf die ankommenden Wellen besser reagieren.

Die zueinander gehörigen Trapeze (steuerbord und backbord) sind mit einem Gummistropp verbunden, der ungehindert, das heißt ohne irgendwo hinterzuhaken, unterm Trampolin durchlaufen sollte. Die Enden werden jeweils an den Stoppern der Trapezringe (in der Mitte der Umlenkrolle oder direkt) befestigt und halten nicht eingehakte Trapezbügel stramm und bewahren den Segler vor dem ungewollten Aushaken aus der Trapezhose. Das führt schnell zum Mann-über-Bord-Manöver.

Der Vorschoter

Bevor der Vorschoter ins Trapez steigt, sollte er zunächst die Fockschot dichtholen und in der Klemme festsetzen. Dann wird der Trapezring unter den Haken an der Trapezhose eingehängt. Eine kleine Federspange oder das Trapezgummi sichert ihn gegen unbeabsichtigtes Herausfallen.

Indem der Vorschoter mit dem Gesäß über die Schwimmerkante nach außen rutscht, bringt er Spannung auf den Trapezdraht. Jetzt kann er das vordere Bein anwinkeln, als wolle er in die Hocke gehen, und den Fuß an die Kante der Bordwand stellen. Die Fockschot hält er dabei in der hinteren Hand.

Dann wird das vordere Bein gestreckt und der Körper eventuell mithilfe der abstützenden hinteren Hand ganz außenbords gebracht, während auch der hintere Fuß auf die Kante gesetzt wird. Die Hüfte sollte ganz gestreckt werden, sodass der Oberkörper „aufrecht" steht (Fotos, Seite 68).

Die optimale Fußstellung ist entgegen einer weit verbreiteten Meinung möglichst geschlossen. Dazu gehört allerdings viel Übung. Segelschuhe mit geeigneter Sohle und ein Anti-Rutsch-Belag an der Rumpfkante sind unbedingt vonnöten. Außerdem darf der Steuermann keine ruckartigen Ruderbewegungen machen. Wer noch nicht so sicher im Trapezsegeln ist, beugt mit einer leichten Grätschstellung dem „Umfallen" bei Wellen nach vorn oder nach hinten vor.

Problem: Der Vorschoter verliert trotzdem schnell das Gleichgewicht und kippt nach vorn oder hinten.

Tipp: Der Vorschoter nutzt die Fockschot oder die Großschot zum Festhalten. Auf raumen Fliegern oder bei Starkwind auf dem Vorwind-Kurs hilft ein Hecktrapez.

Um aus dem Trapez wieder aufs Trampolin zurückzukommen, wird zunächst der Oberkörper über die Hüfte nach vorn gebeugt, und der Vorschoter geht in die Hocke. Wenn er dabei Schwierigkeiten hat, kann er das Trapez vorher höher einstellen. Dann wird bei Leichtwind zuerst der vordere Fuß und bei Starkwind zuerst der hintere Fuß auf das Trampolin gesetzt. Danach rutscht der andere Fuß über die Kante aufs Trampolin und das Gesäß gegen die Bordwand. Mit der vorderen Hand kann der Vorschoter sich am Trapezgriff hochziehen und ganz auf den Schwimmer setzen. Wenn eine Wende eingeleitet werden soll, nimmt er die Fockschot in die vordere Hand und bereitet sich darauf vor. Hat nur ein Windloch das Verlassen des Trapezes erforderlich gemacht, hält er sich für die nächste Bö bereit. Die Stellung kann je nach Windstärke sitzend mit angewinkeltem Vorderbein oder in der Hocke sein.

Grundsätzlich ist auch beim Doppeltrapez immer zuerst der Vorschoter für den optimalen Bootstrimm durch Gewichtstrimm und Trapezsegeln verantwortlich. Erst wenn der Vorschoter dauerhaft im Trapez stehen kann, kommt der Steuermann zusätzlich heraus.

Der Steuermann

Alle Einmann-Kats, zum Beispiel A-Kat, Topcat K 3, Nacra Inter 17, Hobie FX-One und 17 sowie andere, haben immer ein Trapez. Die meisten modernen Zweimann-Kats bieten ein Doppeltrapez, das heißt je eins auf beiden Seiten für den Vorschoter und den Steuermann. Für den Steuermann erfordert das Trapezsegeln etwas mehr Erfahrung und in der Lernphase mehr Übung, weil er sich immer vornehmlich auf das Steuern konzentrieren muss, und quasi nebenbei aufs Trapezsegeln. Ist genug Winddruck vorhanden, gibt der Steuermann die Großschot mit in die hintere Pinnenhand und hängt mit der dann freien vorderen Hand den Trapezring in den Haken der Trapezhose. Nach dem Zurücknehmen der Großschot in die vordere Hand wird das Gesäß über die Rumpfkante nach außen gedrückt und das vordere Bein angewinkelt. Dabei die

Pinne mit der Hand aufs Deck legen, um die Ruder ruhig zu halten und sich gleichzeitig abzustützen. Dann drückt sich der Steuermann mit der aufgelegten Hand und durch Strecken des angewinkelten Beins ganz ins Trapez. Dabei gleiten Schot und Pinne vorsichtig durch die Hände, um ganz ausgestreckt stehen zu können.

Vor der Wende oder beim Nachlassen des Winds setzt der Steuermann die Großschot kurz in der Klemme fest, knickt mit dem Oberkörper ein und kehrt zunächst mit dem hinteren Bein bei angewinkeltem Vorderbein aufs Boot zurück. Am Trapezgriff zieht er sich ganz an Bord und nimmt die Schot in die hintere Hand, um sich auszuhaken.

Die Wende

Durch den besagten Mangel an Drehfreudigkeit des Katamarans ist die Wende ein nicht ganz so einfaches Manöver wie bei der Jolle. Außerdem verliert ein Kat bei jeder kleinen Richtungsänderung schon ziemlich viel Fahrt. Deshalb wird die Wende grundsätzlich nur vom Am-Wind-Kurs aus gestartet, um einen möglichst kleinen Wendewinkel ausführen zu müssen.

Zum Vorteil gegenüber den Einrumpfbooten wird beim Wenden jedoch die größere Kippstabilität in dem Sinne, dass der Kat durch das Crewgewicht allein nicht nach Luv kentern kann. Entsprechend verzeiht er, wenn der Vorschoter – zum Beispiel aus Gleichgewichtsproblemen – nicht rechtzeitig aus dem Trapez aufs Trampolin kommt.

1 Bei der Leichtwindwende ohne Trapez legt der Steuermann die Ruder zum Anluven, sobald er das Kommando „Ree!“ zur Wende gegeben hat. Beide Segler halten ihre Schoten zum Fieren in den Händen, wobei die Fockschot zunächst eingeklemmt bleibt, und rücken von ihren Sitzpositionen des Am-Wind-Kurses weiter nach hinten.

2 Nach kurzem Backschlagen der Fock zieht der Vorschoter die Fockschot konsequent aus der Klemme. Im selben Moment fiert der Steuermann die Großschot eine halbe Armlänge auf und klemmt sie ein. Dabei werden die Ruder noch stärker gelegt, weil der Kat trotz sinkender Geschwindigkeit weiter zügig durch den Wind drehen soll.

3 Der Vorschoter zieht die neue Fockschot auf der anderen Seite dicht. Auch das Großsegel klappt jetzt um, und der Steuermann wechselt den Pinnenausleger in die andere Hand. Dabei hält er die Ruder weiter eingeschlagen.

4 Die Fockschot ist bereits fast ganz dicht, und die Fock steht. Sobald der neue Am-Wind-Kurs erreicht ist, stellt der Steuermann die Ruder in die Mitte auf Geradeausfahrt und nimmt die Großschot in die Hand.

5 Nachdem der Kat allmählich beschleunigt, nimmt der Vorschoter die Fockschot ganz dicht und der Steuermann die Großschot wieder dichter. Zum Schluss werden die Sitzpositionen vor und hinter dem Beam wieder eingenommen.

Steuermann

Der Steuermann leitet nach dem Blick luvwärts, ob gefahrlos gewendet werden kann, die Wende ein. Dazu kommt er beim Doppeltrapez und Trapezwind zunächst aus dem Trapez und gibt auf Zweimann-Kats das Kommando „Klar zur Wende!". Nachdem der Vorschoter mit „Klar!" geantwortet hat, gibt der Steuermann das Kommando „Ree" und legt gefühlvoll Ruder, damit der Schwung nicht so schnell genommen wird. Dabei rutscht er auf die Knie und hockt vor der Großschot.

In dem Moment, in dem der Kat mit dem Bug durch den Wind geht, wird die Großschot um eine halbe Armlänge gefiert und wieder eingeklemmt. Danach wird der Pinnenausleger hinter der Großschot in die andere Hand genommen und dabei das Ruder stärker gelegt, weil mit abnehmender Bootsgeschwindigkeit mehr Rudereinschlag notwendig ist. Beim Setzen auf den neuen Luvschwimmer sowie bei stärkerem Wind beim Einhaken ins Trapez müssen die Ruder unbedingt eingeschlagen bleiben, damit die Drehung vollendet wird. Mit zunehmender Fahrt wird die Großschot wieder ganz dichtgezogen.

Abgesehen vom Kommando für den Vorschoter ist dies auch der Ablauf beim Wenden auf Einmann-Kats. Für den Steuermann bleibt der Bewegungsablauf gleich.

Vorschoter

Nach dem Kommando „Klar zur Wende!“ kommt der Vorschoter bei Trapezwind zunächst aus dem Trapez und hakt sich aus. Dann klariert er die Schoten und antwortet „Klar!“. Nach dem „Ree“ greift er mit einer Hand die neue Fockschot und löst mit der anderen die alte aus der Klemme. Er lässt die Fock noch kurz backstehen, bis der Kat deutlich mit dem Bug durch den Wind gegangen ist. Währenddessen bewegt der Vorschoter sich flink übers Trampolin unterm Großsegel hindurch auf den anderen Schwimmer. Dann lässt er die alte Fockschot los und zieht die neue fast dicht. Sobald der Kat in die neue Richtung mehr Fahrt aufnimmt, wird auch die Fockschot wieder ganz dichtgeholt, sich ins Trapez eingehakt und bei Trapezwind ins Trapez gegangen.

Problem: Das Boot kommt bei der Wende vor einem Hindernis im Wind zum Stehen und fängt an, rückwärts zu treiben.

Tipp: Die Fock weiter backhalten, aber die Ruder schnell in die andere Richtung einschlagen, als wenn vorher abgefallen werden sollte. Dann treibt der Kat nicht auf den alten Bug zurück, sondern dreht sich rückwärts mit dem Bug in die neue gewünschte Fahrtrichtung. Durch Dichtholen der Fock auf der anderen Seite und Ziehen an der Pinne fällt der Kat ab und nimmt Fahrt auf.

Problem: Bei Starkwind droht der Kat mit backstehender Fock zu kentern.

1 Die Doppeltrapezwende: Der Steuermann gibt das Kommando „Klar zur Wende!?“. Nachdem der Vorschoter „Klar!“ geantwortet hat, klemmt der Steuermann die Großschot ein.

2 Der Steuermann kommt aus dem Trapez auf den Schwimmer und legt die Ruder zum Anluven. Der Vorschoter kommt gleichzeitig rein und sucht sich die neue Fockschot.

3 Der Kat dreht durch den Wind. Der Steuermann wechselt den Pinnenausleger in die neue Hand, während der Vorschoter bereit ist, die alte Fockschot aus der Klemme zu ziehen.

4 Der Vorschoter zieht die Fockschot aus der Klemme. Der Steuermann hält die Ruder weiter eingeschlagen und hat bereits die Großschot wieder aufgenommen.

5 Der Vorschoter zieht die Fockschot fast ganz dicht und hakt sich wieder ins Trapez ein. Das macht der Steuermann, indem er die Großschot für einen Moment mit in die Pinnenhand nimmt.

6 Beim Rausgehen ins Trapez werden sowohl die Fockschot als auch die Großschot wieder ganz dichtgezogen.

Tipp: Durch den hohen Druck kann sich die alte Fockschot extrem in der Klemme festziehen. Sie muss dann direkt hinter der Klemme ruckartig nach oben herausgerissen werden.

Die Halse

Da ein Kat nicht mit achterlichem Wind genau von hinten gesegelt wird, gibt es keine Halse ohne Kurswechsel. Sie beschreibt wie bei der Wende eine Änderung der Fahrtrichtung um etwa 90 Grad. Im Vergleich zur Wende dreht der Kat bei der Halse allerdings wesentlich flüssiger und mit mehr Fahrt, denn die Segel haben immer Winddruck. Je mehr Wind und Wellen herrschen, desto größer wird dadurch die Gefahr einer Kenterung, indem die Rumpfspitzen unterschneiden.

Steuermann

Der Steuermann gibt nach dem Blick leewärts, ob gefahrlos die Richtung gewechselt werden kann, das Kommando „Klar zur Halse!“. Sobald der Vorschoter mit „Klar!“ geantwortet hat, zieht der Steuermann die Pinne an und fällt aus der Sitzposition auf die Knie, während der Kat abfällt. Dadurch bewegt der Steuermann sich in die Mitte des Trampolins, wo er den Pinnenausleger parallel zur Spurstange auf die neue Luvseite legt. Die Ruder hält er an der Spurstange eingeschlagen.
Wenn der Kat anfängt, mit dem Heck durch den Wind zu drehen, greift der Steuermann in die Großschotübersetzung zwischen den Blöcken und zieht das Segel auf die neue Leeseite. Dabei darf er die Spurstange nicht loslassen und muss die Ruder eingeschlagen lassen. Sonst stoppt der Kat die Drehung.
Hat die Großschot mit dem Traveller die Mitte des Kats überschritten, folgt der „Handwechsel“. Die eine Hand lässt die Großschotüber-

setzung los und übernimmt die Spurstange mit dem Ausleger, während die Pinnenhand das Ende der Schot greift.

Jetzt sollte der Steuermann sofort konzentriert nach vorn sehen, um den richtigen Kurs zu steuern. Dabei achtet er am besten auf die Windfäden an den Hahnepotdrähten. Luvt der Steuermann nicht weit genug an, ist der Kat zu langsam. Der scheinbare Wind muss möglichst wieder aus 80 bis 90 Grad kommen. Luvt er zu weit an, besteht die Gefahr eines Steckers. Zum Schluss rückt der Steuermann zum Vorschoter, der noch Barberhauler und Rausrotierer zieht, in die neue Sitzposition entsprechend der Windstärke auf.

Problem: Der Kat fährt aus dem Am-Wind-Kurs oder Flieger trotz kräftigen Ziehens an der Pinne wie auf Schienen geradeaus.

Tipp: Aus dem Am-Wind-Kurs oder Flieger ist es vor dem Abfallen zur Halse ganz wichtig, den Traveller aufzufieren. Sonst reißt die Strömung am Ruder mit einer Fontäne ab, und der Kat fällt nicht ab.

Vorschoter

Auf das Kommando „Klar zur Halse!" löst der Vorschoter den Rausrotierer und danach den Barberhauler. Dann nimmt er die Fockschot aus der Klemme in die Hand und antwortet „Klar!". Dabei rutscht er aufs Trampolin.

Sobald das Heck beginnt durch den Wind zu drehen, gibt der Vorschoter die Fockschot nach und greift zur Leeschot, um die Fock auf dem neuen Bug dichtzuziehen.

Beim Einnehmen der neuen Sitzposition zieht der Vorschoter den Barberhauler dicht und gibt die Schot zur richtigen Einstellung des Achterlieks etwas nach. Zum Schluss zieht er noch den Rausrotierer auf der neuen Seite dicht, während der Steuermann zu ihm in die neue Sitzposition aufrückt.

1 Nach den Kommandos zur Halse rückt die Crew etwas nach hinten. Der Steuermann legt Ruder zum Abfallen, während der Vorschoter sich die neue Fockschot sucht.

2 Der Kat dreht mit eingeschlagenen Rudern. Der Steuermann greift die Großschotübersetzung. Der Vorschoter hat beide Fockschoten in den Händen.

3 Der Steuermann hält die Ruder auch beim Handwechsel für den Pinnenausleger eingeschlagen. Der Vorschoter zieht die alte Fockschot aus der Klemme.

4 Mit der neuen Pinnenhand wird weiter rudergelegt, während der Steuermann das Großsegel ganz auf den anderen Bug zieht. Der Vorschoter fiert die alte Fockschot und zieht die neue.

5 Der Steuermann luvt auf den neuen Vorwindkurs an, während der Vorschoter bereits auf dem Weg zu seiner neuen Sitzposition ist.

6 Beide stellen die Schoten für den neuen Vorwindkurs ein und setzen sich wieder nach vorn.

Starkwind

Bei Starkwind und bei hohen Wellen muss die Crew während der Halse ihr Gewicht möglichst weit nach achtern verlagern, damit die Bugspitzen nicht zu tief eintauchen können. Sie würden dann eine große Lateralfläche bilden, die den Kat wie auf Schienen zur Geradeausfahrt zwingen. Das gilt auch für die Phase nach der Starkwindhalse. Erst wenn der Kat nicht mehr zum Stecker neigt, kann auch weiter angeluvt werden und mit angezogenen Traveller und Schoten auf den Flieger oder auf den Am-Wind-Kurs gegangen werden.

Segelpause auf dem Wasser

Ein wichtiges Manöver ist der Zustand, beigedreht auf der Stelle zu liegen. Dabei kann der Trimm verstellt, etwas repariert werden und nach einer Kenterung klariert und verschnauft werden. Das wird häufig auch vor dem Start gemacht, um dann aus dem Stand anzufahren.

Beigedreht liegen

Hat der Kat seine Fahrt durch Auffieren der Schoten vollständig verloren, werden Fock- und Großschot wieder dichtgeholt. Allerdings wird der Traveller ganz aufgefiert und die Pinne wie beim Anluven ganz gedrückt. Dann legt sich der Kat etwa 45 Grad zum Wind beigedreht ruhig auf die Stelle. Wenn das Großsegel schlägt, muss das Cunningham weiter gelöst werden.
Bei einigen Kats (z. B. Topcat) klappt es nicht, die Fock in Lee dichtzuholen. Der Kat würde allmählich doch anluven und wenden. Hier muss die Fock auf der Luvseite backgeholt

Beigedreht liegen

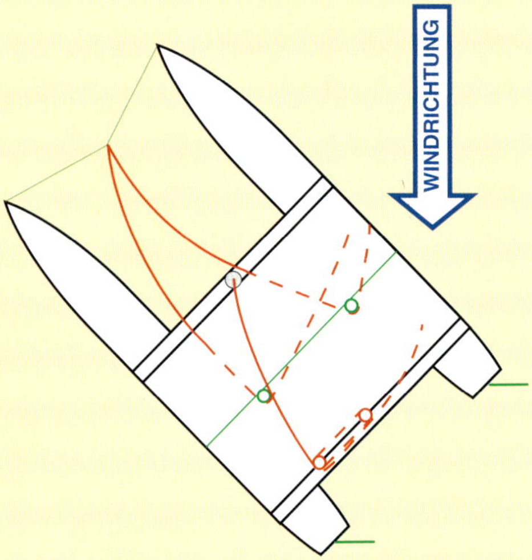

Fockschot dicht oder back und belegt Großschot halb dicht und belegt, Travellerschot auf.
Cunningham gelöst, Ruder gedrückt zum Anluven
Kat liegt ruhig fast auf der Stelle, treibt etwas nach Lee
Ruder ziehen zum Lossegeln, zum Abfallen
Traveller dichtnehmen

und in der Klemme belegt werden. Dann liegt der Kat etwa auf Am-Wind-Kurs beigedreht.

Wende aus dem Stand

Beigedreht liegend kann gewendet oder direkt angefahren werden. Zum Wenden wird die Fockschot losgeworfen und der Traveller bei dichter Großschot an der Übersetzung etwa 1 Meter über die Mitte hinaus nach Luv gezogen. Die Ruder bleiben dabei zum Anluven gedrückt. Dabei dreht der Kat schnell auf den neuen Bug.

1 Die Ausgangsposition für eine Wende aus dem Stand: beigedreht oder ohne Fahrt im oder am Wind liegen

2 Durch Ziehen des Großsegels über die Mittschiffslinie wird der Kat durch den Wind gedreht. Die Großschot ist dabei dicht, und die Ruder sind zum Anluven gedrückt.

3 Die Ruder bleiben zum Anluven gelegt, und das Groß wird dabei so lange gezogen, bis der Kat auf dem anderen Bug ist.

4 Die vorher backstehende Fock hat für den Rest der Drehung mitgeholfen.

5 Auf dem Am-Wind-Kurs kann durch Dichtholen des Travellers losgesegelt werden.

Um anzufahren, werden die Pinne zum Abfallen gezogen und der Traveller dichtgeholt. Die Fock ist dann schon auf den Am-Wind-Kurs eingestellt oder wird vorher aus dem Backstehen von der anderen Seite herübergeholt. Der Kat fährt dann sofort los.

Manöver des letzten Augenblicks

Bei der hohen Geschwindigkeit der Kats kann die Crew eher ein Hindernis übersehen. Im engen Hafen oder bei viel Betrieb am Strand ist manchmal ein Ausweichen oder Aufstoppen vonnöten. Auch das Verhalten anderer kann ein Manöver des letzten Augenblicks erforderlich machen. Alle Notmanöver sollten ohne Not geübt werden. Das vermittelt ein gutes Gefühl über das Verhalten des Kats in Grenzsituationen.

Ausweichen

Ein spontanes Ausweichen im 90-Grad-Winkel durch Abfallen ist beim Kat nahezu unmöglich. Die schlanken Rümpfe machen ihn ausgesprochen kursstabil. Weil beim Abfallen der Leeschwimmer zudem ins Wasser eintaucht und der Luvschwimmer steigt, scheint der Kat zunächst wie auf Schienen geradeaus zu fahren. Ein abruptes, starkes Ziehen an der Pinne hat nur den Strömungsabriss am Ruder zur Folge, was eine Wasserfontäne sichtbar macht. Um weit ausweichen zu können, Traveller und Großschot sofort gleichzeitig auffieren. Dabei wird auch die Fahrt gebremst.

Aufstoppen

Das sicherere Notmanöver, um eine Kollision zu vermeiden, ist – falls möglich – ein Aufstoppen durch starkes Anluven. Wird die Pinne abrupt ganz gedrückt, nimmt dies sofort die Fahrt aus dem Schiff. Vorteil: Die Strömung am Ruder reißt dabei nicht ab, der Kat bleibt steuerbar. Das Aufstoppen kann durch Loslassen der Großschot oder Auffieren des Travellers noch beschleunigt werden.

Kentern und Aufrichten

Ob Kentern als Manöver gilt, ist zumindest umstritten. Trotzdem will es – wie das Fallen beim Judo – gelernt sein, damit Mensch und Material nicht zu Schaden kommen und der Kat möglichst schnell wieder aufgerichtet werden kann.

Windkenterung und Stecker

Es gibt zwei verschiedene Arten zu kentern. Die erste, allerdings seltenere Art ist wie bei der Jolle das reine Umkippen nach Lee, weil der Winddruck zu groß geworden ist. Häufiger kommt dagegen das Unterschneiden des Leeschwimmers in einer Welle beim Abfallen, auf dem Flieger oder auf dem Vorwindkurs vor. Solche so genannten Stecker wirken wie eine einseitige Vollbremsung, und der Kat kentert schräg nach vorn über, wenn die Crew ihr Gewicht nicht rechtzeitig nach hinten getrimmt hat. Das oberste Gebot nach dem Kentern lautet: Nicht den Kontakt zum Boot verlieren! Denn das Boot ist durch Auftriebskörper in den Schwimmern unsinkbar und auch im gekenterten Zustand der sicherste Ort, um auf Hilfe zu warten. Die einfachste Möglichkeit ist, die jeweilige Schot auf keinen Fall loszulassen.

Durchkentern

Wenn einer von zwei Seglern den Kontakt zum Boot verloren hat, muss der andere versuchen, den Kat durchzukentern, indem er auf den Mast und das Segel steigt und diese herunterdrückt. In seitlicher Lage mit aufrechtem Trampolin treibt der Kat nämlich schneller ab, als ein Mensch hinterherschwimmen kann. Das gilt vor allem, wenn der Mast nach Luv zeigt, also das Trampolin in Lee liegt. Und in diese Lage dreht sich ein nicht durchgekenterter Kat nach einigen Minuten von allein. So genannte Kenterbälle, die als aufrichtendes Moment am Masttopp befestigt werden, sind nur sehr bedingt empfehlenswert. Denn sie verhindern das Durchkentern auch in Situationen, in denen es dringend notwendig wäre. Ansonsten sollte beim Kentern selbst niemand grundsätzlich versuchen, ins Segel zu springen, obwohl das mancherorts als „weichste Landung" geschult wird. Dabei können jedoch leicht einige Segellatten brechen, und es gibt keine Möglichkeiten sich festzuhalten. Außerdem kentert der Kat durch das Gewicht auf dem Segel dann durch und ist erheblich schwerer – oft nur mithilfe eines Motorboots – aufzurichten.

Ist ein Kat durchgekentert, wird zunächst die Aufrichtleine über den Luvrumpf des durchgekenterten Trampolins geführt. Daran zieht die Mannschaft, während sie am hinteren Beam auf dem Leerumpf steht. Dadurch taucht die Luvschwimmerspitze auf, und Wind, Oberflächenströmung und Wellen drücken das Trampolin in Windrichtung. Vor allem das Großsegel bremst dabei unter Wasser wie ein Treibanker und richtet den Kat schnell halb auf.

Dann rückt die Crew an der Aufrichtleine zum Vorderbeam. Bei leichtem Wind soll die Mast-

Durch zu viel Druck im Segel kentert der Kat nach Lee.

Der Einmann-Segler hakt sich aus dem Trapez aus und vermeidet so den Sprung ins Segel, bei dem Segellatten zerbrechen könnten.

Vorsichtig steigt er auf den unteren Schwimmer hinab. Wer hier nach hinten ins Wasser springt, kann schnell den Kontakt zum Kat verlieren.

Die Aufrichtleine wird aus der Trampolintasche geholt und sollte mit einem Ende bereits am Mastfuß festgeknotet sein.

Der Kat lässt sich nicht ohne weiteres aufrichten, da der Wind auf die Unterseite des Trampolins drückt.

Der Segler geht auf dem Schwimmer nach vorn. Dadurch dreht der Kat mit den Bugspitzen in den Wind.

spitze genau in Windrichtung zeigen, weil der Wind dann aufs Trampolin drückt und beim Aufrichten hilft. Sobald sich der Kat ganz aufzurichten beginnt, darf der Vorderbeam nicht losgelassen werden, damit der Kat nicht gleich wieder zur anderen Seite kentert, sondern schneller in den Wind dreht.

Bei Starkwind setzt sich die Mannschaft auf die Bugspitze und hält die Beine ins Wasser, muss sich aber gut festhalten. Die Beine als Treibanker drehen die Bugspitzen allmählich in den Wind.

Dann geht die Crew auf dem Rumpf zum Vorderbeam zurück und zieht dort wie üblich an der Aufrichtleine. So können die Schoten belegt bleiben, da der Kat nach dem Aufrichten im Wind steht und nicht gleich wieder kentert.

Problem: Obwohl die Mastspitze in den Wind zeigt, lässt sich der Katamaran nicht aufrichten.

Tipp: Großschot und Traveller lösen, damit das Wasser beim Aufrichten aus dem Großsegel ablaufen kann.

Beim Kentern

Kippt der Kat windbedingt nach Lee um, versucht die Crew zunächst, auf dem Luv-Schwimmer zu bleiben, anzuhocken und über das Trampolin, dort, wo sie am besten absteigen kann, auf den unteren Schwimmer zu steigen. Während der Kat sich allmählich mit der Mastspitze in den Wind dreht, werden von dort aus Fock- und Großschot sowie Traveller gelöst, damit der Kat nach dem Aufrichten nicht sofort wieder Wind fängt und gleich wieder kentert. Der durchgekenterte Kat wird immer auf dem Leerumpf stehend am Luvrumpf hochgezogen, damit der Mast in Windrichtung zeigt. Ist der Wind so stark, dass der Kat gleich wieder kentern würde, wird der Kat durch Gewichtsverlagerung auf die Bugspitzen mit diesen in den Wind gedreht.

Zeigt der Masttopp in den Wind, wird die Aufrichtleine aus der Falltasche auf dem Trampolin geholt und von der Trampolinseite über den nach oben ragenden Rumpf geworfen. Bei einer Zweimann-Crew nimmt jeder ein Ende der Aufrichtleine, die vor dem Ablegen in ihrer Mitte am Mastfuß befestigt worden ist. Um Kraft zu sparen, wird die Leine zweimal um den Haken der Trapezhose gewickelt und dann festgehalten. Die Kraft wird später nötiger gebraucht, um zurück aufs Trampolin zu klettern. Außerdem kann die Crew ohne „lange Arme" geduldig warten, bis sich der Kat allmählich aufrichtet. Im letzten Moment kann sie durch ruckartiges Drücken mit den Füßen auf den unteren Rumpf noch etwas nachhelfen.

Problem: Der Mast läuft voll Wasser und verhindert das Aufrichten.

Tipp: Alle Poppnieten im oberen Mastbereich müssen vor der Saison mit Silikon o. Ä. abgedichtet werden, um den Mast wasserdicht zu machen. Direkt über dem Mastfuß wird ein größeres Loch gebohrt und dreifach mit Tape überklebt. Durch dieses Loch kann bei einer undichten Stelle im Mast nach dem Aufrichten schnell wieder Wasser abgelassen werden. Das Ausschäumen des Masts mit Bauschaum ist nicht empfehlenswert, da der Schaum mit

Hier reicht es, indem die Bugspitzen in Windrichtung liegen. Muss länger gezogen werden, kann die Aufrichtleine zur Entlastung um den Trapezhaken gelegt werden.

Nachdem der Kat wieder aufgrichtet ist, darf die Aufrichtleine erst losgelassen werden, wenn der Beam bereits sicher gegriffen wurde, damit der Kontakt zum Kat auch in dieser Position nicht abreißt.

Am besten lässt es sich in der Ecke zwischen Vorderbeam und Rumpf aufsteigen.

der Zeit porös wird und sich so Wasser im Mast ansammelt, das ihn immer schwerer macht.

Beim Aufrichten

Wenn sich der Kat aufrichtet, hält sich die Mannschaft am besten am Unterzug oder am Vorderbeam fest.

In der Ecke zwischen Vorderbeam und Rumpf klettert es sich am besten an Bord. Wer dabei Probleme hat, kann sich eine Schlaufe in die Aufrichtleine legen und diese als Feuerleiter benutzen.

Zurück auf dem Trampolin werden als erstes die Schoten klariert und die Ruder kontrolliert. Beigedreht liegend wird verschnauft, um weitere Maßnahmen zu überlegen.

Bei Materialschäden, Kraftlosigkeit oder leichten Verletzungen sollte unverzüglich an Land gesegelt werden. Hat der Wind erheblich zugelegt, wird ein Starkwindtrimm eventuell mit eingerollter Fock eingestellt, um sicher an Land zurückzukommen.

Durch eine Bö und/oder falschen Gewichtstrimm (zu weit vorn) fährt der Kat mit dem Leerumpf einen Stecker.

Durch die Vollbremsung rutscht der Segler nach vorn, und aus dem Stecker wird eine Kenterung über die Bugspitzen.

Trotz der scheinbar unkontrollierten Situation hält sich der Segler – hier über die Schot – am Kat fest.

Der Kat dreht sofort günstig zum Aufrichten mit dem Mast nach Luv. Dadurch besteht aber die erhöhte Gefahr des Wegtreibens, wenn sich der Segler nicht festgehalten hätte!

Das schnelle Treiben erschwert auch das Aufsteigen auf den unteren Schwimmer. Nach dem Greifen der Aufrichtleine kann sich der Gekenterte erstmal einen Moment ausruhen, um Kräfte für das anschließende Aufrichten zu sammeln.

Segelpause an Land

Segelnde Kats ohne Crew sorgen an den Küsten zwar immer wieder für Gelächter. Doch die Schadenfreude ist schnell vorbei, denn ein unkontrolliertes Boot gefährdet Badende und Passanten. Außerdem kann ein herrenloser Kat auch von allein zu Bruch gehen, wenn er sich während einer Segelpause an Land selbstständig macht oder umkippt, weil die Segel plötzlich mit Winddruck voll stehen.

Wird das Segeln nur unterbrochen, müssen die Segel nicht zwangsläufig geborgen werden. Am wichtigsten ist zunächst, dass der Kat unabhängig von auf- oder ablandigem Wind immer mit den Bugspitzen in Windrichtung abgestellt wird. Anschließend muss der Slipwagen von der Transportstellung (hinter dem Unterzug) ins vordere Drittel zwischen Hahnepots und Vorderbeam gezogen werden.

Hinten steht er dann auf Heckstützen aus geschlossenzelligem Schaum, die mit Gummistropps unter den Rümpfen gehalten werden und auch beim Wegziehen des Kats immer an der richtigen Stelle bleiben. So kann der Kat nicht nach vorn überkippen oder mit dem Slipwagen losfahren. Das seitliche Abrutschen von den Auflagen wird durch ausgeformte Halbschalen verhindert, die der Rumpfform angepasst sind. Das macht auch das Unterschieben im Wasser beim Anlegen einfacher.

Ebenso wichtig ist es dann, das Großsegel vom Großbaum bzw. vom Schotblock zu lösen. Das Segel steht dann wie eine Fahne im Wind. Die Gefahr durch einen schlagenden Großbaum oder Schotblock ist gebannt, und das Segel kann kaum Wind fangen. Winddrehungen bis zu 90 Grad stellen noch keine Gefahr dar. Der Fockholepunkt wird ganz nach außen gestellt, die Fockschot dichtgezogen und in der Klemme belegt. So wird verhindert, dass die Fock ständig flattert und dabei schnell altert.

Dreht der Wind durch Bäume oder an Häuserecken extrem, oder es ist sehr böig, sollten die Segel geborgen werden. Sie werden dann aufgerollt und auf dem Trampolin gesichert abgelegt.

In der Ruhestellung an Land steht der Kat im Wind. Das Groß ist am Schothorn ausgehakt und flattert frei, während die Fock backsteht und die Schot eingeklemmt wird. Der Slipwagen wird unter das vordere Drittel der Rümpfe gezogen. Bei Starkwind oder stark schwankender Windrichtung sollten die Segel geborgen werden.

Sicherheit an Bord

Die Gefahr beim Kentern soll nicht hochgespielt, darf aber auch nicht unterschätzt werden. Besonders im Frühjahr bei niedrigen Wassertemperaturen lassen die Kräfte schnell nach. Wer die folgenden Sicherheits-Tipps befolgt, beugt zumindest unnötigen Notsituationen vor:

- Das Kentern bei gutem Wetter üben!
- Immer Schwimmwesten tragen!
- Notsignale und abends ein Blitzlicht am Körper mitführen!
- Ziel und geplante Rückkehr an Land bekannt geben!
- Inspektionsdeckel und Ablassschrauben vor dem Ablegen fest verschließen!
- Sich selbst nicht überschätzen!

Einleinen-Spifallsystem

Bei einem modernen Spifall-System wird der Spikopf nach oben gezogen und durch Kombination mit der Luvschot der Spihals an das vordere Ende des Spibaums gezogen. Das lange Liek ist das Vorliek des asymmetrischen Spis (Gennaker) und bleibt es auch nach einer Halse.

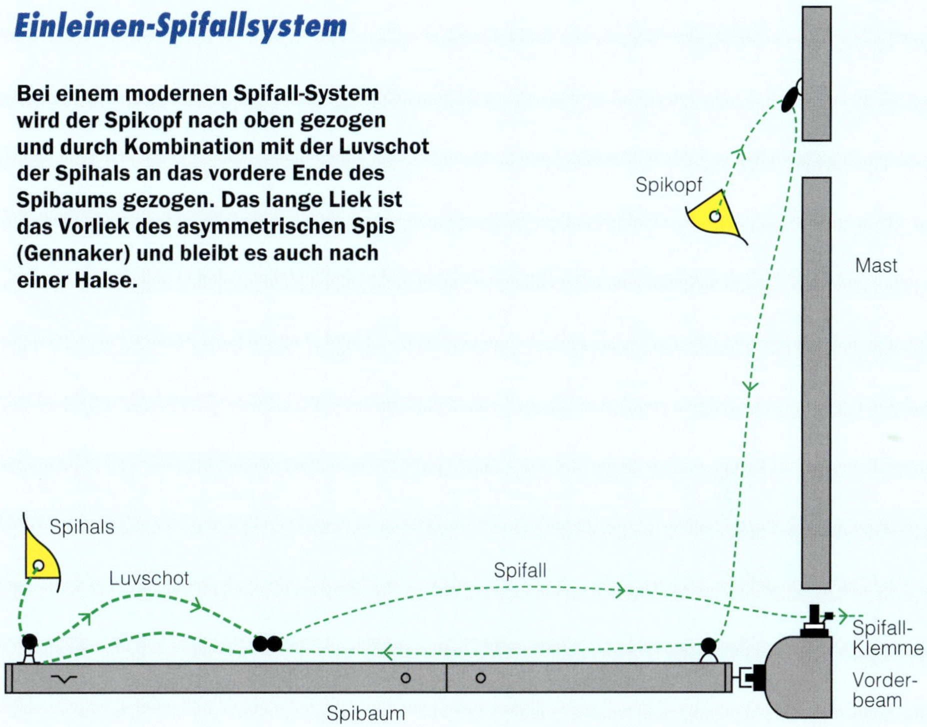

Spinnakersegeln

Der Spinnaker hat sich im neuen Jahrtausend in fast allen Katamaranklassen als Standardausrüstung durchgesetzt. Er ist auf Kats grundsätzlich asymmetrisch und flacher geschnitten als auf Einrumpfbooten und wird deshalb auch Gennaker genannt. Der Tornado verdankt neben dem Doppeltrapez nicht zuletzt dem Spi den Erhalt seines Olympiastatus für 2004 und wohl darüber hinaus. Die Spibergesysteme des Tornado sind ständig weiterentwickelt worden. Bei diesem zieht man den Spi mit einer Leine in einen länglichen Sack, der am Spibaum angebracht ist. Auch dadurch, dass die Fock nun auf den Vorderbeam geschotet wird, hat sich das Spisegeln insgesamt vereinfacht.

Anschlagen

Beim Anschlagen des Spis ist darauf zu achten, dass das Vorliek immer länger als das Achterliek ist. Zunächst wird das Spifall am Spikopf angeschlagen. Dann folgt vorne am Spihals die Luvschot, die am oder im Spibaum läuft. Am Schothorn des Spis wird ein Ende der endlosen Schot angeknotet und von dort durch einen Block an der Schwimmerinnenkante in Höhe des Wants oder direkt am Want geführt. Von dort geht die Schot durch einen Knarrblock auf dem Vorderbeam oder Trampolin, der allein der weiteren Umlenkung mit zusätzlicher Reibung dient und das Festhalten der Schot erleichtert. Auf der anderen Seite läuft die endlose Schot dann entsprechend durch den dortigen Knarrblock und Block am Want zurück zum Schothorn.

Es wird zwischen dem Einleinen- und dem Zweileinensystem mit Vor- und Nachteilen auf beiden Seiten unterschieden. Beim Einleinensystem (siehe Grafik oben) werden gleichzeitig der Spikopf mit dem Fall nach oben und der Hals ans vordere Ende des Spibaums gezogen. Vorteil: Es ist nur ein Fall mit einer Klemme zu bedienen. Nachteil: Beim gesetzten Spi liegt viel Leine auf dem Trampolin.

Tipp: Zwei Drittel des Spifalls können mit einem Hundeleinenaufroller, der unter den Großbaum montiert wird, automatisch aufgenommen werden, damit sich beim Bergen des Spis keine Knoten vor der Klemme bilden können.

Beim Zweileinensystem ist das Fall zum Hochziehen am Mast und die Luvschot zum Vorholen (Vorholer) am Spibaum getrennt. Vorteil ist zum einen das schnellere Setzen und Bergen, da kürzere Leinen gezogen werden müssen. Außerdem kann das Fall beim Zweileinensystem untersetzt werden, wodurch nur der halbe Weg, aber mit doppelter Kraft gezogen wird. Zum anderen bietet das System bei spitzem Windeinfallswinkel (halbwinds) und fehlender Möglichkeit zum Abfallen einen weiteren Vorteil: Der Spi kann zunächst durch Lösen des Falls nur heruntergelassen und erst, wenn er sich nicht mehr hinter dem Großsegel verhaken kann, nach dem Lösen des Vorholers nach hinten gezogen werden. Klarer Nachteil ist, das Steuermann und Vorschoter jeder eine Leine und Klemme zu bedienen haben.

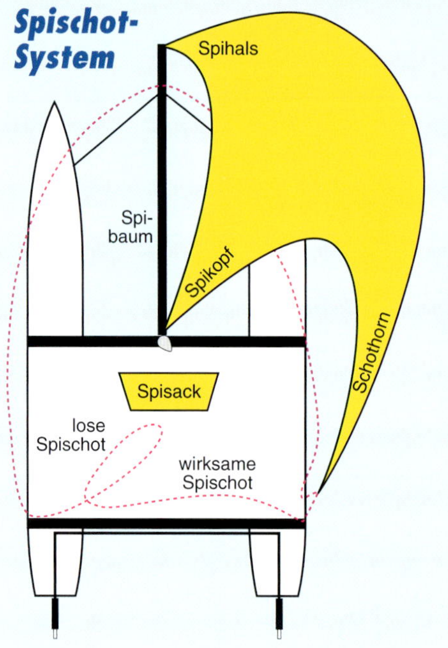

An das kürzere Liek mit dem Schothorn wird die Spischot geknotet. So ist dies das Achterliek, und das bleibt es auch nach einer Halse. Die wirksame Spischot läuft je nach Segelschnitt des Spis durch einen Block am Achterbeam oder am Want. Diese Spischot hat der Vorschoter in der Hand.
Die ungenutzte Schot ohne Druck läuft durch den zweiten Block am Achterbeam oder Want auf der anderen Seite am Rumpf außen entlang über den Spibaum zwischen Vorstag und Spihals außen am Rumpf entlang und ist auch am Schothorn angeknotet. Bei einer Halse wird dieses Ende gezogen und ist auf dem neuen Bug die wirksame Spischot.

So wird mit einem Griff die optimale Vorliekspannung beim Spi gemessen.

Spisetzen

Obwohl der Spi bei Leichtwind auch noch auf einem raumen Fliegerkurs gesegelt werden kann, sollte er immer auf einem reinen Vorwindkurs gesetzt werden. Ist dieser Kurs erreicht, öffnet der Vorschoter den Spisack und zieht den Spi auf der Leeseite am Fall nach oben. Dadurch wird gleichzeitig der Spihals an der Luvschot nach vorn zur Rolle gezogen (Grafik „Einleinen-Spifallsystem", S. 83).
Der Steuermann zieht – sobald der Spi oben ist – sofort die aktive Leeschot dicht, damit der Spi zum Stehen kommt. Sobald der Vorschoter das Fall mit kombinierter Luvschot in der Klemme belegt hat, übernimmt er die Leeschot, damit der Steuermann den Traveller etwas dichter holen kann. Ansonsten sind die Einstellungen für Groß und Fock genau wie beim Segeln mit der Flying-Technik (siehe TRIMM UND TECHNIK II, „Flying", S. 146 ff.), wobei der Vorschoter die Spischot aus der Hand fährt und die Fockschot, so es nicht ohnehin eine Selbstwendefock ist, nur bei der Halse bedient.
Kann vom Segeldruck her ein höherer Kurs als die Vorwind-Kreuz gesteuert werden, ohne dass der Kat außer Kontrolle gerät und zum Unterschneiden neigt, wird das Leeschwert wie beim Flieger ohne Spi unten gefahren. Auf dem reinen Vorwind-Kurs sind beide halb oben, da zum Verstellen keine Zeit bleibt.

Spihalse

Die Halse unter Spinnaker läuft ähnlich wie die Halse ohne Spi ab. Allerdings bedient der Vorschoter zunächst nur die Spischot, sobald der Kat mit dem Spiegel durch den Wind dreht. Er lässt das alte Leeende los und holt das neue schnell so weit dicht, bis der Spi ganz auf der neuen Leeseite steht und die alte Leeschot anschließend keine Spannung mehr hat. Der Steuermann hilft dabei, indem er darauf achtet, dass die alte Leeschot beim Auffieren nirgendwo hinterhakt. Danach fiert der Vorschoter die neue Leeschot etwas auf, bis der Spi gut steht, und übergibt sie gegebenenfalls dem Steuermann, falls die Fock und die Mastrotation einzustellen sind.

Spibergen

Kurz vor dem Bergen des Spis ordnet der Vorschoter das Fall und übergibt es beim Zweileinensystem dem Steuermann. Dann geht er nach Lee und greift den Spi am Unterliek. Bei Kats, die den Fockholepunkt noch auf dem Trampolin fahren, muss er beim Hereinziehen unbedingt darauf achten, dass der Spi vor dem Vorschotertrapez und vor dem Barberhauler, aber unter der Fockschot durchgeholt wird (Problem entfällt bei Kats mit Fockholepunkt auf dem Vorderbeam). Dazu zieht der Steuermann das Fall aus der Klemme und sorgt wieder dafür, dass Spifall und -schoten nirgendwo haken. Wenn der Spinnaker geborgen und zusammengerafft ist, stopft der Vorschoter ihn in den Spisack.

Zum Spisetzen fällt der Steuermann auf den Vorwindkurs ab, für den auch der Trimm eingestellt wird. Dann öffnet der Vorschoter den Spisack und zieht den Spi am Fall hoch. Der Steuermann sorgt dabei auch mit dem gesteuerten Kurs dafür, dass der Spi frei auswehen kann und sich die Schoten nicht vertörnen. Sobald der Spi ganz oben ist, wird der Steuermann die Spischot dichtholen und nach der Übergabe an den Vorschoter etwas anluven. Dann kümmert er sich wieder um das Großsegel, indem er den Traveller in die Mitte zieht und die Großschot trimmt.

Spibergesystem der Zukunft: In diesem System aus Carbon sind Spisack und Spibaum vereint. Spisetzen und -bergen ist so in wenigen Sekunden möglich.

Erst jetzt kann der Steuermann anluven oder ohne Spinnaker halsen.

Problem: Der Spi weht nach hinten aus und läßt sich kaum bergen.

Tipp: Der Steuermann muss wie beim Spisetzen sehr weit auf einen Vorwind-Kurs abfallen. Es setzen sich zunehmend schmale (zirka 50 cm) und etwa 2,50 Meter lange Spibergesysteme durch, die vor allem das Bergen erleichtern. Sie haben einen Metall- oder Kunststoffring an der Öffnung des Spisacks, durch die der Spi mit Hilfe des Spifalls gezogen wird. Die Öffnung befindet sich am Spibaum vor der Fock oder auf bzw. unter dem Trampolin. Das Fall läuft von hinten durch den Spisack, kommt aus der Öffnung und ist dann im unteren und oberen Drittel am Spi angeknotet. Ist das System ausgereift, wird das Bergen schneller. Allerdings leidet der Spi stärker und sollte aus glatterem Tuch sein.

1 Der Spinnaker wird grundsätzlich in Lee geborgen. Hat der Vorschoter dazu die Leeschot gegriffen, löst der Steuermann das vorher geordnete Spifall.

2 Der Vorschoter rafft den Spi am Unterliek zusammen und zieht ihn dabei unter der Fockschot hindurch, aber vor dem Trapez und vor dem Want aufs Trampolin.

3 Hat der Steuermann das Spifall nachgegeben, ohne dass es noch hakt, wird der Spi vollständig im Spisack verstaut, dieser geschlossen und die Spischoten geordnet. Sind sie mit Slipsteks gesichert, wird das Anluven vorbereitet.

REGATTAEINSTIEG

Der Mensch, der Sportler, der Segler braucht Ansporn, Leistungsvergleich, Erfolgserlebnisse und wächst mit den Niederlagen. All diese Attribute verspricht der Regattaeinstieg.

Einmal im Jahr wird die niederländische Nordseeinsel zum Mekka der Kat-Segler: Bei der Regatta „Ronde om Texel“ starten viele hundert Katamarane jeder Leistungsstufe.

Eine verbreitete Regattaklasse mit großen Teilnehmerfeldern ist der Topcat K 1, der bei Regatten mit Spinnaker gesegelt wird.

Mit Spaß zum Erfolg

Auch der Regattasport soll die schönste Nebensache der Welt bleiben. Bierernst hat niemand daran Spaß, nicht mal am Erfolg.

Der Siegeswille

Der Wettkampf, sich zu messen, ein Vergleich mit anderen – dieses sind Reize und in der Freizeit zugleich ein Phänomen. Denn Wettbewerb bestimmt den Berufsalltag der Leistungsgesellschaft, die allerdings ihren Menschen durch Automatismus immer mehr Entscheidungsvielfalt abnimmt. Viele wollen ihm entfliehen und suchen auch im Segelsport trotz mancher Alltagsmonotonie nur Ruhe. Sie empfinden Genugtuung, allein bei schöner Brise auf einem Flieger hin- und herzurauschen. Immer mehr Katamaran-Fans genügt das nicht. Im Kopf sind sie Wettkämpfer. Jeder andere Kat auf dem Wasser wird zielstrebig anvisiert und ohne Worte zum Duell animiert. Sie wollen schneller sein, müssen aber auch verlieren können. Dann suchen sie eine Herausforderung mit mehr Gleichgesinnten. Dabei sein ist viel, aber nicht alles. Der innere Siegeswille ist ihre Motivation. Sie werden Regattasegler.

Ohne Frage eine besondere Spezies der Wassersportler. Viele sind materialbesessen statt materialverliebt. Gerne fachsimpeln sie über taktische Züge, verpasste Winddreher oder streiten über Regeln und deren Verletzung. Die meisten Regattasegler aber haben vor allem Spaß dabei. Und das ist eine wichtige Grundvoraussetzung für spätere Erfolge.

Von Kondition und Konzentration

Was ist überhaupt eine Regatta? Das ist zunächst einmal der gemeinsame zeitgleiche Wettkampf mit anderen Booten, möglichst schnell vom Start ins Ziel zu kommen. Dies geschieht unter fairer Ausnutzung von Wind und Wellen, das heißt unter Beachtung der Spielregeln. Das Ergebnis hängt von der Bootsbeherrschung durch Trimm und Technik sowie von der Taktik ab. Glück, vor allem mit unvorhersehbaren Winddrehern, spielt zwar oft auch eine Rolle, aber auf Dauer hat dies doch nur der Tüchtige.

Somit basiert der komplexe Regattasport auf einem vielseitigen Können, das jedoch Einsteiger nicht abschrecken sollte. In den offenen Einheitsklassen, wie zum Beispiel Tornado, Dart 18, Hobie 16, Topcat und anderen mehr, treten die Teilnehmer – abgesehen vom Pflegezustand – ohne Materialvorteile oder -nachteile gegeneinander an.

Hier gewinnt allein der bessere Segler, obwohl das Boot oft nach eigenen Fehlern bei manchen Seglern ein beliebter Sündenbock für eine vermasselte Wettfahrt ist. Entscheidende Faktoren sind jedoch vielmehr Kraft, Kondition und Beweglichkeit sowie eine ganze Reihe von geistigen Größen, die auf der Bahn abverlangt werden.

Das optimale Einstellen der Segel durch ständig variierenden Schotzug und Streckerbedienung (vor allem Cunningham) sowie das Ausreiten des Boots durch Gewichtstrimm (im Trapez oder Ausreitgurt) erfordert in erster

Regattasegeln par excellence: Der Vorschoter konzentriert sich auf den Spinnakertrimm, der Steuermann braucht Kondition für den Großschotzug.

Linie körperliche Fitness. Korrekter Segeltrimm setzt jedoch genau wie der Boots- und Riggtrimm der festen Verstellgrößen viel technisches Verständnis, ein Gefühl für die daraus resultierenden Veränderungen an der Bootsgeschwindigkeit sowie ein gutes Auge für die Segelstellung voraus. Bei den Manövern kommt es neben der Kraft besonders auf körpergewandte Schnelligkeit und Geschicklichkeit sowie auf ein ausgeprägtes Balancegefühl an.

Zu guter Letzt spielt die Entscheidung, wann welches Manöver gesegelt werden soll, eine große Rolle. Dies ist die Taktik. Sie profitiert von Weitsicht sowohl im Sinne von Überblick über das Regattafeld als auch im Sinne von vorausschauendem Denken. Die Fähigkeit, sich auf mehrere Sachen gleichzeitig zu konzentrieren, Entscheidungsfreude, ein theoretisches Grundlagenwissen sowie Wettkampferfahrung gepaart mit großem Durchhaltevermögen machen den Siegertypen aus.

Das Wir-Gefühl

Aber gewinnen kann bekanntlich ja nur einer. Also muss da noch mehr sein, das die große Schar Wettsegler Wochenende für Wochenende von Regatta zu Regatta treibt.

Es ist eine im Großen und Ganzen hervorragende Kameradschaft unter den Seglern. Das positive Wir-Gefühl wird wahrscheinlich vom „körperlosen“ Wettkampf ermöglicht, denn die hohen Anstrengungen gelten ja allein den Naturgewalten und nicht den Gegnern direkt.

Und gerade weil jede Crew diesen Kampf quasi ohne jeden Kontakt für sich allein bestreitet, kommt dem Erfahrungsaustausch vor und nach den Rennen eine erhöhte Bedeutung zu. Zwar gibt dabei nicht jeder seine Trimmtricks vollständig preis, weil er sie entweder für genial hält oder selbst nicht sicher ist, einen Fehler gemacht zu haben. Aber das Diskutieren beim Après-Sail ist aus dem Regattasport nicht wegzudenken.

Aller Anfang ist schwer

Genau wie der Einstieg in den Segelsport schlechthin bedarf es oft einer großen Überwindung, zum ersten Mal zu einer Regatta zu fahren. Die Angst zu versagen, sich lächerlich zu machen, Hohn oder Spott zu ernten, hält so manche „inneren Wettkämpfer“ davon ab. Doch Meister sind noch nirgendwo vom Himmel gefallen. Nur Mut!

Schließlich sind Katamarane nicht nur generell besonders anfängertauglich, sondern haben auch Vorteile für Regattaeinsteiger. Das taktische Moment wird nämlich bauartbedingt begrenzt, weil häufiges Wenden bei jeder kleinen Winddrehung auf der Kreuz einfach zu viel Zeit kosten würde. Die taktischen Möglichkeiten sind also – ohnehin nur im Rahmen der Wendefreudigkeit – so gross wie die Manöver der Crew schnell sind. Der Bootsspeed spielt zunächst die größere Rolle, sodass mit guter Beherrschung der Segeltechnik und des Trimms bereits erste Erfolge erzielt werden können.

Um nicht gleich zu Beginn der Karriere den Spaß durch Überforderung zu verlieren, sollten die Nahziele möglichst niedrig gesteckt werden. Das beste Debüt findet auf einer Vereinsregatta des eigenen oder benachbarten Clubs statt. Im Gegensatz zu einer fernen Ranglistenregatta, an der erst nach den ersten

Auf dem Strandliegeplatz bei der Kieler Woche liegen die Hobie 16 dicht an dicht. Hier wird gefachsimpelt und geklönt. Unter Regattateilnehmern herrscht meist eine gute Kameradschaft.

Keine Frage ist so dumm, dass sie nicht gestellt werden könnte! Das beginnt meist schon bei der Interpretation der Segelanweisungen, die beileibe auch für Experten nicht immer klar und deutlich ausdrücken, was gemeint ist.
Wer sich auf der Bahn noch geistig mit diesen Randproblemen beschäftigen muss, hat den Kopf nicht für das Wesentliche frei. Und die plötzliche drangvolle Enge an der Startlinie oder an der ersten Wendemarke verlangt doch hohe Konzentration, wenn die Crew diese Situationen nicht gewohnt ist. Mit einer geplanten Vorbereitung werden die Grundvoraussetzungen für den ersten Regattastart erfüllt.

Vereinsregatten teilgenommen werden sollte, ist der Aufwand durch eine kurze Anreise zunächst gering. Die Rahmenbedingungen sind gut vorhersehbar und bilden mit den logischerweise bereits vorhandenen Ortskenntnissen einen Heimvorteil, der genutzt werden sollte. Außerdem stünden einem auf dem heimischen Gewässer meist erfahrenere Clubkameraden mit Rat und Tat zur Seite, wenn es unvorhergesehene Probleme geben sollte.
Das größte Problem der Neulinge ist jedoch häufig der eigene Stolz. Er verhindert nötige Fragen, deren Beantwortung von einem „alten Hasen“ viel Verdruss ersparen könnte. Merke:

Dichtes Gedränge vor der Startlinie der A-Kat-Regatta. Diese Situation kann Neulinge nervös machen, wenn sie sich darauf nicht ausreichend vorbereitet haben.

Voraussetzungen

Zum Regattaeinstieg sind einige, teils auch formelle Voraussetzungen zu erfüllen, die allerdings kein Grund sind, vor dem Wettkampfstart zurückzuschrecken. Sie machen das Regattasegeln nur leichter und bewahren im Zweifel vor bösen Überraschungen.

Meldung und Segelschein

Zur Planung einer Regatta gehört zunächst die vollständige, fristgerechte Meldung. Dazu halten die meisten Veranstalter einer offenen, das heißt für clubfremde Segler zugelassenen Regatta, ein Meldeformular vor. Das sollte gewissenhaft ausgefüllt und rechtzeitig per Fax oder Post verschickt werden. Eine Kopie bleibt beim Segler, um spätere Missverständnisse ausschließen zu können.

Nach der gesetzten Frist ist bei Zahlung eines erhöhten Meldegelds noch eine Nachmeldung möglich, die jedoch meist spätestens am Morgen vor der ersten Wettfahrt eingehen muss. Nicht in der Meldeliste enthaltene Boote können vom Startschiff nicht registriert werden und somit nicht an der Wettfahrt teilnehmen.

Meldevoraussetzung (zumindest bei Ranglistenregatten und Meisterschaften) ist auch ein Befähigungsnachweis des Steuermanns. Er muss Inhaber des alten A-Scheins des DSV oder des aktuellen Sportbootführerscheins sein.

Versicherung

Auf der Meldung muss oft auch die Versicherungsnummer der Haftpflichtversicherung angegeben werden, ohne die eine Teilnahme nicht zugelassen wird. Das Risiko einer verschuldeten oder unverschuldeten Kollision ist auf Regatten höher als sonst. Grundsätzlich

Das passiert nicht nur Regattaseglern: Das Großsegel ist gerissen und zerstört. Eine gute Versicherung deckt den Schaden.

sollte jeder Eigner zumindest eine Haftpflicht-, wenn nicht sogar eine Kaskoversicherung für sein Boot haben. Das Risiko „Regattateilnahme" muss im Vertrag ausdrücklich eingeschlossen sein.

Vermessung

Zu jedem Boot gehört ein Identifikationsnachweis von der Bauwerft oder ein Messbrief, der quasi der Fahrzeugschein ist und für Regatten vorhanden sein muss. Wenn am werftgelieferten Boot nichts verändert wurde, sollte es den Vermessungsbestimmungen der Klassenvorschriften entsprechen. Dort sind Segelgrößen, Mindestgewicht, Beschlagsausführungen und anderes mehr festgelegt.

Manchmal sind Kats jedoch etwas leichter gebaut, und zur Erfüllung des Limits ist ein Ausgleichsgewicht notwendig, das meist als Blei unterm Vorderbeam befestigt wird. Dies kann durch eine freiwillige oder angeordnete Kontrollvermessung festgestellt werden. Wer solche gravierenden Vermessungsbestimmungen ignoriert, riskiert eine Disqualifikation.

Zur Verwarnung durch die Jury kommt es häufig, wenn neue, andere Segel gefahren werden, die keine oder eine unleserliche Segelnummer führen.

Sie sollte im oberen Drittel des Großsegels mit mindestens 50 cm großen Buchstaben bzw. Zahlen angebracht sein, die 5 cm Abstand zueinander haben.

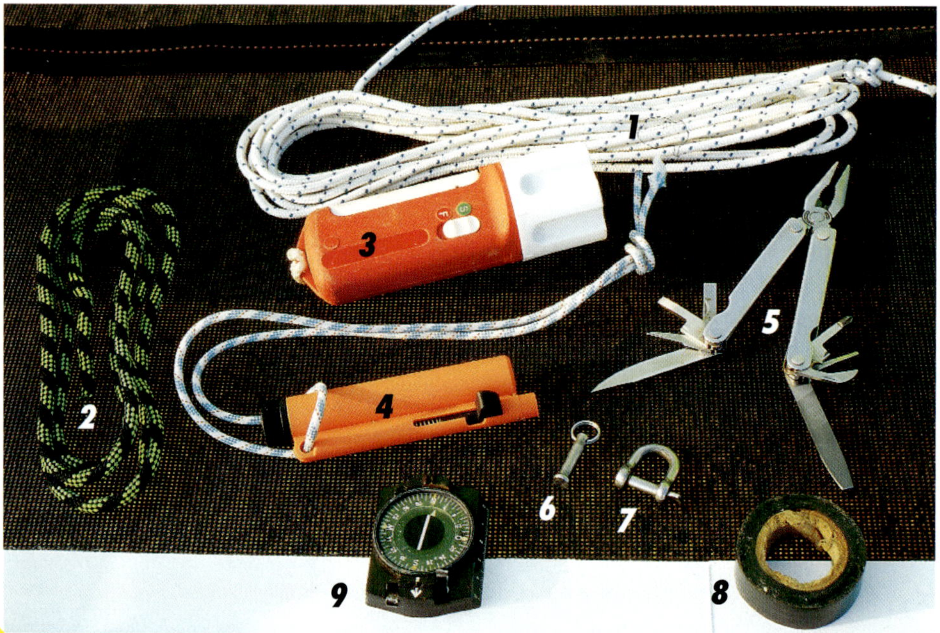

Die Grundausrüstung für einen Regattaeinstieg: Aufrichtleine (1), Schleppleine (2), Nico-Signal (3) oder Notsignalgerät (4), Kombiwerkzeug (5), Ersatz-Bolzen mit Splint (6), Ersatz-Schäkel (7), Tape (8) und Handkompass (9).

Ausrüstung

Zur Regattaausrüstung gehören etliche Dinge, auf die beim Segeln ohne Wettkampf verzichtet werden kann. Sie sind teils in den Segelanweisungen (siehe „Kleine Regelkunde", Seite 97) vorgeschrieben, teils „nur" sehr nützlich und deshalb unabdingbar.

Sicherheit

Auch bei warmem Wasser und leichtem Wind sollten alle Segler immer Schwimmwesten anlegen, denn das Wetter kann während eines Regattatags schnell umschlagen. Das Gleiche gilt für das Mitführen von Notsignalen (siehe TECHNIK, „Sicherheit an Bord", Seite 83). Außerdem kann die Wettfahrtleitung das Tragen von Schwimmwesten generell oder durch Zeigen der Flagge „Y" (gelb-orange diagonal gestreift) am Startschiff festsetzen.

Werkzeug

Während die Nicht-Regattasegler möglichst wenig an ihren Booten basteln wollen und nur die notwendigsten Wartungsarbeiten ausführen, ist die Werkzeugkiste ständiger Begleiter des Regattaseglers (siehe TRIMM,

Künstlerpech. Die Kenterung an der Raumtonne ist auch ein Ausrüstungstest. Wer jetzt keine Aufrichtleine dabei hat, wird den Hobie 16 ohne fremde Hilfe nicht wieder auf beide Rümpfe bringen können und muss die Wettfahrt aufgeben.

„Werkzeug“, Seite 32). Er sollte sogar ein Allround-Werkzeug (Messer, Kombizange, Schraubendreher usw. in einem) mit an Bord haben, um kleine Reparaturen oder Trimmänderungen sogar auf dem Wasser ausführen zu können.

Ein besonders wichtiges Utensil ist ein wasserfester Stift, mit dem zuvor schon Trimmeinstellungen auf den Beams, den Baum oder den Schwertern notiert wurden. Damit können nämlich weitere Hinweise auf die Bahnlage, die Segelanweisung oder bloß die Erinnerung an eine nach der Wettfahrt zu leistende Unterschrift notiert werden.

Schleppen

Manchmal ist die Regattabahn weit vom Landliegeplatz entfernt und bei flauem Wind oder einer Kreuz die rechtzeitige Anreise nur im Schlepp eines Motorboots möglich. Das gilt auch für die Rückreise zum Hafen oder bei Materialbruch. Dazu sollte eine etwa 15 Meter lange Schleppleine an Bord sein, die am Vorderbeam befestigt wird, aber leicht und schnell zu lösen sein sollte. Am besten wird sie nur zweimal um den Beam gewickelt und mit einem Slipstek belegt. Wenn hinter einem selbst ein weiteres Boot mitgeschleppt werden soll, wird die zweite Schleppleine am besten am selben Punkt am Vorderbeam mit einem eigenen Slipstek angeknotet.

Je schneller das Motorboot fährt, desto konzentrierter muss der Steuermann an der Pinne „mitfahren“. Auf Binnenrevieren, die keinen Motorbootbetrieb erlauben, hat ein Paddel schon manche Flautenschieberei nach der Wettfahrt verkürzt. Auch dies kann übrigens vorgeschrieben werden.

Kompass

Ein ausgesprochen nützliches, wenn auch nur manchmal vorgeschriebenes Hilfsmittel ist ein Kompass. Mit ihm können die Windrichtung und die Startlinienlage gepeilt werden (siehe TAKTIK, „Vorbereitung“, Seite 107) und beim Segeln die Winddrehungen erkannt werden. Nicht nur bei Langstreckenrennen, sondern auch bei schlechter Sicht hilft er, Bahn-

Mit einem wasserfesten Stift können wichtige Informationen zur Wettfahrt (Kompasskurs, Segelanweisungen, Landmarken etc.) zum Beispiel auf ein Schwert oder auch auf den Großbaum oder Beam geschrieben werden.

Tornado-Schlepp vor der Kulisse von Miami/USA. Die Segler haben die Schleppleinen an den Vorderbeams befestigt. Dort ist auch die Schleppleine vom nachfolgenden Kat angeknotet.

marken, das Ziel oder zurück an Land zu finden. Weil ein Kat bei Wellengang starke Nickbewegungen macht, muss der Kompass entsprechend gedämpft (träge in der Flüssigkeit) sein, damit er jederzeit gut ablesbar ist. Ein guter Regattakompass hat drei Ablesestriche, der eine in Katmitte (Fahrtrichtung) und zwei weitere jeweils in 45 Grad rechts und links davon, wo der Kurs ebenfalls angezeigt wird. Einige Klassen erlauben inzwischen elektronische Kompasse.

Die Strichmarkierungen müssen beim Segeln von beiden Seiten auf dem Schwimmer sitzend genauso zu erkennen sein wie aus dem Trapez. Deshalb wird der Kompass am Beam direkt vor dem Mast oder auf dem Trampolin direkt hinter dem Mast angebracht.

Ein geeigneter Regattakompass wird meist vor dem Mast angebracht und ist auch aus dem Trapez noch gut abzulesen. Durch eine träge Flüssigkeit wird die Kompassrose bei Wellen gedämpft.

Stoppuhr und Protestflagge

Mindestens ein Crewmitglied sollte eine Stoppuhr am Handgelenk tragen, die gut ablesbar ist. Spezielle Regattauhren haben eine Countdown-Einstellung, bei der die fünf Minuten Vorbereitungszeit vor dem Startschuss farblich hervorgehoben ablaufen. Das schließt Fehler in der hektischen Vorstartphase aus.

Wer gegen eine Regelverletzung eines Konkurrenten protestieren will, muss das vom Zeitpunkt des Vorgangs bis zum Zieldurchgang durch eine Protestflagge anzeigen. Der kleine rote Wimpel wird vor dem Auslaufen in Griffhöhe an einem Want eingerollt und mit einem Gummi befestigt.

Ein Topcat Classic ist dachtransportgeeignet. Grundsätzlich sollte immer die zulässige Dachlast des Fahrzeugs beachtet werden. Wichtig ist ein sorgfältiges Verzurren.

Vorbereitung

Ein Regattastart will gründlicher vorbereitet sein als ein Trainings- oder Just-for-Fun-Törn, da sich der Regattateilnehmer dem vorgegebenen Zeitplan fügen muss. Es gilt, eine entsprechende Checkliste gewissenhaft abzuarbeiten.

Transport

Abgesehen von der heimischen Vereinsregatta muss der Kat zu den Wettkämpfen stets transportiert werden. Dazu gibt es die zwei Möglichkeiten: auf dem Autodach und auf einem Trailer, was beides Vor- und Nachteile hat (siehe EINFÜHRUNG, „Ansprüche ans Boot“, Seite 18).

Beim Verladen auf einen Dachgepäckträger sollten zunächst die Träger so weit wie möglich auseinander aufgebaut werden, was bei einer Limousine oder einem Coupé im Gegensatz zum Kombifahrzeug nur begrenzt geht. Die

Trageholme werden an den Auflagestellen rutschhemmend abgepolstert. Ideal wäre ein Abstand, bei dem der Kat kopfüber mit beiden Mulden für die Beams auf dem Holmen liegt. Auch wenn nur eine Mulde (Vorder- oder Achterbeam) auf dem jeweiligen Holm liegt, können die Rümpfe kaum noch wegrutschen. Trotzdem müssen sie genau wie der Mast gut auf dem Träger verzurrt werden. Am sichersten – sofern möglich – sind zusätzliche Tampen vorn, z. B. vom Hahnepotdraht zur vorderen Abschleppöse, und hinten, z. B. von den Ruderbeschlägen zur hinteren Abschleppöse.

Auch auf einem Trailer muss ein Kat entsprechend verzurrt werden. Zunächst ist es dabei wichtig, die seitlichen Stützen mit Kunststoffrollen auf die richtige Breite einzustellen, denn über die hinteren Rollen soll der Kat auf den Trailer geschoben werden. Die seitlichen Begrenzungen der Stützen sind mit Plastik oder Gummi zu polstern, damit keine Beulen oder Kratzer an den Rümpfen entstehen.

Tipp: Die optimale Stellung der Stützen kennzeichnen, damit sie ohne erneutes Anpassen schnell wieder fixiert werden können. Denn für eine Leerfahrt werden die Stützen am besten immer eingeschoben.

Ist der Kat breiter als 2,55 Meter, müsste er hochkant transportiert werden. Dazu ist ein geeigneter Trailer mit einer entsprechenden Vorrichtung unabdingbar. Nur geringfügig zu breite Kats (viele sind 2,58 Meter) können mit speziellen einsteckbaren Hochkantstützen auf einer Seite bereits in der Gesamtbreite reduziert werden. Für breitere Kats, wie den Tornado (3 Meter), gibt es Spezialgestelle, die ihn auf 45 Grad Neigung anheben. Hier ist eine gute Vertäuung umso wichtiger.

Beim Verstauen des Mastes ist eine Polsterung besonders wichtig. Außerdem sollte die Mastnut in der Maststütze unbedingt nach oben frei liegen, damit sie nicht kaputtscheuern kann. Hinten wird der Mast auf der Travellerschiene am Achterbeam gesichert.

Vor allem bei engen Kurven (z. B. auf Tankstellen) sollte umsichtig gefahren werden, denn das lange Mastende vor der Stütze schwenkt weit aus.

Vor der Abfahrt muss noch die Lichtleiste kontrolliert und herausgezogen werden. Das Stützrad ist einzuziehen und in der Halterung festzudrehen. Der Sicherungsdraht muss über die Anhängerkupplung gelegt werden. Zum Schluss wird beim Anheben überprüft, ob der Kupplungskopf sicher auf dem Haken eingerastet ist.

Anreise

Sind die Voraussetzungen für eine Regattateilnahme erfüllt, beginnt die Vorbereitung bereits mit einer rechtzeitigen Anreise. Sie sollte bei langen Autofahrten möglichst einen Tag

Sogar ein 3 Meter breiter Tornado kann zusammengebaut transportiert werden. Dazu ist solch ein Spezialtrailer mit Hochkantgestell erforderlich.

vor der ersten Wettfahrt erfolgen, denn beim Durchstarten von der Straße direkt aufs Wasser ist schon oft ein wichtiger Schäkel nicht festgedreht worden, was fatale Folgen haben kann. Es muss zumindest genügend Zeit bleiben, in Ruhe das Boot aufzubauen, die Segel zu setzen, den Trimm einzustellen sowie die Segelanweisungen zu studieren und sich umzuziehen. Je nach Bahnlage sollte spätestens eine halbe Stunde vor dem Start abgelegt werden können, um sich voll auf das Einsegeln und die folgenden Vorstartphasen konzentrieren zu können.

Materialcheck

Wer sich zu einem Regattastart entschlossen hat und den damit verbundenen Aufwand in Kauf nimmt, wird einen gewissenhaften Materialcheck durchgehen, damit die Mühe nicht durch vermeidbaren Materialbruch vergebens war. Die Materialbelastung ist während einer Regatta häufig größer als sonst. Deshalb sollten die vorgeschlagenen Kontrollen (siehe „Checkliste für einen Regattatag“, Seite 98) täglich stattfinden. Treten erste Verschleißerscheinungen zu Tage, ist die sofortige Behebung (siehe TRIMM, „Wartung muss sein“, Seite 36) ratsam, damit die Schäden nicht größer werden und unter Umständen zu schlimmen Folgen führen.

Wettervorhersage

Die Wetter- und Windvorhersage sollte nicht überbewertet werden, weil der Taktiker dann oft im Kopf nicht frei für situationsgerechte Entscheidungen ist, sondern krampfhaft auf die prophezeiten Winddrehungen hofft. Es kann also durchaus so sein, dass eine Rechtsdrehung von 30 bis 40 Grad vorhergesagt wurde, die aber erst abends nach der Wettfahrt eintritt. Während des Rennens sind dann mehrere kleine Linksdreher entscheidend. Das liegt meistens daran, dass der Wetterbericht sehr großräumig angelegt ist und lokale Besonderheiten nicht berücksichtigen kann. Diese aber können die Wettfahrt entscheidend beeinflussen.

Trotzdem gibt die Vorhersage selbst den Meteorologie-Laien eine generelle Auskunft über die zu erwartenden Bedingungen. Dies ist für die Wahl der Segelbekleidung genauso wichtig wie für die Wahl der festen Trimmverstellgrößen an Land. Gleichwohl kann eine vorhergesagte Windänderung im Hinterkopf später auch so manche taktische Entscheidung vorantreiben oder unterstützen.

Nachbereitung

Die beste Vorbereitung des kommenden Regattatags fängt schon mit der Nachbereitung des vergangenen an (siehe „Checkliste für einen Regattatag“, Seite 98). Die beginnt nach der Wettfahrt mit einem erneuten Materialcheck, sodass zeitraubende Reparaturen noch am selben Abend gemacht werden können. Wer an Land nicht alles sorglos stehen und liegen lässt, kann sich am nächsten Tag besser auf das eigentliche Regattasegeln konzentrieren.

Vor dem Ablegen checken die Crews an Land noch mal ihr Material durch.

Die letzten wichtigen Anweisungen geben die Organisatoren meist bei einem so genannten Skippers-Meeting, an dem zumindest ein Crewmitglied teilnehmen sollte.

Mit einer dunklen Front am Horizont ziehen häufig starke Böen und Winddreher auf. Die Wettervorhersage bereitet einen auf alle Einzelheiten nicht immer vor, dient aber zumindest als Anhaltspunkt.

Kleine Regelkunde

Kaum ein Regattasegler kennt die komplexen WR (Wettfahrtregeln) in- und auswendig. Doch ein gewisses Maß an Basiswissen ist für den Einsteiger sowohl notwendig als auch hilfreich.

Segelanweisung

Die Segelanweisung ist quasi die individuelle Bedienungsanleitung für eine Regatta. Es gibt eine standardisierte Segelanweisung nach den Wettfahrtregeln (International: Racing Rules/RR). Die meisten Veranstalter nehmen diese als Grundlage und setzen höchstens geringfügige Änderungen ein. Die Segelanweisungen mit den WR detailliert zu erklären, würde den Rahmen eines Katamaran-Buches sprengen. Deshalb werden im Folgenden nur die wichtigsten Punkte erläutert. Gute Regattasegler beschäftigen sich jedoch eingehend mit der „trockenen Theorie“ und sind im Zweifelsfall regelfest.

Checkliste für einen Regattatag

Morgens

Wetterbericht einholen

Endgültiges Zwischenergebnis (nach Protestausgängen) einsehen

Mitteilungsbrett nach Änderungen der Segelanweisung kontrollieren

Vor dem Auslaufen

Bolzen, Splinte und Schäkel kontrollieren und nachtapen, wenn sie nicht gesichert sind

Sichtkontrolle von Drähten, Fallen und Schoten auf Beschädigungen

Unterzugspannung kontrollieren

Ruder, Spurstange, Ausleger und deren Sicherungen sowie Auf- und Niederholmechanismus überprüfen

Restwasser aus den Rümpfen entfernen sowie Tankdeckel und Lenzschrauben schließen

Segellatten einspannen/überprüfen, Stark- und/oder Leichtwindlatten als Ersatz am Großbaum mitnehmen

Riggtrimm (Diamondspannung, Salingwinkel, Mastfall und Riggspannung) festlegen und einstellen

Ausrüstung bereitlegen (Kompass, Paddel, Schleppleine, Ersatzmaterial, Kombiwerkzeug, Protestflagge, Segelanweisung, Notsignale, Schwimmweste(n), Trapezhose(n), Proviant, Bahnkarte

Im Regattabüro auschecken (Registriermarke abholen oder in ausgelegter Liste unterschreiben)

Auf dem Wasser

Trimmcheck nach dem Einsegeln und bei Änderung der Windstärke eine Korrektur (z. B. Riggspannung, Diamondspannung, Fockholepunkte, Fockvorliekspannung, wenn nur vorn am Segelhals verstellbar)

Ruder und Schwerter kontrollieren, ob sie sauber (krautfrei) und ganz unten eingestellt sind

Kurz vor dem Start

Unterliekstrecker (Großsegel) oder Rutscher einstellen

Rotation einstellen

Cunningham und Fockvorliekstrecker einstellen

Nach der Wettfahrt

Riggspannung lösen

Im Regattabüro wieder einchecken (Registriermarke abgeben oder in ausgelegter Liste unterschreiben)

Protest(e) einreichen (falls erforderlich)

Tankdeckel und Lenzschrauben öffnen und Rümpfe auf Wasserinhalt überprüfen, mit Schwamm vollständig leeren

Ruderanlage kontrollieren, sichern und mit Schutzhüllen abdecken

Trimm- und Wettfahrtprotokolle stichwortartig beginnen

Mitteilungsbrett nach Ablauf der Protestzeit auf Proteste gegen einen selbst kontrollieren

Materialcheck mit Wartung und Reparaturen (fetten, auswechseln, nachziehen etc.)

Slipwagen nach vorn unter die Schwimmer ziehen und Boot gegen Hochwasser und Sturm sichern (evtl. festbinden)

Auch Nachbarlieger kontrollieren und sichern, die durch Kentern das eigene Boot gefährden könnten

Trimm- und Wettfahrtprotokolle vollenden

Mitteilungsbrett nach neuen Startzeiten, Protestausgängen, Ergebnisliste, Änderung(en) der Segelanweisung durchsehen

Signale

Flagge Y
Schwimmwestenpflicht
(an Land oder auf dem Startschiff)

Tafel Bahnanzeige
z. B. Nummer 2 lt. Segelanweisung

Tafel Kompasskurs
Richtung zur 1. Marke

Rote Tafel
alle Bahnmarken an Backbord lassen (üblicher Kurs linksherum) wird nicht immer gezeigt

Grüne Tafel
alle Bahnmarken an Steuerbord lassen (Kurs rechtsherum)

Klassenflagge
Ankündigung 5 Minuten vor dem Start, gleichzeitig ein Schuss

Flagge P
Vorbereitung 4 Minuten vor dem Start, gleichzeitig ein Schuss

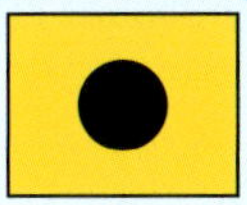

Flagge I
Round-the-Ends-Startregel wird mit Flagge P (Vorbereitung) gesetzt und geht mit In-Kraft-Treten eine Minute vor dem Start wieder runter, gleichzeitig ein Signalton

Flagge schwarz
„1-Minuten"-Startregel wird mit Flagge P (Vorbereitung) gesetzt und geht mit In-Kraft-Treten 1 Minute vor dem Start wieder runter, gleichzeitig ein Signalton

Flagge S
Bahnverkürzung
am Startschiff:
kurze Bahn lt. Segelanweisung
an einer Marke über blauer Flagge:
Ziel zwischen Marke und Zielschiff oder lt. Segelanweisung, gleichzeitig zwei Schüsse

Flagge X
Einzelrückruf
gleichzeitig ein Signalton

1. Hilfsstander
Gesamtrückruf
gleichzeitig zwei Schüsse

Flagge C
Bahnänderung lt. Segelanweisung
gleichzeitig zwei Signaltöne

Flagge M
Bahnmarkenersatz
gleichzeitig ein Signalton

Flagge blau
Ziel

Flagge L
am Zielschiff:
in Rufweite bleiben, eine weitere Wettfahrt wird gesegelt
an Land:
neue Mitteilung am schwarzen Brett, gleichzeitig ein Signalton

Flagge N
Abbruch der Wettfahrt
gleichzeitig drei Schüsse

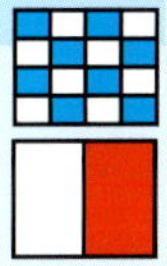

Flaggen N über H
Abbruch der Wettfahrt und in den Hafen zurücksegeln
gleichzeitig drei Schüsse

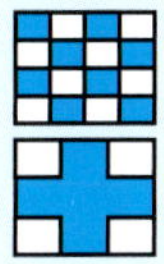

Flaggen N über X
Abbruch der Wettfahrt und neuer Start
gleichzeitig drei Schüsse

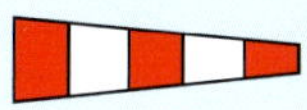

Antwortwimpel AP
Startverschiebung
gleichzeitig zwei Signaltöne

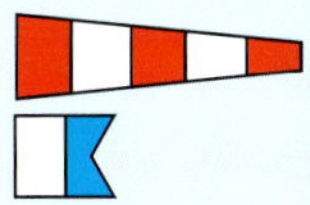

Antwortwimpel AP über Flagge A
Startverschiebung auf ein späteres Datum, zwei Signaltöne

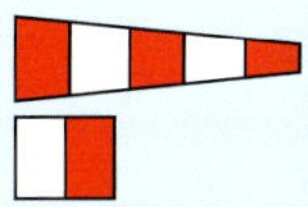

Antwortwimpel AP über Flagge H
Startverschiebung und in den Hafen segeln, zwei Signaltöne

Bahnlage und Kurse

Zu den wichtigsten Informationen in der Segelanweisung, die auch einen Anhang mit Zeichnungen oder Karten enthalten kann, gehören die Bahnlage und die möglichen Kurse, die gesegelt werden können. Besonders auf großen Regatten mit mehreren Bahnen ist es bedeutsam, die geografische Lage der eigenen Bahn zu kennen und sich den Kompasskurs dorthin zu notieren, um sich bei der Orientierung nicht täuschen zu lassen oder unnötig umherzusegeln.

In der Segelanweisung sind die Kurskonfigurationen, das heißt die Lage der Tonnen und die Reihenfolge, in der diese Bahnmarken zu runden sind, zu finden. Bei jedem Kurs hat die Wettfahrtleitung vor oder während des Rennens die Möglichkeit, eine verkürzte Bahn segeln zu lassen. Dieses wird zum gegebenen Zeitpunkt am Startschiff oder an der betreffenden Bahnmarke mit der Flagge „S“ für englisch „kurz“ = „short“ (blaues Rechteck in weißem Rechteck) angezeigt.

Das alte olympische Dreieck mit drei Tonnen in der Reihenfolge Dreieck/Schenkel/Dreieck, bei dem in Lee bei Tonne 3 der Start und in Luv bei Tonne 1 das Ziel ist, ist immer noch die meistbenutzte Regattabahn für Katamarane. Um Zeit zwischen den Wettfahrten zu sparen, wird inzwischen die Startlinie auch als Ziellinie benutzt und liegt dann entweder im leewärtigen Drittel zwischen Luv- und Leetonne oder in Lee von der Leetonne.

Der neue olympische Kurs ist jedoch nur noch ein Windward-Leeward-Kurs, auch Up and Down, Am-Wind-Kreuz/Vorwind-Kreuz oder auch Aufzug genannt, wobei zur Leetonne 3 die Tonne 3 G dazugekommen ist. Sie bilden ein 40 bis 50 Meter breites Tor, das so genannte Gate, das von Luv nach Lee durchse-

Regattadreiecke für Katamarane

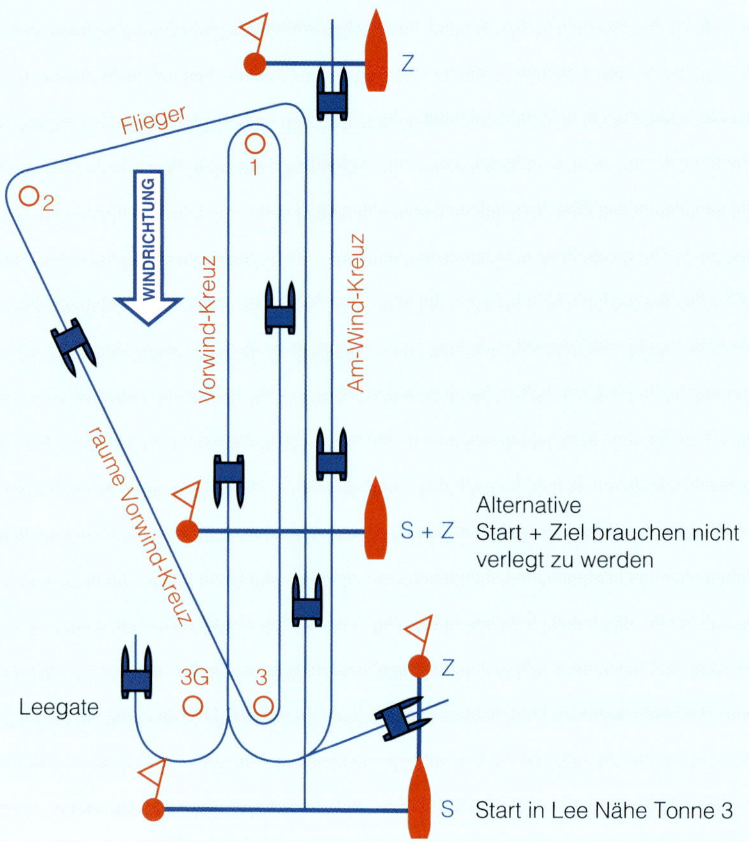

Alter olympischer Kurs

Start -1 - 2 - 3 - 1 - 3 - Ziel
oder
Start -1 - 2 - 3 - 1 - 3 - 1 - 2 - 3 - Ziel

Neuer olympischer Kurs

Start - 1 - Gate 3 - 1 - 2 - Gate 3 - Ziel Halbwind

gelt wird. Dabei steht es den Regattateilnehmern taktisch frei, welche Tormarke sie runden. Nach der Luvtonne 1 folgt allerdings ein ziemlich kurzer Flieger zur Raumtonne 1 a, einer Ablauftonne, die gefährliche Begegnungen zwischen Spi setzenden und noch aufkreuzenden Kats verhindern soll. Von der 1 a geht es einen langen Vorwind-Schenkel wieder zum Tor. Das Ziel kann nach der letzten Leetorrundung auf einem kurzen Flieger in Luv vom Start-Zielschiff liegen (Grafik) oder direkt auf Vorwind-Kurs.

Die Kurslänge wird je nach Wind bestimmt, sodass die Wettfahrt insgesamt möglichst 70 bis 90 Minuten dauert. So sind zwei Kurzwettfahrten statt sonst einer Vollwettfahrt möglich.

Wettkampfform

Um Regatten generell kurzweiliger und attraktiver auch für Außenstehende zu machen, wurden neue Wettkampfformen eingeführt. Eine herkömmliche Form war das olympische Dreieck mit drei Runden und einer Zielkreuz. Diese Rennen dauern meistens 90 bis 180 Minuten und werden Vollwettfahrten genannt. Davon sind an einem Wochenende aber kaum mehr als drei zu absolvieren.

Bei den nun verbreiteteren Kurzwettfahrten von etwa einer Stunde Dauer haben die Teilnehmer öfter eine Chance, ihr Können zu beweisen und können einen Ausrutscher eher ausbügeln. Als Kurz-Rennen werden neben dem „Aufzug" (Up and Down oder Windward/Leeward) auch noch Dreiecke oder Vierecke gesegelt. Aber bei allen Varianten liegen Start und Ziel in der Nähe der Leetonne(n), sodass ohne große Verzögerung das nächste Rennen gestartet werden kann.

Auf Handicap-Regatten können unterschiedliche Kat-Typen gegeneinander segeln und nach einem Verrechnungssystem in einem Klassement gewertet werden.

Kurstafel 280 3 für 280 Grad Windrichtung und Bahn 3 aus den Segelanweisungen ist noch gezeigt. Im Vorwind-Ziel ein olympischer Tornado unter Spi.

Wettfahrtleitung und Jury

Auf die Regattaleitung wird viel geschimpft, aber ohne sie könnte eine geordnete Wettfahrt nicht stattfinden. Sie machen genauso viele Fehler wie der Durchschnittssegler auch, nur dass deren Fehler sich immer gleich auf alle Segler auswirken. Deshalb steht vor allem die Wettfahrtleitung so oft in der Schusslinie der Kritik.

Ihre Aufgabe ist die korrekte Auslegung der Bahn mit den Marken des Kurses. Hier kommt es am häufigsten zu Einwänden der Segler, wenn die Startlinie nicht optimal zum Wind lag oder Ähnliches. Die Wettfahrtleitung entscheidet auch, ob bei sehr wenig oder sehr viel Wind überhaupt gesegelt wird oder ob der Start ver-

Signale

Für eine sichere, aber auch erfolgreiche Regattateilnahme ist die Kenntnis der verschiedenen Signale sehr wichtig. Sie können an Land, am Start- und Zielschiff oder von Booten der Wettfahrtleitung gezeigt werden. Bei großen Regatten ist eine Signaltafel häufig als Ergänzung der Segelanweisung zu finden. Solche Tafeln gibt es aber auch als Aufkleber, der zur ständigen Erinnerung auf einen Schwimmer geklebt werden kann.

Das Juryboot liegt an der linken Seite der Startlinie und achtet auf Regelverletzungen.

Auf Regatten segeln die Kats oft dicht nebeneinander.
Das führt zwar zu kritischen Situationen, sollte aber nur bei eindeutigen Regelverletzungen zum Protest führen.

schoben wird. Die Startprozedur liegt ebenfalls in ihrem Aufgabenbereich. Bei Regelverstößen der Wettfahrtleitung, die einen Nachteil für einen Teilnehmer zur Folge haben, kann dieser Segler einen Antrag auf Wiedergutmachung stellen. Diesen Antrag verhandelt ebenfalls die Jury nach der Wettfahrt unter Anhörung der Betroffenen und deren Zeugen. Dieses gilt auch für Proteste der Segler gegeneinander, die form- und fristgerecht vor Ablauf der Protestzeit (steht am Mitteilungsbrett) eingereicht werden müssen.
Auf dem Wasser achtet die Wettfahrtleitung auf Frühstarts und disqualifiziert die „erwischten“ Boote von sich aus. Während der Wettfahrt können ebenfalls Regelverstöße wie zum Beispiel Tonnenberührungen, Wegerechtsverletzungen usw. beobachtet und nach Protestverhandlung von der Jury mit Disqualifikation geahndet werden. Gegen diese Entscheidungen können betroffene Segler ihrerseits Protest einlegen. Wer sich bereits während der Wettfahrt einer bestimmten Regelwidrigkeit bewusst ist, kann sie durch eine 360-Grad-Drehung bereinigen. Kats müssen nur einen so genannten Strafkringel drehen, der jedoch bauartbedingt viel Zeit kostet.
Ein drittes Glied in der Reihe sind die anerkannten Vermesser, die mithilfe der Jury durch Verwarnungen oder Disqualifikationen Verstöße gegen die Vermessungsvorschriften ahnden können. Vermesser sind praktisch auf allen bedeutenden Regatten anwesend.
Die ausführliche Regelkunde enthalten die WR (Wettfahrtregeln), die sich jeder zulegen sollte, der nach dem Regattaeinstieg Gefallen am Wettsegeln gefunden hat. Es gibt sie im DSV-Verlag.

Flagge B
Protestflagge

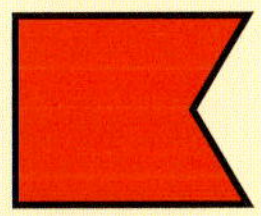

Hat ein Regelverletzer sich nicht durch eine 360-Grad-Drehung mit Wende und Halse bereinigt, besteht die Möglichkeit, einen Protest bei der Jury einzureichen. Dazu muss nach dem Vorfall die Flagge B gesetzt werden.

Wegerecht

1. Zwei Kats auf entgegengesetztem Bug

Der Kat mit Wind von Steuerbord (ehemals „auf Backbord-Bug") hat Wegerecht (Vorfahrt).

Der Kat mit Wind von Backbord (ehemals „auf Steuerbord-Bug") muss ausweichen.

Der Bug, auf dem gesegelt wird, ist durch die Seite bestimmt, von der der Wind aufs Schiff trifft. Das wurde aus den RR (Racing Rules) für die deutsche Übersetzung in die WR (Wettfahrtregeln) so übernommen und heißt deshalb seit 1992 „mit Wind von Steuerbord" (oder umgekehrt) und nicht mehr „auf Backbord-Bug", was vorher die Seite war, auf der das Großsegel stand.

2. Zwei Kats auf gleichem Bug (bei Überlappung)

Der Kat, der höher zum Wind segelt (Leekat), hat Wegerecht.

Der Kat, der tiefer zum Wind segelt (Luvkat), ist ausweichpflichtig.

Überlappung liegt vor, wenn der zurückliegende Kat mindestens mit den Bugspitzen (oder Spibaum) über der gedachten Verlängerung der Heckspiegel des vorausfahrenden Kats liegt.

3. Zwei Kats auf gleichem Bug (ohne Überlappung)

Der zu überholende Kat (Überholte) hat Wegerecht.

Der überholende Kat (Überholer) ist ausweichpflichtig.

Liegt der zurückliegende Kat vollständig hinter der gedachten Verlängerung der Heckspiegel des vorausfahrenden Kats, liegt er klar achteraus und der andere Kat klar voraus.

4. Wende oder Halse

Der Kat, der wendet oder halst, ist für die Dauer des Manövers ausweichpflichtig gegenüber einem Kat auf Geradeausfahrt.

Ein Manöver beginnt, sobald das Großunterliek die Mittschiffslinie überschreitet, und endet, sobald das Großsegel auf dem neuen Bug voll steht. Während dieser Zeit darf er durch das Manöver niemanden behindern, also auch nicht, wenn er auf einen vorfahrtberechtigten Bug wendet oder halst. Danach gelten wieder die Regeln 1, 2 und 3. Diese Regel kommt häufig an der Luvtonne (Bahnmarke 1) zum Tragen.

5. Innenposition

An der Raumtonne (Bahnmarke 2) und an der Leetonne (Bahnmarke 3) hat ein innen liegender Kat (Innenposition) Wegerecht gegenüber einem außen liegenden Kat (Außenposition).

Das Wegerecht der Innenposition gilt allerdings nur, wenn beim Eintritt des ersten Kats in den so genannten Zweilängenkreis (Umkreis mit dem Radius von zwei Bootslängen um die Tonne) eine Überlappung des innen liegenden Kats bestanden hat. Wenn die Überlappung im Zweilängenkreis wieder aufgelöst wird oder erst dort zustande kommt, ist das ohne Bedeutung. Ist das Wegerecht der Innenposition gegeben, ist der außen liegende Kat auch ausweichpflichtig, wenn zur Tonnenrundung eine Halse gehört. Regel 4 tritt dann nicht in Kraft.

TAKTIK

Vorausdenken ist die Disziplin des Taktikers. Wer Wind und Konkurrenz aufmerksam beobachtet, rechtzeitig entscheidet und konsequent agiert, hat den Schlüssel zum Erfolg in der Hand.

Eine typische Situation an der Raumtonne, an der dieses Tornadofeld vom Flieger auf den zweiten Raumschenkel geht. Der Kat 1 hat kurz vor der Tonnenrundung bereits den Vorwindtrimm eingestellt und fällt langsam ab. Der Kat 2 will ihn in Luv überlaufen, wird trotz des vordergründigen Schnellerwerdens nach dem Anluven insgesamt aber einige Meter verlieren, weil er bei der Tonnenrundung einen Bogen fährt. Genau dasselbe passiert den Kats 3 und 4, die sich unnötig hochluven. Die Kats 5 und 6 fallen gleich auf den optimalen tiefen Kurs ab und suchen den direkten Weg zur Leetonne (Bahnmarke 3).

Ein WM-Feld der Hobie 16 kurz vor dem Startschuss. Die Startlinie ist leicht links begünstigt. Dadurch verteilen sich die Kats entlang der Linie, wobei immer noch die Mehrzahl rechts am Startschiff starten will. An den Enden der Startlinie liegen die Kats dichter an der Linie als in der Mitte, wo die Linie wie üblich durchhängt. Wer vorher eine sichere Landpeilung der Startlinie machen konnte, könnte sich zu diesem Zeitpunkt bereits dichter an die Linie heranwagen.

Vorbereitung

Eine gelungene Taktik hängt bei konstanten Windbedingungen entscheidend von einer guten Vorbereitung ab. Das ist nichts anderes als das Beobachten und Sammeln von Informationen. Je extremer und häufiger die Windstärke und die Windrichtung schwanken, desto häufiger muss die Taktik angepasst werden. Ändern sich die Bedingungen unvorhersehbar, spielt der Faktor Glück eine immer größere Rolle.

Grundlagen schaffen

Bereits während der Anfahrt zur Regattabahn, parallel zum Einstellen des Trimms, beginnt je nach Entfernung 30 bis 60 Minuten vor dem Start die Vorbereitung der Taktik. Dabei gilt der Blick nach Windunterschieden auf der gesamten Breite und Länge des mutmaßlichen Reviers. Liegen die Wendemarken schon aus, konzentriert sich die Beobachtung auf die entsprechenden Seiten der Kreuzkurse.

Auf dem Kompass oder anhand einer Landmarke ist zu merken, ob die Windrichtung schwankt, weil darauf durch entsprechende Kurskorrekturen reagiert werden muss. Das ist bei ablandigem Wind und auf Binnenrevieren – auch verbunden mit Schwankungen der Windstärke – häufig der Fall. Beim gleichzeitigen Absegeln der entgegengesetzten Kreuzseiten mit einem Sparringspartner oder einer befreundeten Crew kann schnell die begünstigte Seite herausgefunden werden, indem die Dreher so mitgenommen werden, dass einen der aktuelle Schlag (Bug) näher zur Luvtonne bringt.

Böenfelder sind an einer stärker kräuselnden und dunkleren Wasseroberfläche als in der Umgebung gut zu erkennen. Bei ablandigem Wind gibt es hinter hohen Bäumen und Häusern oder einer Steilküste eine Windabdeckung. In dem Bereich ist der Wind oft erheblich flauer. Dafür ist er dort, wo er wieder aufs Wasser trifft, stärker als sonst. Eine Zone mit weniger Wind gibt es auch bei auflandigem Wind durch einen Windstau an der Leeküste. Dieser Bereich ist jedoch selten so groß wie bei einer Windabdeckung.

Generell weht ein auflandiger Wind fast immer gleichmäßiger als ein ablandiger. Gleichwohl kann es auch dabei Windstärkenunterschiede auf den beiden Kreuzseiten geben. Auch ein konstantes Drehen des Windes in eine Richtung ist möglich. Beides ist meist in der Wetterlage begründet (siehe REGATTAEINSTIEG, „Vorbereitung“, Seite 96) und hat oft zusätzlich revierbezogene Besonderheiten. Diese herauszufinden, bedarf neben dem Absegeln der beiden Kreuzseiten (am besten mit zwei Booten, die jeweils auf die verschiedenen Seiten der Kreuzstrecke segeln, nach verabredeter Zeit einmal wenden und sich dann wieder treffen) einer langjährigen Erfahrung auf dem Revier und macht mit der dazugehörigen Schlussfolgerung und Umsetzung den guten Taktiker aus.

Lage der Startlinie

Ein guter Start mit anschließender Startkreuz ist von großer Bedeutung, weil dies der einzige Zeitpunkt im Rennen mit gleichen Chancen für alle ist. Außerdem hat die Qualität des Starts, vor allem bei Kurzwettfahrten, den größten Einfluss auf das spätere Ergebnis im Ziel. Deshalb muss der Regattasegler nach der begünstigten Seite der Startkreuz auch die bevorteilte Seite der Startlinie herausfinden.

Zuvor muss jedoch unbedingt mit einem weitverbreiteten Irrtum aufgeräumt werden. Die Lage der ersten Bahnmarke (Luvtonne) zur Startlinie spielt überhaupt keine Rolle, solange der Weg zur ersten Bahnmarke eine Kreuzstrecke ist. Oft meinen Segler, wenn die Luvtonne zum Beispiel auf der rechten Seite

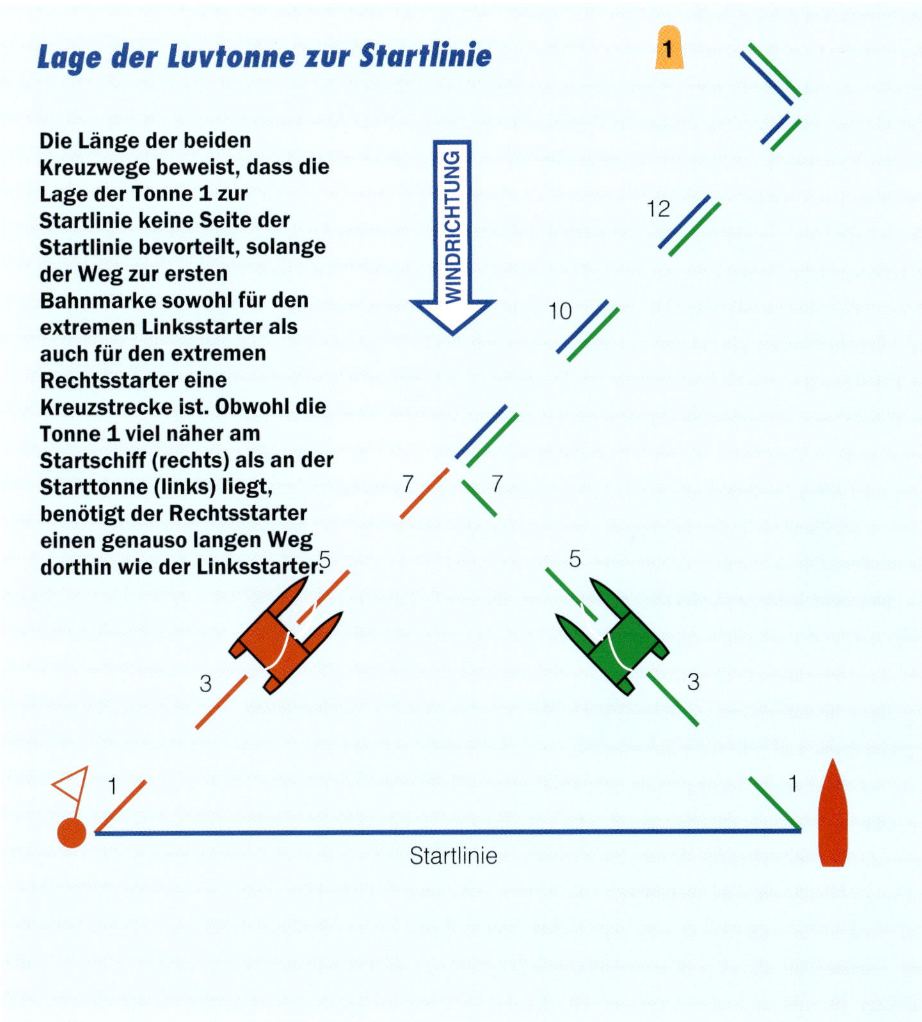

Lage der Luvtonne zur Startlinie

Die Länge der beiden Kreuzwege beweist, dass die Lage der Tonne 1 zur Startlinie keine Seite der Startlinie bevorteilt, solange der Weg zur ersten Bahnmarke sowohl für den extremen Linksstarter als auch für den extremen Rechtsstarter eine Kreuzstrecke ist. Obwohl die Tonne 1 viel näher am Startschiff (rechts) als an der Starttonne (links) liegt, benötigt der Rechtsstarter einen genauso langen Weg dorthin wie der Linksstarter.

der Startkreuz liegt, sei ein Start rechts am Startschiff auch bevorteilt, weil die Luvtonne ja dem Startschiff näher als der Starttonne sei (siehe Grafik, Seite 107). Letzteres stimmt zwar. Die Schlussfolgerung aber ist ein glatter Trugschluss, wie gesagt, solange der Weg zur ersten Bahnmarke eine Kreuzstrecke ist und sie nicht auf einem Bug ohne Wende zu erreichen ist. Nur dann könnte ein Kat einen Vorteil aus der Lage der Luvtonne zur Startlinie ziehen.

Da die Wettfahrtleitung aber fast immer eine Kreuz zur ersten Bahnmarke auslegt, wenn dies nicht durch revierspezifische Besonderheiten unmöglich ist, bleibt einzig und allein der Winkel der Startlinie zum wahren Wind entscheidend, welche Seite der Startlinie möglicherweise bevorzugt ist. Liegt die Startlinie nämlich nur 10 Grad zum wahren Wind verschoben, ergeben sich bereits gravierende Unterschiede. Bei 10 Grad links begünstigter Startlinie und einer Startlinienlänge von 450 Metern hat der Linksstarter bereits 100 Meter Vorsprung, wenn sich die Wege kreuzen (siehe Grafik, rechts).

Theoretisch könnte also links mit Wind von Backbord gestartet werden. Doch in der Praxis ist das durch die Vielzahl der Starter, die neben dem extremen Linksstarter Vorfahrt genießen, nur ganz selten zu schaffen. Der Vorteil der linken Startseite entfällt dadurch aber nicht. Im Gegenteil: Er wird oft sogar noch größer, wenn die rechts gestarteten Kats Höhe kneifen, um nicht in die Abwinde der weiter links bevorteilt gestarteten Kats zu kommen. Dadurch verlieren die Rechtsstarter oft noch mehr als die ursprünglichen 100 Meter.

Die Startlinie ist von der Wettfahrtleitung trotzdem optimal ausgelegt worden, wenn die linke Seite 5 bis 10 Grad begünstigt ist (siehe Grafik, rechts), also nicht genau im 90-Grad-

Lage der Startlinie zum wahren Wind

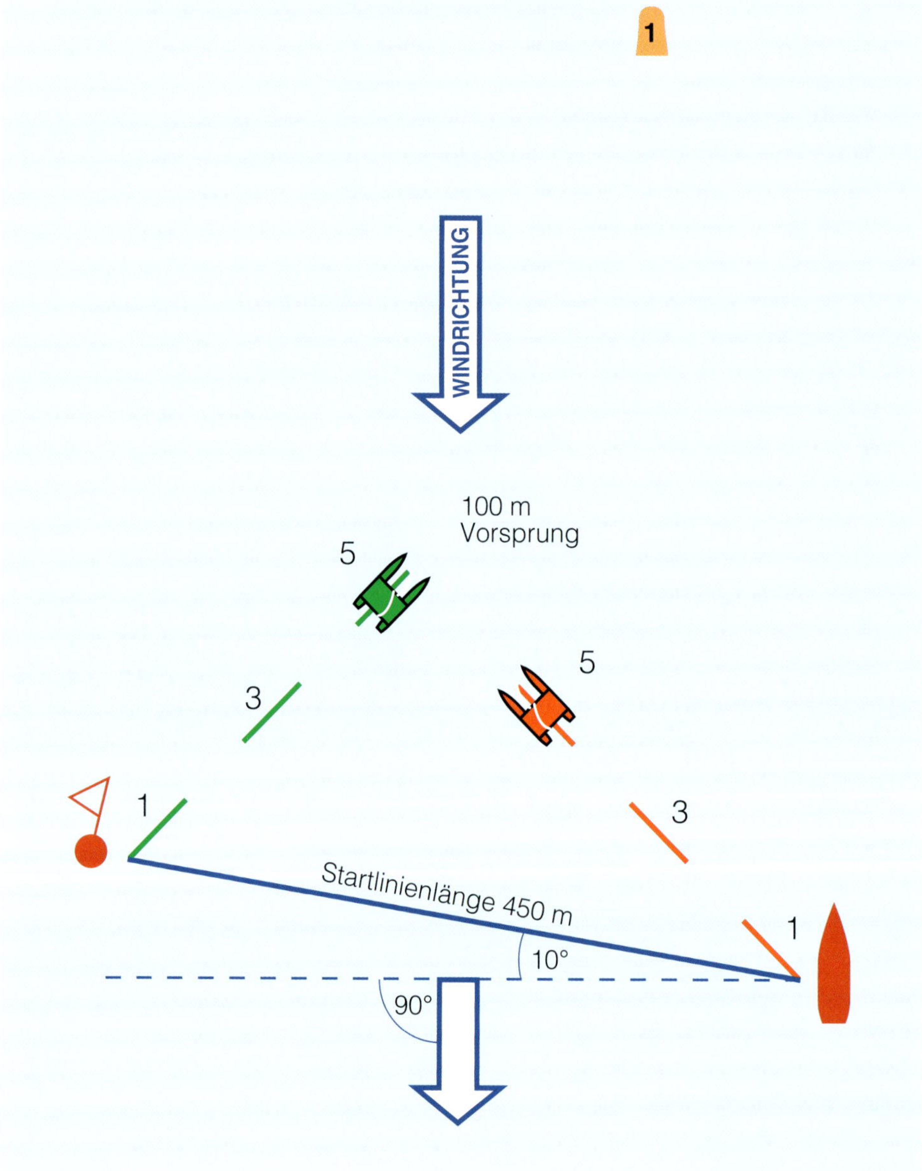

Ein Boot der Wettfahrtleitung kontrolliert in Lee an der Starttonne mögliche Frühstarter. Der Kat im Vordergrund scheint mit großem Risiko einen Start mit Wind von Backbord, also ohne Wegerecht, zu versuchen.

Winkel zum Wind liegt. Denn die Begünstigung der linken Seite soll vermeiden, dass das Feld geschlossen versucht, mit Wind von Steuerbord, also mit Wegerecht, am Startschiff auf der rechten Seite zu starten. Das hat nämlich den Vorteil, möglichst lange in Luv auf dem vorfahrtberechtigten Bug segeln zu können und dadurch die Möglichkeit zu behalten, jederzeit zu wenden oder weiter auf die linke Seite zu segeln. Durch dieses Bestreben entsteht – vor allem wenn die Startlinie 90 Grad zum wahren Wind liegt – die Standard-Startsituation, bei der ein großer Pulk von Kats kurz vor dem Start am Startschiff liegt, wo es längst nicht für alle einen Startplatz in der ersten Reihe gibt (siehe „Startverhalten", Seite 112). Nicht nur durch diese Pulkbildung selbst, bei der die hinteren Kats mit hohem Risiko und ohne Wegerecht nach vorn drängen, weil sie meist Luvboot oder Überholer sind (siehe REGATTAEINSTIEG, „Kleine Regelkunde", Seite 104), ist die Gefahr eines Massenfrühstarts größer als bei einer links begünstigten Startlinie. Denn kurz vor dem Start sollten die Kats mit Wind von Steuerbord in Richtung Am-Wind-Kurs (zirka 45 Grad zum wahren Wind) vor der Startlinie beigedreht liegen (siehe TECHNIK, „Segelpause auf dem Wasser", Seite 76, und TRIMM UND TECHNIK II, „Regattamanöver", Seite 139) und auf der Stelle gehalten werden. Die Gefahr, über die Startlinie zu treiben oder gedrückt zu werden, ist größer, wenn sie im 45-Grad-Winkel zum Kat liegt, als wenn sie 10 Grad links begünstigt spitzer im 35-Grad-Winkel zum Kat liegt.

Je unerfahrener das Teilnehmerfeld ist, desto mehr Schwierigkeiten hat es einerseits mit dem Beigedrehtliegen, andererseits aber auch mit dem Herausfinden, welche Startlinienseite überhaupt begünstigt ist. Deshalb käme die Wettfahrtleitung bei hochkarätigen Regatten der olympischen Klasse manchmal schon mit einer 5 Grad links begünstigten Startlinie aus, während auf den meisten Regatten 10 Grad durchaus angebracht wären.

Welche Startlinienseite begünstigt ist, kann zum Beispiel durch Peilung herausgefunden werden. Der Steuermann schießt dazu neben der Starttonne in den Wind und beobachtet die Fock. Flattert diese genau mittschiffs am Mast im Wind, gibt er dem Vorschoter ein Kommando. Der sitzt auf dem linken Schwimmer am Vorderbeam und peilt genau in dem Moment über die Verlängerung des Beams die Starttonne und das Startschiff. Liegt die Starttonne in der Peilung vor dem Schiff, ist die Seite an der Tonne bevorzugt und umgekehrt (siehe Grafik, Seite 110).

Die Lage der Startlinie kann auch mithilfe des Kompasses herausgefunden werden. Dazu wird vom Startschiff mit einer Schwimmerspitze genau auf die Starttonne zugesegelt und der Kurs auf dem Kompass abgelesen.

Dann wird der Kat genau in den Wind gestellt und der Kompass am selben Peilstrich wieder abgelesen. Ist die Differenz zwischen den Zahlen größer als 90 Grad, ist die Seite am Startschiff bevorzugt, ist sie kleiner als 90 Grad, sollte an der Starttonne gestartet werden (siehe Grafik, Seite 111).

Zwei Sparringspartner oder befreundete Teilnehmer können die Lage auch durch Absegeln von beiden Seiten herausfinden. Dazu segeln die beiden Kats zu einem vereinbarten Zeitpunkt jeweils an der Tonne und am Schiff auf den Am-Wind-Kursen (der eine mit Wind von Backbord, der andere mit Wind von Steuerbord) los. Beim Kreuzen der Wege wissen beide, wer auf der günstigeren Seite gestartet ist, sofern die Boote von der Geschwindigkeit annähernd vergleichbar sind.

Beim Absegeln der Seiten wird sich der Kompasskurs gemerkt, was 5 bis 4 Minuten vor dem Start durch erneutes kurzes Segeln am Wind wiederholt wird. Damit wird kontrolliert, ob sich die bevorzugte Seite der Startlinie durch eine Winddrehung verändert hat oder noch die gleiche Seite wie vorher bevorzugt ist. Ist die Gradzahl kleiner als vorher, hat der Wind nach links gedreht, ist sie größer, hat er nach rechts gedreht.

Bei allen Messungen muss immer auf demselben Bug der gleiche Strich am Kompass abgelesen werden, um vergleichbare Zahlen zu haben.

Herausfinden der begünstigten Startlinienseite durch Peilung ohne Kompass

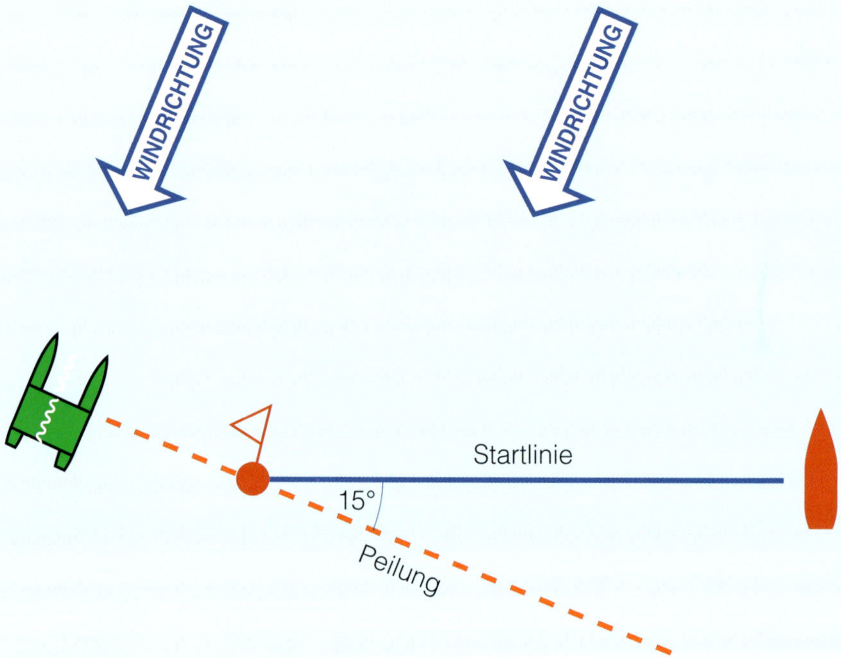

Seiten der Startkreuz

Der zweite entscheidende Faktor für die Wahl der Starttaktik sind die Bedingungen auf den Seiten der Startkreuz. Deshalb ist es wichtig, während der Vorbereitung auf mögliche Unterschiede in der Windstärke und -richtung zu achten. Denn obwohl das linke Ende der Startlinie bevorzugt ist, kann die linke Seite der Startkreuz durch Windabdeckungen oder -drehungen benachteiligt sein. Außerdem ist ein beliebiges Wenden kurz nach dem Start oft nicht möglich, weil andere Kats mit Wegerecht in der unmittelbaren Nähe sind. Für die verschiedenen kombinierten Vorteils-Varianten gibt es Empfehlungen, wo gestartet werden sollte (siehe Tabelle, rechts).

Herausfinden der begünstigten Startlinienseite mit dem Kompass

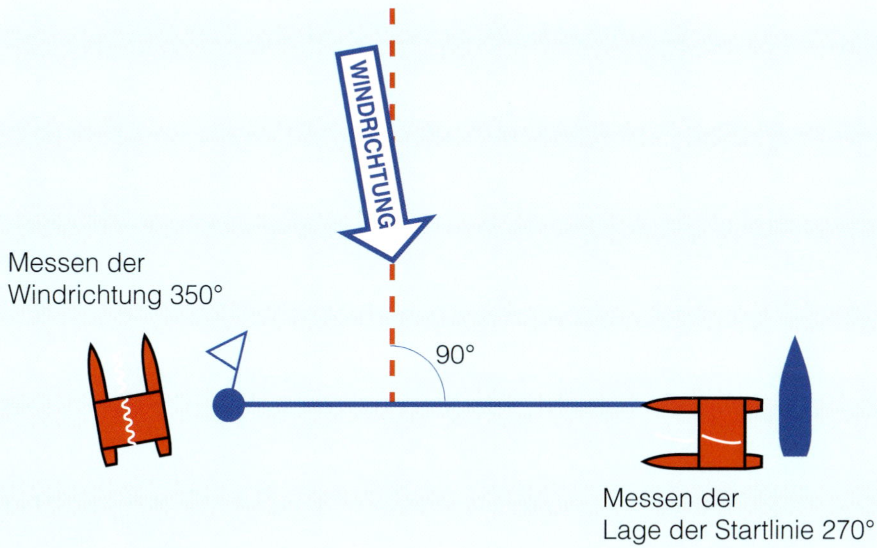

Starttaktiken

Seitenvorteile auf der Startlinie	Kreuz	anzustrebende Seite der Startlinie	Taktik-Tipp
links	links	linkes Drittel	ganz links starten
rechts	links	rechtes Drittel	frei von Kats starten
gleich	links	linkes Drittel	ganz links starten
links	rechts	Mitte	gleich wenden können
rechts	rechts	rechtes Drittel	gleich wenden können
gleich	rechts	Mitte rechts	gleich wenden können
links	gleich	linkes Drittel	frei von Kats starten
rechts	gleich	rechtes Drittel	gleich wenden können
gleich	gleich	linkes Drittel	frei von Kats starten

Startverhalten

Die eigene Starttaktik hängt auch von der Taktik der Konkurrenten ab. Je nach Leistungsstärke und Dichte des Teilnehmerfelds einer Regatta ist ein unterschiedliches Startverhalten zu beobachten.

Standardsituationen

Je besser die Bootsbeherrschung ist, desto mutiger manövrieren sich die Segler in die optimale Startposition. Eine typische Startsituation auf Regatten stellt sich wie folgt dar (siehe Grafik, Seite 112): Die Teilnehmer haben nicht erkannt, dass durch die Lage der Startlinie das linke Ende an der Tonne leicht begünstigt ist. Alle wollen möglichst dicht am Startschiff starten, um Vorfahrt zu haben, in Luv zu liegen oder bald ohne Behinderung wenden zu können und nach dem Zurückwenden vorfahrtberechtigt mit Wind von Steuerbord an die erste Tonne zu kommen.

Einige unerfahrene Segler haben Angst, dicht neben anderen Kats in der ersten Reihe der Startlinie zu liegen. Sie wollen sich „aus dem Gewühl" heraushalten und fahren lieber in zweiter und dritter Reihe hinterher. Würden sie sich tatsächlich heraushalten und am linken Ende der Linie starten, hätten sie bei 7 Grad Vorteil links und 300 Meter Startlinienlänge schon sechs Bootslängen Vorsprung, statt zehn Längen Rückstand und noch dazu die Abwinde der vorderen Kats.

Ideale Startsituation

Der Idealfall sähe jedoch anders aus: Alle Kats liegen in der ersten Reihe; wegen der 5 Grad bevorzugten Seite versuchen links an der Tonne entsprechend mehr Kats zu starten. In der Mitte „hängt" die Linie der Bugspitzen

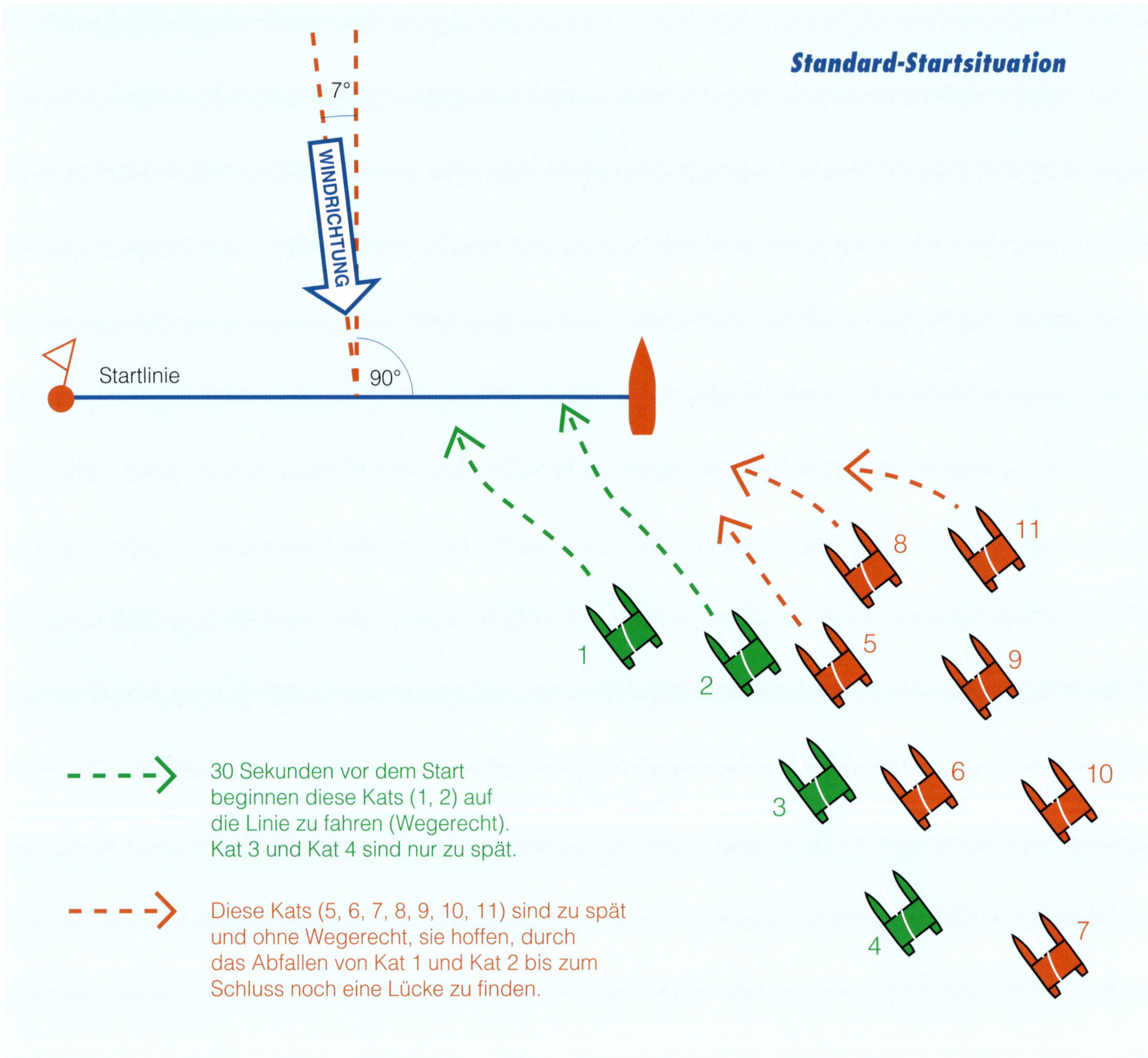
Standard-Startsituation
7°
WINDRICHTUNG
90°
Startlinie
1
2
3
4
5
6
7
8
9
10
11
30 Sekunden vor dem Start beginnen diese Kats (1, 2) auf die Linie zu fahren (Wegerecht). Kat 3 und Kat 4 sind nur zu spät.
Diese Kats (5, 6, 7, 8, 9, 10, 11) sind zu spät und ohne Wegerecht, sie hoffen, durch das Abfallen von Kat 1 und Kat 2 bis zum Schluss noch eine Lücke zu finden.

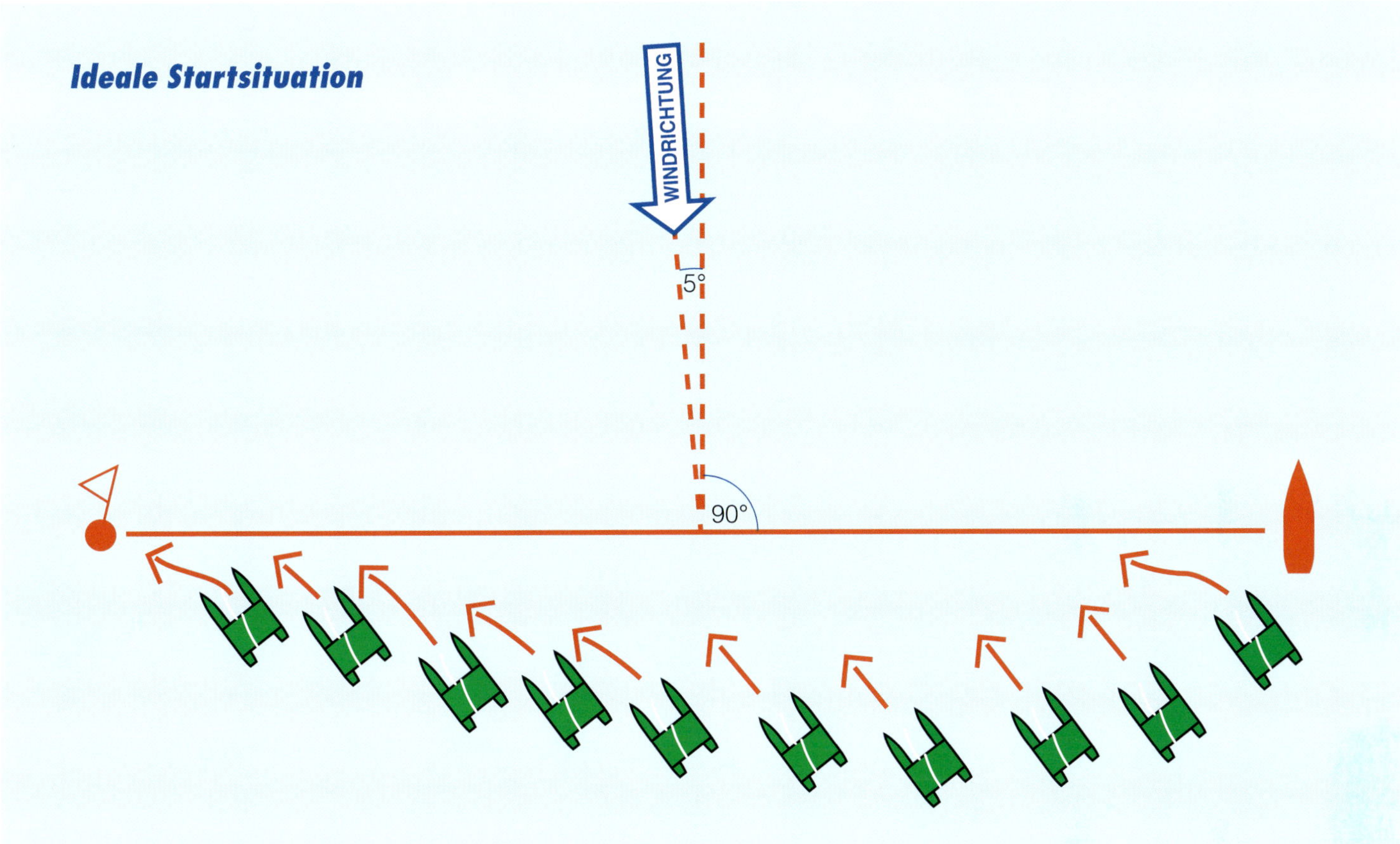

meist etwas durch, weil die Kats dort ihren Abstand zur Startlinie schlechter einschätzen können. Auch die Kats rechts am Startschiff sind dicht an der Linie und haben trotz benachteiligter Startlinienseite (umgerechnet fünf bis sechs Bootslängen) den Vorteil, dass sie mit freiem Wind die Seite der Startkreuz unabhängiger wählen können (Grafik, oben).

Frühstart verhindern

Ein weiterer Grund, warum unerfahrene Regattasegler so zurückhaltend starten, ist die Angst vor einem Frühstart. Kurz vor dem Startschuß sind sie zu sehr mit ihrem Boot und „bedrohlich" nahen Konkurrenten beschäftigt, sodass sie die Orientierung über die Lage der Startlinie verlieren.

Hilfsweise kann vor dem Start am besten beim Herausfinden der begünstigten Startlinienseite zusätzlich eine Landmarke angepeilt werden. Dazu muss der Kat neben dem Startschiff liegen und die Startlinienverlängerung über die Starttonne an Land gepeilt werden (Grafik, Seite 114). Das topographische oder bauliche Merkmal in der Peilung sagt einem später in Peilung mit der Tonne, wie dicht der Kat schon an der Linie liegt. An der Tonne liegend über das Startschiff zu peilen, ist schwieriger, weil das Land von den Aufbauten an Deck teilweise abgedeckt wird.

Vorstartphase

Die Taktik während der Vorstartphase ist besonders situationsabhängig, weil viele Kats dicht neben einem selbst liegen und zum Teil durch Vorfahrtsrecht die eigenen taktischen Entscheidungen blockieren.

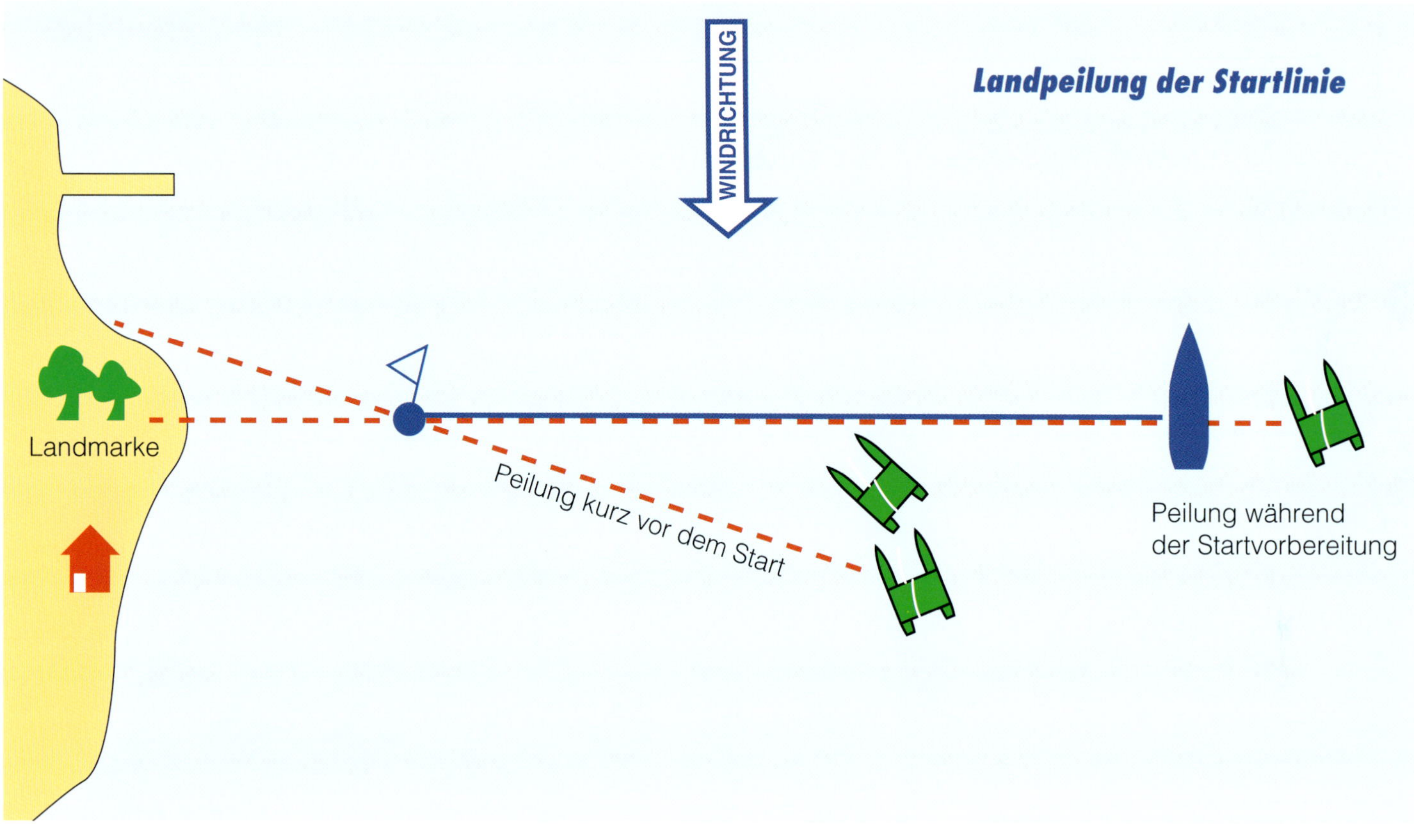

Noch 5 Minuten

Alle vorbereitenden Maßnahmen dauern bis über das Ankündigungssignal (5-Minuten-Schuss) hinaus. Nach dem Vorbereitungssignal (4-Minuten-Schuss), bei dem nochmals die exakte Zeit genommen wird, beginnen – nicht nur weil der Name es so will – die letzten Vorbereitungen auf die Wettfahrt.

Noch 4 Minuten

Spätestens jetzt muss die Wettfahrtleitung auch die Kursangaben am Startschiff aushängen. Sie bestehen aus dem Kompasskurs zur ersten Wendemarke (Tonne 1), den die Wettfahrtleitung aus der Lage der Luvtonne errechnet, sowie aus Hinweisen auf Bahnrichtung und -verkürzung, und ob es verschärfte Startregeln gibt.

Meist wird die Bahn übrigens linksherum gegen den Uhrzeigersinn gesegelt, weil die Kats dann auf der bevorzugten Anliegelinie, auf der sie, ohne zu wenden, die Tonne runden können, auch auf dem vorfahrtberechtigten Bug (mit Wind von Steuerbord) sind. Sind alle Angaben im Gedächtnis, müssen nochmals die Windrichtung für die begünstigte Seite der Startlinie und die Windstärke für den optimalen Trimm geprüft werden. Auch sollte anhand der Kompasszahl noch kurz Ausschau nach der Luvtonne gehalten werden.

Noch 3 Minuten

Dann fällt die endgültige Entscheidung, wo gestartet werden soll. 3 Minuten vor dem Schuss sollte der Kat bereits in der Nähe des geplanten Startpunkts hinter der Linie in Wartestellung beigedreht liegen.

Noch 2 Minuten

2 Minuten vor dem Start sollte der Kat mit dichtgeholter Fockschot und leicht dichtgeholter Großschot, aber aufgefiertem Traveller

3 Minuten vor dem Start:
Das Feld liegt fast geschlossen am Startschiff und scheint auf der rechten Seite der Startlinie starten zu wollen. Der leichte Wind dreht ständig etwas hin und her. Fast alle Kats scheinen zu diesem Zeitpunkt eine rechts begünstigte Startlinienseite zu sehen oder zumindest beim Start zu erwarten.

2 Minuten vor dem Start:
Der Wind hat etwas nach links gedreht, und die ersten Kats wähnen bereits einen Vorteil auf der linken Startlinienseite. Deshalb fahren sie nach links auf die Starttonne zu.

1 Minute vor dem Start:
Das Hauptfeld liegt immer noch rechts am Startschiff, obwohl die linke Seite der Startlinie bereits leicht, aber eindeutig bevorteilt ist.

20 Sekunden vor dem Start:
Der Vorteil der linken Startlinienseite ist jetzt eindeutig zu sehen. Für die meisten Kats oben auf der rechten Seite ist es nun aber zu spät.
Sie würden nicht mehr rechtzeitig zum Startschuss auf die linke Seite kommen.

10 Sekunden vor dem Start:
Auf den Kats entlang der Startlinie werden die Travellerschoten dichtgezogen, und die Kats nehmen Fahrt auf. Oben am Startschiff müssen etliche Kats aus der zweiten Reihe starten, wo sie durch die Abwinde der vorderen Kats langsamer Fahrt aufnehmen können.

Der Startschuss ist gefallen:
Die unteren Kats an der Starttonne haben die bessere Seite der Startlinie erwischt. Außerdem sind dort weniger Kats als oben gestartet, wodurch sie insgesamt freier segeln können. Nach einer Wende, die zu diesem Zeitpunkt aufgrund des Wegerechts noch nicht möglich ist, lägen sie deutlich vor den oben gestarteten Kats.

Nachstartphase: Durch einen kleinen Winddreher nach rechts haben die oben gestarteten Kats etwas von ihrem Nachteil wettgemacht. Die wendenden Kats im oberen Drittel können trotz des Zeitverlusts durch die Wende und des abgegebenen Wegerechts mit Wind von Backbord vor den ganz oben gestarteten Kats wegsegeln, ohne diese zu behindern.

etwa fünf Bootslängen von der Startlinie entfernt liegen. Der Steuermann achtet darauf, dass der Abstand in Lee zum nächsten Boot möglichst eine Bootslänge beträgt. Die ist notwendig, um beim Start etwas abfallen und die optimale Geschwindigkeit schnell erreichen zu können. Aber Vorsicht: Es darf beim Start nicht zu weit abgefallen werden, da der Kat in Lee Wegerecht hat! In Luv muss der nächste Konkurrent aufpassen, dass er wiederum genug Platz hat. Wird der Abstand größer, kann ein Boot aus der zweiten Reihe die Lücke nutzen, um noch einen Platz in der ersten Reihe an der Linie zu ergattern.

Durch kurzes Dichtholen des Travellers versuchen die vorderen Boote, in der ersten Startreihe zu bleiben und manövrieren sich dabei immer dichter an die Linie heran.

Noch 1 Minute

Die Fock wird etwa 1 Minute vor dem Startschuss meist nur leicht angezogen, sodass sie gerade nicht flattert, der Kat aber trotzdem nicht in den Wind dreht. Durch den kleinstmöglichen Druck treibt der Kat dann kaum nach Lee und behält Platz zum Abfallen.

Die Risikobereitschaft 1 Minute vor dem Start hängt von den angezeigten Startregeln ab. Gilt die „Round-the-Ends"-Regel, das heißt, Frühstarter müssen außen um Startschiff oder -tonne herum nochmal über die Linie fahren, wird bereits zurückhaltender an die Linie herangefahren. Hatte die Wettfahrtleitung die Flagge für die verschärfte 1-Minuten-Regel gesetzt (zwangsläufige Disqualifikation aller, die 1 Minute vor dem Start über der Linie sind), wird noch vorsichtiger gestartet.

Noch 10 Sekunden

Bei Starkwind wird schon 20 bis 30 Sekunden vor dem Schuss der Traveller angezogen und etwa 2 bis 5 Sekunden vor dem Schuss die Großschot ganz dichtgeholt. Bei Leichtwind dagegen wird die Großschot 5 bis 10 Sekunden vor dem Schuss dichtgezogen und der Traveller etwa 10 Sekunden früher. Der optimale Zeitpunkt des Lossegelns richtet sich nach der kurz vor dem Startschuss verbliebenen Entfernung zur Startlinie. Zum Zeitpunkt des Startschusses sollte die Landpeilung der Startlinie fast stehen, weil die Bugspitzen ja noch etwas eher über der Linie liegen, die von der Crew gepeilt wird.

Startkreuz

Nach dem Start selbst ist die Startkreuz die Teilstrecke einer Wettfahrt, auf der die meisten Vorentscheidungen für die spätere Endplatzierung fallen. Hier liegen zehn oder mehr Plätze manchmal nur wenige Meter auf dem einen oder anderen Bug auseinander.

Nachstartphase

Die Taktik auf den ersten Metern der Startkreuz ist davon abhängig, wie gut der Start selbst war. Wer in der ersten Reihe mit freiem Wind weggekommen ist, sollte sich zunächst allein auf das Steuern und Trimmen konzentrieren.

Die Schoten werden bei Leichtwind aus der Hand gefahren. Nur ab Trapezwind kann die Fockschot eingeklemmt werden. Der Kat soll mit optimaler Geschwindigkeit am Wind fahren, damit er nicht in Luv von schnelleren Konkurrenten überlaufen wird oder in Lee von anderen Kats, die mehr Höhe laufen, hochgeluvt („abgeklemmt") wird. Beides im Auge zu

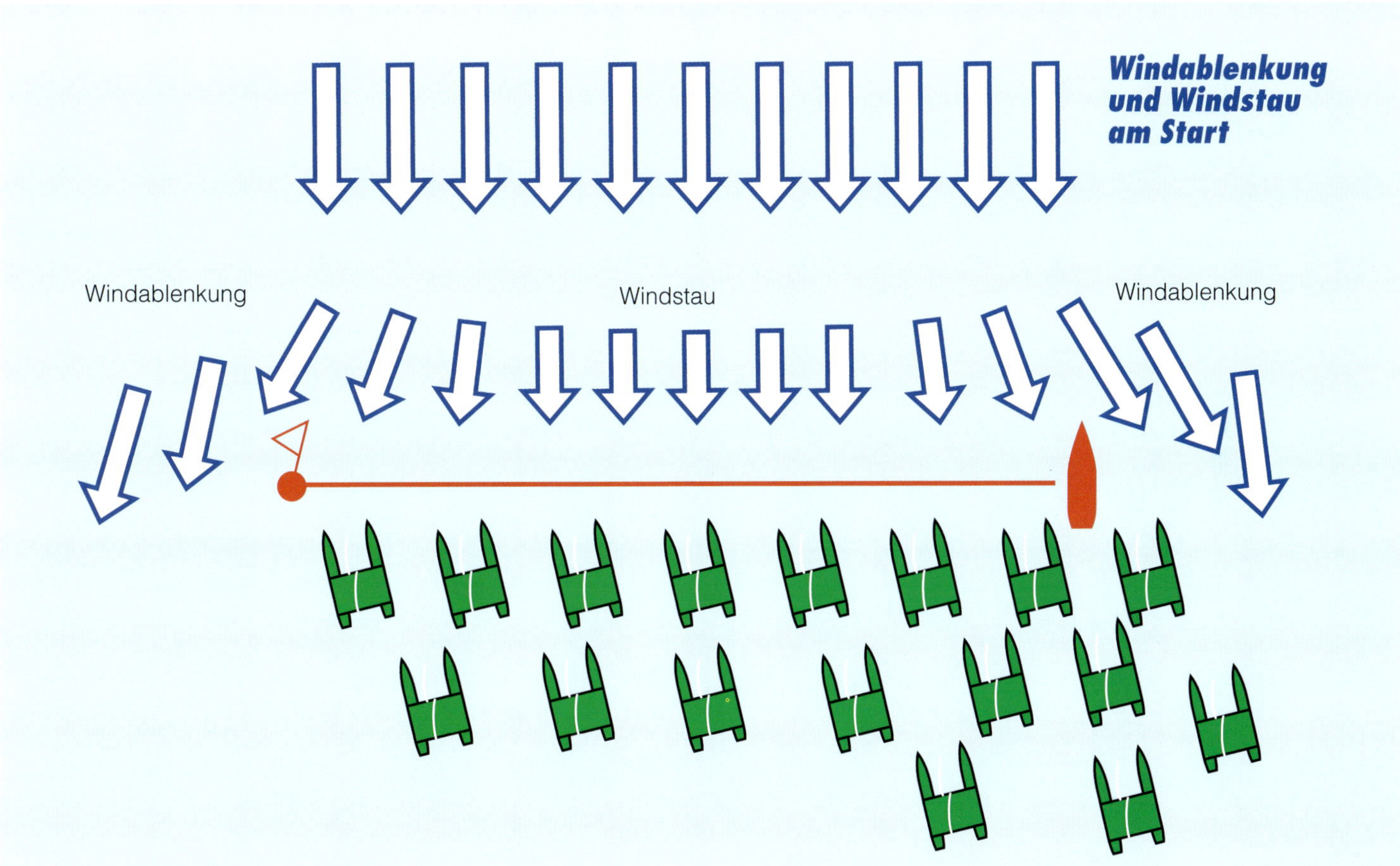

behalten, ist auch Aufgabe des Vorschoters. Kurz vor dem Start und während der Nachstartphase gibt es an der Startlinie durch die Vielzahl der dicht nebeneinander liegenden Kats noch die Effekte der Windablenkung und des Windstaus (siehe Grafik, Seite 119). An den Seiten neben der Startlinie wird der Wind nach außen abgelenkt. Das heißt, auf der linken Seite ist ein Start ganz links an der Starttonne bevorteilt, weil dort mit Wind von Steuerbord durch die Ablenkung zunächst höher zum wahren Wind gesegelt werden kann. Diese Ablenkung ist auf der rechten Startlinienseite ein Nachteil, solange mit Wind von Steuerbord gesegelt wird. Deshalb versuchen die Kats, die ganz rechts am Startschiff gestartet sind, meist gleich nach dem Startschuss zu wenden und den Vorteil der Ablenkung auf dem anderen Bug mit Wind von Backbord auszunutzen. In der Mitte der Startlinie entsteht dagegen ein Windstau. Dort ist die Windstärke also etwas geringer, was sich vor allem bei Leichtwind-Wettfahrten bemerkbar macht, bei denen die Kats noch keinen Überdruck (zu viel Wind für einen Leichtwind-Trimm) haben. Die Effekte der Windablenkung und des Windstaus werden geringer, sobald die Kats sich bewegen (lossegeln), und sind vorbei, sobald sich das Feld nach links und rechts auseinander gezogen hat.

Taktisch segeln

Die Taktik beim Kat-Segeln ist weit weniger vom Zweikampfverhalten geprägt als bei Jollen. Denn typische Match-Race-Manöver (Wendeduelle) kosten mit Zweirumpfbooten mehr Zeit und damit Plätze gegenüber anderen Konkurrenten. Taktische Ziele werden vielmehr häufig durch kleine Kurs- und Speedvarianten verfolgt:

Optimaler Kurs

Der optimale Kurs bringt den Kat am schnellsten zu einem Ziel in Luv oder in Lee. Am Wind (z. B. zur Luvtonne) heißt das, einen Kompromiss aus maximaler Höhe und maximaler Geschwindigkeit zu steuern. Auf der Vorwind-Kreuz (z. B. zur Leetonne) ist das entsprechend der Kompromiss aus maximaler Tiefe und wiederum maximaler Geschwindigkeit.

Höhe kneifen

Auf der Kreuz (Am-Wind-Kurs) unter Verzicht auf die maximale Geschwindigkeit höher am Wind zu segeln als den optimalen Kurs, nennt der Taktiker „Höhe fahren" oder „Höhe kneifen". Kurz nach dem Start kann zum einen Höhe gekniffen werden, um einen Kat in Lee nicht in die sichere Leestellung kommen zu lassen und dann in seine Abwinde zu geraten. Zum anderen kann Höhe gekniffen werden, um nicht von einem Kat in Luv überlaufen zu werden, solange noch nicht die sichere Leestellung zu ihm erreicht wurde (siehe TRIMM UND TECHNIK II, „Regattamanöver", Seite 142). Höhe gekniffen wird aber zum Beispiel auch, um ein Ziel (Luvtonne) ohne zwei weitere Wenden zu erreichen. Nach der Leetonnenrundung ist es eine Maßnahme, um nicht in die Abwinde der vor einem segelnden Kats zu gelangen, wenn auf dieselbe Seite gesegelt werden soll und ein Überholen in Lee nicht möglich ist.

Tiefe kneifen

Auf dem Vorwind-Kurs unter Verzicht auf die maximale Geschwindigkeit tiefer als 85 bis 90 Grad zum scheinbaren Wind zu steuern, nennt der Taktiker „Tiefe fahren" oder „Tiefe kneifen". Diese Taktik wird zum einen angewendet, um ein Ziel in Lee (Leetonne) ohne weitere Halsen zu erreichen. Zum anderen wird Tiefe gekniffen, wenn auf der Vorwind-Kreuz ein Verfolger hinter einem in Lee liegt und dadurch ein Halsen verhindert. Durch das Tiefefahren kommt der Verfolger zwar von hinten auf, kann aber durch die Abdeckung nicht in Lee, sondern höchstens in Luv überholen. Das macht er meistens auch, um nicht aufs Heck aufzufahren oder selbst Tiefe kneifen zu müssen, und gibt den Raum zum Halsen frei.

Auf Speed fahren

Am Wind unter Verzicht auf Höhe tiefer zu segeln als den optimalen Kurs, nennt der Taktiker „Auf Geschwindigkeit fahren" oder „Auf Speed fahren". Das macht er, um mit höherer Geschwindigkeit ein taktisches Ziel zu erreichen.
Das gilt analog für den Vorwind-Kurs, wo unter Verzicht auf Tiefe höher und damit ebenfalls schneller gesegelt wird als den optimalen Kurs. Auf Speed wird gefahren, wenn (z. B. durch Winddreher) die Anliegelinie überfahren wurde, um den Nachteil der Überhöhe oder Übertiefe durch höhere Geschwindigkeit zu verringern. Nach dem Start wird diese Taktik auch angewendet, um zu verhindern, von einem Kat in Luv überholt zu werden. Außerdem sollte nach dem Unterwenden auf der Anliegelinie ein Stück auf Speed gefahren werden, um nicht durch den Verlust bei der Wende von Kats in Luv, die Überhöhe haben, sofort überlaufen zu werden.

Die erste Wende

Etwa 1 Minute nach dem Start hat die erste Reihe meist den taktischen Spielraum, um ganz nach vorn zu fahren. Jetzt gilt es zu entscheiden, ob die mit Wind von Steuerbord angesteuerte linke Seite begünstigt oder benachteiligt ist. Das geschieht aus den Eindrücken während der Startvorbereitungen und aktuellen Beobachtungen.

Auf der Wasseroberfläche sind Böen und Flautenlöcher oft gut zu erkennen. Außerdem müssen die Konkurrenten auf beiden Seiten im Blick behalten werden. Werden die in Lee liegenden Kats überlaufen, und in Luv liegende Kats kommen vor, ist die rechte Seite besser, oder der Wind dreht nach rechts und umgekehrt.

Ein erfahrener Taktiker erkennt, ob Vorteile nur durch kurze Dreher und Böen entstehen, oder ob eine Seite der Startkreuz generell besser ist. Bei ablandigem Wind sind die Schwankungen häufig größer. Die Böen fallen heftiger, aber kürzer ein; die Dreher machen manchmal über 20 Grad aus, aber der Wind dreht auch schnell wieder zurück.

Das Hauptfeld decken

Wer sich nach einem guten Start nicht sicher ist, welche Seite der Startkreuz begünstigt ist, versucht zunächst, das Hauptfeld zu decken. Das heißt nichts anderes, als vorn mit dem Gros des Feldes hinter sich auf die gleiche Seite zu fahren. Sobald die meisten gewendet haben, wird ebenfalls auf die andere Seite gewendet, um das Hauptfeld auf der Startkreuz zu decken.

Nach einem schlechten Start in zweiter oder gar dritter Reihe sollte die taktische Entscheidung zu wenden früher fallen. Denn in den Abwinden hinter den führenden Kats weiter auf die linke Seite zu fahren, macht nur

Winddreher

Die Grafik zeigt, wie der grüne Kat auf der rechten Seite der Startkreuz durch taktisch richtiges Mitnehmen der drei Winddreher nach 2 000 Metern gesegelter Strecke 800 Meter Vorsprung herausgefahren hat. Der rote Kat auf der linken Seite der Startkreuz hätte beim ersten Winddreher (um 15 Grad nach links) wenden müssen, weil ihn der Schlag mit Wind von Backbord dann näher zur Luvtonne gebracht hätte. Beim zweiten und dritten Winddreher kann er diesen Nachteil nicht mehr wettmachen, weil ihn der dritte Winddreher (Rechtsdreher) auf der falschen, benachteiligten Seite der Startkreuz trifft.

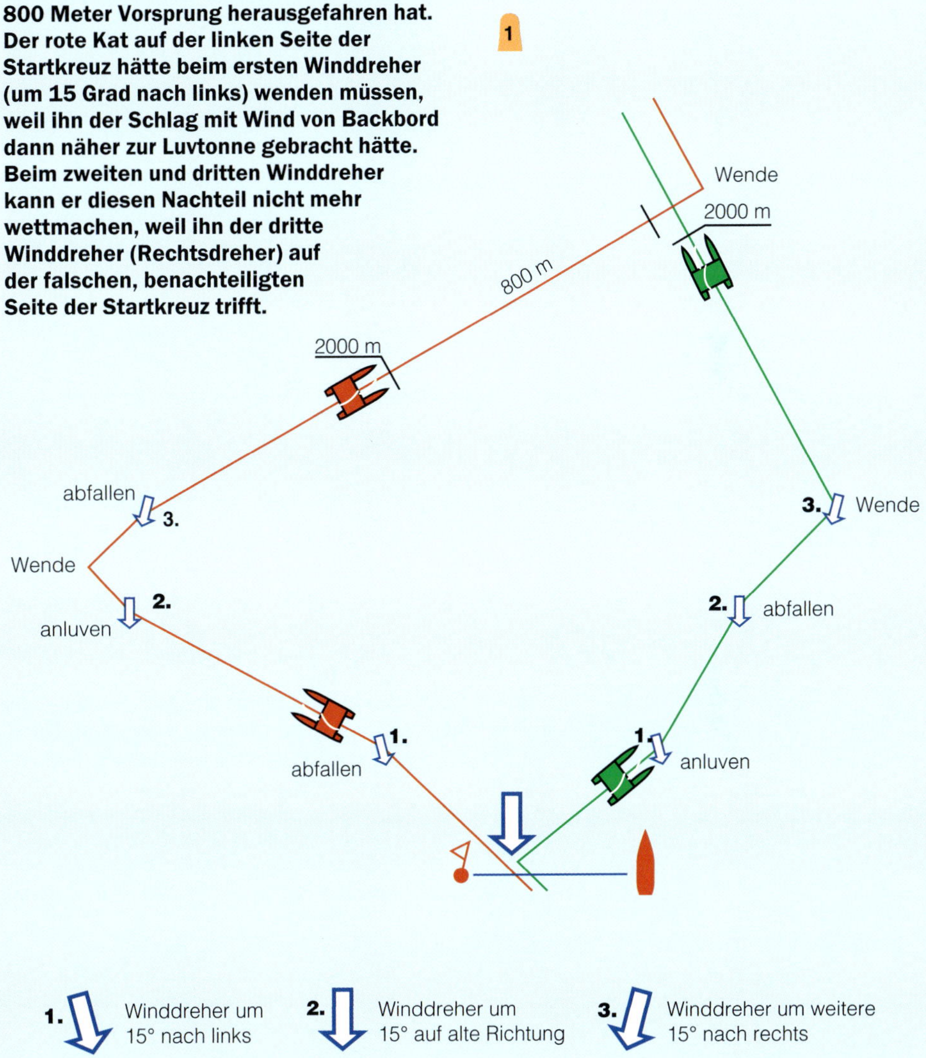

Sinn, wenn die rechte Seite drastisch benachteiligt ist. Ansonsten kann ein Schlag auf die rechte Seite freien Wind bringen. Nach dem Orientieren, welche Seite der Kreuz besser ist, wird dann entweder weiter nach rechts gesegelt oder mit freiem Wind nach links zurückgewendet. Dreht der Wind zu beiden Seiten etwas, wird beim Freisegeln von hinten heraus versucht, die Dreher so mitzunehmen, dass der momentane Kreuzschlag einen auf jeden Fall näher zur Tonne bringt als der Gegenschlag auf dem anderen Bug.

Unterwenden

Das klassische Unterwenden eines einzelnen Konkurrenten, wie es beim Jollensegeln häufig praktiziert wird, um nicht Raum geben und hinter dem anderen durchfahren zu müssen, gibt es beim Kat-Segeln nicht. Denn dazu dauert zum einen die Wende selbst zu lange, und zum anderen ist der Konkurrent zu schnell, als dass das dichte Unterwenden die Situation, Vorfahrt geben zu müssen, verbessern könnte. Im Gegenteil: Nach solchem Unterwenden hätte der Konkurrent sofort einige Bootslängen Vorsprung.

Taktisches Unterwenden kommt auf der Kreuz höchstens zur Anwendung, wenn einem ein oder mehrere Kats von der benachteiligten Seite der Kreuz auf dem anderen Bug begegnen. Um vor den anderen wieder auf die bessere Seite zurückkreuzen zu können, werden sie so frühzeitig in Lee unterwendet, dass sie einen während der Wende nicht überholen können. Dieses Unterwenden wird sogar gemacht, wenn die anderen beim Kreuzen der Wege hinter einem hätten durchgehen müssen.

Anliegelinie

Auf dem Weg zur ersten Tonne muss der Taktiker aufpassen, dass er rechtzeitig wendet

1 Die führenden Kats kommen am Ende der Startkreuz an die erste Bahnmarke (Luvtonne 1). Die meisten kommen auf der rechten Seite der Startkreuz (mit Wind von Steuerbord), also vorfahrtberechtigt zur Tonne. Die Kats 1, 2 und 3 liegen auf der rechten Anliegelinie. Die Kats 4 und 5 haben die rechte Anliegelinie bereits vor dem Wenden überfahren und haben jetzt Überhöhe. Der Kat 6 kommt genau auf der linken Anliegelinie (mit Wind von Backbord), also ausweichpflichtig zur Tonne.

2 Die Kats 1 und 2 von der linken Seite der Startkreuz suchen eine Lücke zur Wende, in der sie die vorfahrtberechtigten Kats (mit Wind von Steuerbord) nicht behindern würden. Sie wollen aber auch nicht über die Anliegelinie hinausfahren oder in die Abwinde der Kats von der rechten Kreuzseite geraten.

3 Der Kat 1 (mit Wind von Backbord) muss dem Kat 2 (mit Wind von Steuerbord) Raum geben und geht hinter ihm durch.

4 Die Kats 1 und 2 haben die Anliegelinie sehr weit überfahren und dadurch eine deutliche Überhöhe. Sie versuchen, auf Speed zu fahren, um den Verlust, den sie durch die Überhöhe haben, in eine höhere Geschwindigkeit umzusetzen.

5 Gegen Ende der Startkreuz hat es eine Winddrehung nach rechts gegeben. Dadurch liegen jetzt die meisten Kats mit Überhöhe über der Anliegelinie. Die Kats der Gruppe 1 hatten rechtzeitig vor der ehemaligen Anliegelinie gewendet und liegen jetzt günstig auf dem Weg zur Luvtonne. Sie dürften durch die kluge taktische Entscheidung, die zudem mit einem geringeren Risiko behaftet ist, einige Plätze gewinnen.

6 Die führenden Kats (1, 2 und 3) steuern nach der Luvtonnenrundung den optimalen tiefen Kurs Richtung Leetonne. Sie segeln auf demselben Kurs hintereinander weg und luven sich nicht unnötig hoch. Schlecht gestartete Kats (4) im hinteren Feld versuchen, noch einige Plätze gutzumachen, indem sie vor der Anliegelinie gewendet haben und auf eine weitere Rechtsdrehung des Winds hoffen.

und die Anliegelinie nicht überfährt. Das ist der Kurs, auf dem ein Kat direkt, ohne zu wenden, die Wendemarke erreichen würde. Dazu muss sobald wie möglich Ausschau nach der ersten Tonne gehalten werden. Auf Zweimann-Kats ist dies in der Hauptsache die Aufgabe des Vorschoters, der dazu auf der Am-Wind Kreuz mehr Zeit hat und bei Trapezwind zudem den besseren Überblick ausnutzen sollte. Die Anliegelinie ist für Schwert-Kats erreicht, wenn die Tonne genau querab liegt, die Crew im Trapez sie also genau im Rücken hat. Schwertlose Kats fahren etwas weiter, weil sie nicht ganz so hoch am Wind segeln können.

Sind ein oder mehrere Kats vor einem zu hoch über die Anliegelinie gesegelt, werden sie quasi in Lee auf der Anliegelinie unterwendet und können dadurch eventuell eingeholt werden. Da durch den Geschwindigkeitsverlust während der Wende jedoch die Gefahr besteht, in Luv überlaufen zu werden, sollte nach der Wende ein kurzes Stück auf Speed gefahren werden, bevor der optimale Kurs wieder eingenommen wird.

Je weiter die Tonne noch entfernt ist, desto früher sollte auch auf der begünstigten Seite gewendet werden. Grund: Dreht der Wind auf der Anliegelinie raumer, entsteht eine Überhöhe, und einige Meter wären verschenkt, die zu weit gefahren wurden. Wer ganz in die Ecken der Startkreuz fährt („hit the corner"), trägt ein hohes taktisches Risiko, das vorn liegende Boote nicht nötig haben.

Auf dem üblichen Kurs, der linksherum gesegelt wird, ist das Überfahren der Anliegelinie auf der linken Kreuzseite besonders unnötig, weil dort nach dem Unterwenden nur noch eine zusätzliche Wende zum Runden notwendig wird. Bei den beiden anderen Fällen sind jeweils zwei weitere Wenden notwendig (siehe Grafik). Grundsätzlich sollte nochmals betont

Typische Startkreuzwege

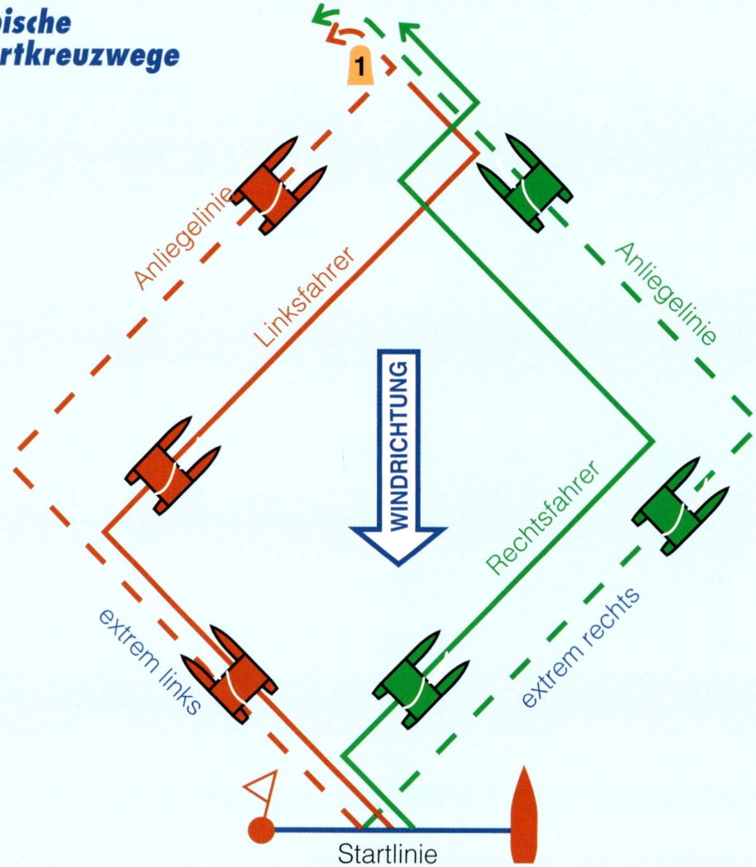

Der Linksfahrer wendet vor der linken Anliegelinie und muss vor dem Runden der Tonne 1 nur noch einmal wenden. Das muss auch der extreme Linksfahrer an der Tonne 1 noch, der erst auf der linken Anliegelinie wendet. Der Rechtsfahrer wendet kurz nach dem Start das erste Mal und vor der rechten Anliegelinie das zweite Mal. Er muss vor dem Runden der Tonne 1 noch zweimal wenden und kommt insgesamt auf vier Wenden. Nur der extreme Rechtsfahrer kommt ebenfalls mit zwei Wenden aus, weil er erst auf der rechten Anliegelinie wendet, was jedoch risikoreich ist. Theoretisch käme er sogar mit einer Wende aus, wenn er mit Wind von Backbord starten könnte, was aber sehr selten vorkommt.

werden, je besser die Wende und die Manöver allgemein beherrscht werden, desto besser kann auch taktisch gesegelt werden. Deshalb sollte das Manövertraining nie zu kurz kommen (siehe TRAINING, „Manöver“, Seite 178).
Da ein Kat beim Wenden mehr Zeit benötigt als eine Jolle, werden insgesamt möglichst wenig Wenden gefahren. Es gibt zwei klassische Kreuzwege mit zwei oder vier Wenden. Sowohl der Linksfahrer als auch der Rechtsfahrer kommen etwas unterhalb der Luvtonne heraus, wo sie die Anliegelinie sicher abschätzen und taktisch rechtzeitig wenden können (siehe Grafik, links).
Scheint die rechte Seite der Startkreuz besser, versuchen auch die links gestarteten Kats, möglichst schnell schadlos zu wenden und die Seite zu wechseln. Auf der rechten Seite entsteht dann genauso das Problem, ob erst auf der Anliegelinie gewendet werden soll oder nicht. Eine entstehende Überhöhe kann nur bei Leicht- und Mittelwind in größere Geschwindigkeit umgesetzt werden, indem etwas voller gefahren wird.
Genau auf der Anliegelinie ist die Gefahr groß, dass andere Kats einen überwenden und für Abwinde sorgen, weil sie etwas Überhöhe in Kauf nehmen, um nicht selbst in Abwinde zu kommen. Wird vor der Anliegelinie gewendet, sind bei der üblichen Kursrichtung (linksherum) noch zwei weitere Wenden, die Zeit kosten, notwendig, um die Tonne zu runden.

Runden der Luvtonne 1

Je weiter vorn eine Mannschaft liegt, desto freier kann sie die Taktik überwiegend bis ausschließlich nach dem Wind wählen. Das ist je nach Größe des Feldes von der Spitze bis zu den Rängen fünf bis zehn der Fall und gilt besonders bei Tonnenrundungen und für eine Wende genau auf der Anliegelinie. Dahinter bestimmt zunehmend die Konkurrenz durch Abwinde und Vorfahrtsregeln mit die Taktik.
Kurz vor der Luvtonnenrundung wird eher Höhe gekniffen als am Anfang oder in der Mitte einer Kreuzstrecke, weil zwei zusätzliche Wenden, um die Tonne zu erreichen, viel Zeit kosten würden. Das gilt besonders für die erste Luvtonnenrundung nach der Startkreuz, weil hier das Feld meist noch relativ dicht beisammen ist, und zwei zusätzliche Wenden oft mehr Plätze kosten als zu einem späteren Zeitpunkt.

Die Steuerleute der Katamarane 1 und 2 kneifen Höhe, um die Luvtonne zu erreichen. Kat 1 in Lee hat Wegerecht gegenüber Kat 2 in Luv und beide gegenüber Kat 3. Dieser macht aber seine Überhöhe wett, indem er auf Speed fährt und bei der Tonnenrundung bis an das Heck von Kat 2 aufgeholt hat. Kat 4 oben bleibt nur dieser Moment zum Wenden, sonst würde er in zu viele Abwinde geraten und dadurch einige Plätze verlieren.

Der Kat 1 unterwendet mehrere Kats mit Überhöhe. Dabei wird er zwar überlaufen werden, ist aber zumindest nicht über die Anliegelinie hinausgefahren. Die Kats 2 und 3 sowie der wendende Kat 4 müssen Höhe kneifen, um die Tonne 1 zu erreichen. Der Kat 5 und die folgenden vier Kats (links davon) fahren auf Speed zur Luvtonne, die Kats dahinter auf optimalem Kurs, und die Kats in Lee müssen etwas Höhe kneifen. Das ist bei ihnen aber in dieser Situation richtig.

Der ausweichpflichtige Kat 1 mit Wind von Backbord wendet sehr knapp vor dem vorfahrtberechtigten Kat 2 und zudem etwas vor der Anliegelinie. Er wird ohnehin schon Höhe kneifen müssen, um die Luvtonne zu erreichen, muss aber zusätzlich noch mit Abwinden von Kat 3 rechnen. Er fährt so mit einem hohen taktischen Risiko, die Tonne 1 mit dem nächsten Schlag nicht runden zu können oder so stark Höhe kneifen zu müssen, dass er noch einige Kats von hinten vorbeiziehen lassen muss.

Generell lohnt sich beim Ansteuern einer Luvmarke das Höhekneifen aber nur kurz vor Erreichen der Tonne. Eine halbe Startkreuz auf die optimale Am-Wind-Geschwindigkeit zu verzichten, kostet auf jeden Fall Plätze.

Nach der ersten Runde hat sich das Regattafeld der olympischen Tornado-Klasse bereits weit auseinandergezogen. Die führenden Kats (unten) sind bereits auf dem zweiten Raumschenkel von der Raumtonne 2 zum Leetor. Dahinter befinden sich einige Kats auf dem Flieger von der Luvtonne 1 zur Raumtonne 2, während das Hauptfeld erst auf der zweiten Kreuz ist.

Flieger und zweiter Raumschenkel

Außer bei dem neuen olympischen Katamaran-Kurs, der nach der Startkreuz direkt zu einem Leegate (Tor mit zwei Tonnen statt einer Leetonne) führt, geht es von der ersten Bahnmarke auf einem Flieger zur Raumtonne (Bahnmarke zwei). Nach dem Runden der Raumtonne folgt auf dem klassischen Dreieckskurs dann der zweite Raumschenkel mit einem langen und einem kurzen Vorwind-Schlag („Bein"). Der Flieger und der zweite Raumschenkel folgen beim neuen olympischen Kurs nach der zweiten Kreuz.

Böenstriche suchen

Die taktischen Möglichkeiten auf einem spitzen Flieger zur Raumtonne (Bahnmarke 2) sind begrenzt. Normalerweise fahren die Kats auf einer Linie aufgereiht hintereinander her. Alle versuchen, ihren maximalen Speed zu erreichen, indem sie in den Böen etwas abfallen und bei nachlassendem Wind etwas anluven. Dadurch fahren sie entweder mit der Bö in Windrichtung mit und können sie länger ausnutzen, oder sie versuchen, der nächsten Bö aus der Windrichtung etwas entgegenzukommen, um sie früher nutzen zu können.

Langsamere Kats, die sich nicht dicht in Luv überholen lassen wollen, wehren sich dagegen oft durch Anluven, wodurch der schnellere Kat nicht ohne weiteres vorbeikommt. So ein zeitraubender und auch „Plätze kostender" Luvkampf kann von einem schnelleren Kat vermieden werden, indem er gleich nach der Rundung der Luvtonne etwas höher gesteuert wird, bevor der vorausliegende Kat selbst luvt. Dann ist die eigene Geschwindigkeit später beim Überholen durch den raumeren günstigeren Windeinfallswinkel deutlich höher, und der andere Kat kann einen gar nicht erst in einen Luvkampf verwickeln.

Die taktischen Nuancen, Böenstriche zu suchen, werden wichtiger, je raumer der Flieger ausgelegt wurde. Grund: Der Spielraum zum Anluven und Abfallen ist dann größer.

Erfolgsarme Luvangriffe

Ein typischer Angriff vor allem unerfahrener Crews, der in erster Linie auf raumen Fliegern oder auch später auf dem zweiten Raumschenkel versucht wird, ist der Luvangriff. Dabei verlässt der Angreifer den direkten Weg zur nächsten Tonne und fährt stattdessen höher und schneller. Damit versucht er, das vor ihm liegende Boot mit einem Luvbogen zu

Der führende Kat 1 hat nach der zweiten Luvtonnenrundung den festgesetzten Kurs vergessen. Er fällt weiter auf einen Vorwindkurs ab, als müsse er zum Leetor zurück. Der Kat 2 verstellt bereits den Trimm für den vorgesehenen Wechsel vom Am-Wind-Kurs auf den Flieger zur Raumtonne 2. Der Kat 3 hat scheinbar etwa drei Bootslängen Vorsprung vor dem Kat 4, ist mit Wind von Backbord ausweichpflichtig und muss noch einmal wenden.

Der Kat 1 segelt noch auf Vorwindkurs, während der Kat 2 die Gunst der Stunde nutzt und auf dem Flieger direkt Kurs auf die Raumtonne 2 nimmt. Der Kat 3 hat den Kat 4 überwendet, weil eine Wende direkt auf die Anliegelinie den Kat 4 noch behindert hätte und er wohl befürchtet hatte, beim Unterwenden vom Kat 4 in Luv überlaufen zu werden.

Der Kat 1 hat seinen Fehler erkannt, luvt an und nimmt Kurs auf die Raumtonne, während der Kat 2 bereits auf dem Flieger ist. Der Kat 3 hat durch die Wende so viel Zeit verloren, dass der Kat 4 bereits in Lee neben ihm liegt.

Weil der Flieger auf dem olympischen Kurs nur ziemlich kurz ist, hat Kat 1 durch seinen Fehler schon zu viel Höhe verloren. Er muss fast auf einem Am-Wind-Kurs zur Raumtonne 2 fahren. Der Kat 2 dagegen hat schnell seine Höchstgeschwindigkeit auf dem Flieger erreicht und fährt auf dem optimalen Kurs zur Tonne 2. Dadurch hat es einen Führungswechsel gegeben. Bei der Tonnenrundung hat der Kat 4 den Kat 3 schon überholt.

überholen. Das könnte gelingen, indem er nach dem Passieren allmählich wieder tiefer fährt und versucht, den Gegner von Luv in die Abwinde zu bekommen.

Der Angegriffene reagiert jedoch meistens seinerseits ebenfalls mit Anluven, um den Versuch scheitern zu lassen. Dieses Luven setzt sich häufig über mehrere hintereinander liegende Kats fort (Foto rechts). Folge: Ein Großteil des Felds fährt einen riesigen Luvbogen, ohne dass ein Beteiligter dabei Erfolg hat, weil alle am Ende des raumen Fliegers dann viel tiefer fahren müssen und langsamer werden. Durch diesen Luvbogen geraten sie manchmal sogar noch in Landabdeckung, weil der Flieger zwischen Luv- und Raumtonne meist unter Land liegt. Dann werden sie noch langsamer und sind leicht in Lee zu überholen. Deshalb sollte der Luvangriff nur benutzt werden, wenn der zu überholende Kat deutlich langsamer scheint, aber zum Beispiel aufgrund eines eigenen vorherigen taktischen Fehlers vor einem liegt, und wenn aus taktischen Gründen wegen des besseren Winds auf derselben Seite der Bahn weitergesegelt werden muss.

Kann vom Wind her auch auf der anderen Bahnseite gesegelt werden, ist es immer besser zu halsen, als einen eventuellen Luvkampf zu riskieren. Dabei muss schnell und konsequent gehandelt werden, damit durch unnötiges Luven keine Meter verschenkt werden und nach der Halse der optimale Kurs sofort wieder eingenommen werden kann. Anderenfalls können zurückliegende Kats auf dem optimal tiefen Kurs zur Tonne von hinten aufkommen oder der Anschluss an die führenden Kats auf der Ideallinie verloren gehen.

Lieber Lee- als Luvbogen

Auf raumen Fliegern lohnt es sich auch häufig, nach der Tonnenrundung zunächst etwas tiefer zu fahren und dann in Lee des direkten Wegs die optimale Geschwindigkeit zu su-

Auf dem zweiten Raumschenkel von der Tonne 2 zum Leetor fahren vor allem viele Kats im hinteren Feld, aber auch einige im Mittelfeld und an der Spitze zum Teil viel zu hoch. Sie luven sich gegenseitig hoch und versuchen, durch Abdeckung einen anderen Kat zu überholen. Die meisten werden erst später merken, dass sie dadurch zwar vielleicht einen Kat überholen konnten, aber gleichzeitig mehrere andere verloren haben. Die Kats 1 und 2 halsen, um die Luvkämpfe zu vermeiden und auf dem anderen Bug frei ohne Abdeckung zu segeln und den optimalen tiefen Kurs steuern zu können. Diesen Kurs steuert auch der Kat 3.

Der zweite Raumschenkel vom Leetor in Richtung zurück auf die Raumtonne 2 gesehen. Viele Kats fahren viel zu hoch und verlieren dabei erhebliche Meter. Nur acht Kats haben gehalst. Ein Kat (rechts) segelt ein ganzes Stück auf dem anderen Bug, während die meisten sich nur kurz freisegeln und dann zurückhalsen, um beim Hauptfeld zu bleiben. Sie wollen kein taktisches Risiko eingehen, falls der Wind für die andere Seite ungünstig dreht oder er auf der Seite des Hauptfeldes stärker ist.

chen. Höher am Wind bedeutet dann kurz vor der nächsten Tonne sowohl die höhere Geschwindigkeit als auch das Wegerecht. Beides zusammen macht das Überholen leicht. Außerdem vermeidet auch dieses kurzfristige Tiefefahren unnötige Luvkämpfe mit Konkurrenten.

Besonders langsamere Crews neigen oft dazu, sich auf dem Flieger nervös umzuschauen. Dadurch steuern sie unkonzentriert und fahren auch deswegen einen Luvbogen. Vor der Raumtonne 2 haben sie dann das Problem, dass sie zu stark abfallen müssen und erheblich langsamer werden. Außerdem müssen sie allen überlappenden Kats in Lee noch Vorfahrt gewähren.

Runden der Raumtonne 2

Je länger der erste Flieger ist, das heißt, je gleichschenkeliger die Bahn ausgelegt wurde, desto größer ist die Wahrscheinlichkeit, dass die Leetonne 3 mit einem Schlag von der Raumtonne 2 aus zu erreichen ist. Deshalb halsen die meisten Regattasegler sofort nach

dem Runden, um zu sehen, ob sie mit der Tiefe hinkommen.
Oft klappt das allerdings schon allein deswegen nicht, weil die Verfolger nach der Tonne nur für einen Moment etwas höher fahren und versuchen, den vor ihnen liegenden Kat abzudecken. Der reagiert dann meistens seinerseits mit Anluven, und das ganze Feld fährt einen Luvbogen. Vor dem Ende des zweiten Raumschenkels müssen dann doch alle nochmals halsen, weil die Tiefe nicht gereicht hat.

Mut zur Tiefe

Diese Positionskämpfe kosten unnötige Meter, weil die hinteren Konkurrenten gerade bei

Die Rundung des Leetors auf dem olympischen Kurs: Es gibt die Möglichkeit, ohne eine Wende bei der Tonnenrundung selbst auf die gewünschte Seite der folgenden Am-Wind-Kreuz zu gehen. Für die linke Kreuzseite wird die linke Leetortonne 3 G (halb von einem Kat verdeckt) gerundet, für die rechte Kreuzseite die rechte Leetortonne 3.

einsetzenden Böen zum Überholen anluven, statt zusätzlich Tiefe zu fahren, wie es günstiger wäre. Wer ein gutes Augenmaß und viel Erfahrung hat, sieht schon an der Tonne 2, ob die Tonne 3 ohne Halse zu erreichen ist. Wenn nicht, fahren sie mutig zunächst 50 bis 100 Meter weiter und halsen erst dann.
Dort haben sie keine Probleme mit der Abdeckung durch Verfolger und können ungestört die gewünschte Tiefe fahren. Das freie Ausnutzen von kleinen Böen und auch der Wellen ist das Erfolgsgeheimnis solcher Schläge.

Leetor

Auf vielen internationalen Meisterschaften wird nur noch der Up-and-Down-Kurs (Am-Wind/Vorwind) gesegelt. Anstatt einer Leetonne wird ein Leetor (Gate) aus zwei Tonnen ausgelegt. Am Leetor können die Teilnehmer selbst entscheiden, welche der beiden Tonnen sie runden. Meist ist das von der anschließend bevorzugten Kreuzseite abhängig. Das Tor eröffnet mehr taktische Möglichkeiten, auf der Am-Wind-Kreuz vorn liegende Boote zu überholen, da vom Vorwind-Kurs ohne eine Wende auf die gewünschte Kreuzseite gefahren werden kann, indem nur die entsprechende Tormarke angesteuert wird.

Die führenden Kats haben bei der Leetonnenrundung keine Wegerechtsprobleme und können in Ruhe die Taktik für die folgende Am-Wind-Kreuz vorbereiten.

Hinter der Spitze wird es im Verfolgerfeld bei der Leetonnenrundung schon enger. Der Kat 1 hat Wegerecht, obwohl er gehalst hat und Fahrt verliert. Denn Kat 1 hatte beim Eintritt in den Zweilängenkreis eine Innenüberlappung gegenüber dem Kat 2 (siehe REGATTA-EINSTIEG, „Kleine Regelkunde“, Seite 104).

Zweite Kreuz

Die Taktik für die zweite Am-Wind-Kreuz sollte schon vor dem Erreichen der Tonne 3 zurechtgelegt werden. Denn die Art der Tonnenrundung ist von der angestrebten Seite der folgenden Kreuzstrecke abhängig. Entweder hat der bisherige Wettfahrtverlauf (vor allem die Startkreuz) gezeigt, welche Seite der Bahn besser ist, oder die Winddreher müssen wie gehabt möglichst so mitgenommen werden, dass einen der gewählte Bug näher an die Luvtonne bringt.

Runden der Leetonne 3

Wird der Kurs (wie inzwischen allgemein üblich) gegen den Uhrzeigersinn, also linksherum, gesegelt, und die begünstigte Kreuzseite liegt links, sollte unbedingt um eine Innenposition an der Tonne gekämpft werden, auch wenn dabei ein Konkurrent außen mit mehr Schwung vorbeifährt.
Denn ein sofortiges Wenden nach der Tonne und links rausfahren ist nur möglich, wenn kein Kat dicht hinter dem eigenen folgt und überlappend auf sein Wegerecht pocht. Wer

Zwei Hobie 16 versuchen, nach der Leetonnenrundung auf Speed zu fahren, um vor ihnen liegende Kats, die zum Teil Höhe kneifen, in Lee zu überholen.

nicht gleich wenden kann, läuft Gefahr, dass vor ihm liegende Kats auf den vorfahrtsberechtigten Bug wenden und die taktischen Möglichkeiten weiter einengen.

Ist die rechte Seite der Kreuz bevorzugt, gibt es nach der Tonnenrundung linksherum zwei taktische Möglichkeiten. Kneifen schon einige Kats rechts raus Höhe, ist es manchmal besser, auf die Innenposition zu verzichten und mit viel Schwung im größeren Bogen um die Leetonne herumzufahren. So können sogar am Wind in Lee Boote überholt werden, indem ohne Höhe zu kneifen mit optimalem Kurs oder sogar auf Speed auf die begünstigte rechte Seite der Kreuz gefahren wird.

Sind dagegen schon mehrere Kats nebeneinander auf dem Weg rechts raus, oder vor der Tonnenrundung liegen bereits Konkurrenten in Lee, ist es besser, die Tonne innen liegend eng zu nehmen und auf optimalem Kurs oder sogar etwas Höhe kneifend nach rechts zu segeln. Dafür ist die geeignete Einstellung des Trimms besonders wichtig (siehe TRIMM UND TECHNIK II, „Regattamanöver“, Seite 141).

Die anderen zeigen die Taktik

Die Platzierungen verschieben sich auf der zweiten Am-Wind-Kreuz meistens nicht mehr so stark wie auf der Startkreuz, weil das Feld schon auseinander gezogen ist. Bei starken Winddrehungen und Schwankungen in der Stärke ist jedoch noch eine Aufholjagd möglich, und die Führenden müssen sich aufmerksam verteidigen. Das geschieht weiter durch Beobachten von Kursen (Höhe) und Geschwindigkeit der Konkurrenz. Auf die Anliegelinie muss mit dem gleichen Hintergrund geachtet werden wie auf der Startkreuz. Die zweite Rundung der Luvtonne unterliegt den gleichen taktischen Überlegungen wie beim ersten Mal, abgesehen davon, dass bei entsprechenden Abständen zu den vor oder hinter einem liegenden Kats das Höhekneifen eher mit zwei zusätzlichen Wenden vermieden werden kann, ohne zu viel zu verlieren.

Frei segeln

Obwohl es taktische Erwägungen geben kann, offensiv oder defensiv auf einzelne oder mehrere Boote zu segeln, gilt auch im fortgeschrittenen Rennverlauf im Allgemeinen:

- unnötig dichte Zweikämpfe und damit Abwinde vermeiden
- die Taktik weiterhin unabhängig von den Konkurrenten gestalten

Beim Versuch, einen einzelnen Kat zu überholen, sollte nie die Gesamtstrategie aus den Augen verloren werden. Denn direkte Zweikämpfe mit einem anderen Boot kosten meist, absolut gesehen, viele Meter und damit insgesamt auch Plätze. Je freier ein Kat segelt, desto eher kann sich die Crew durch sauberes Steuern auf die optimale Geschwindigkeit konzentrieren, die auch für eine gute Taktik nötig ist.

Vorwind-Kreuz

Größere taktische Varianten bietet nochmals die Vorwindstrecke von der Luvtonne 1 zur Leetonne 3 oder zum Leetor (Gate), die auch die Vorwind-Zielkreuz sein kann.

Mehrere Halsen schaden nicht

Diese Strecke wird von Katamaranen aus Gründen des Segelprinzips (laminare Strömung) ebenfalls gekreuzt. Da die Halsen aber schneller ablaufen als Wenden, kann vor dem Wind öfter auf Winddreher und Böen reagiert werden.

Es kann sich sogar lohnen, mehrmals mit Böen, die von Luv durch das Feld ziehen, oder mit kleinen Drehern zu halsen. Waren die Windstärkenunterschiede auf der Am-Wind-Kreuz erheblich, sollte die Vorwind-Kreuz auch auf derselben besseren Seite gesegelt werden. Waren dagegen Winddreher dafür verantwortlich, muss nach deren Art unterschiedlich reagiert werden. Dreht der Wind zu beiden Seiten hin und her, sollten sie auch auf der Vorwind-Kreuz so mitgenommen werden, dass immer der direktere, also tiefere Kurs zur Leetonne gewählt wird. Ist der Wind konstant zur linken Seite drehend, wird nach links (Blick Richtung Leetonne) gefahren und umgekehrt.

Oft versuchen von hinten aufkommende Kats, in Luv zu überholen. Dagegen kann sich der vorn fahrende Kat nur wehren, indem er ebenfalls anluvt. Das wird umso schwieriger, je mehr Kats sich von hinten nähern. Bei einer ganzen Gruppe kann es besser sein, zunächst zu halsen und auf dem anderen Bug wieder die optimale Tiefe zu steuern, anstatt immer weiter mit hochzuluven.

Auch auf dem Vorwind-Kurs ist es wichtig, die Tonne 3 rechtzeitig zu suchen, um vor der Anliegelinie zu halsen. Verschenkte Tiefe kostet nämlich genauso Plätze wie verschenkte Höhe auf der Am-Wind-Kreuz. Hinzu kommt außerdem, dass eine Halse nicht so viel Zeit kostet wie eine Wende, und deshalb statt zwei zusätzlicher Halsen Tiefe zu kneifen eher bestraft wird.

Keine taktischen Umwege

Ist der Weg zur Leetonne vorgezeichnet, muss bereits wieder die Taktik für die folgende Am-Wind-Kreuz gewählt werden, da sie für das Runden der Leetonne 3 oder des Leetores entscheidend ist. Die dritte Am-Wind-Kreuz ist oft schon die Zielkreuz. Wird noch ein weiteres Dreieck gesegelt, gilt es auf dem Flieger und auf dem Raumschenkel, möglichst keine taktisch aus Zweikämpfen erzwungenen Umwege zu segeln, sondern unter Ausnutzung von Böen und Wellen mit optimalem Speed den direkten Weg zu suchen.

Zielkreuz

Auf der Zielkreuz hat sich das Feld meistens schon weit auseinander gezogen. Das taktische Überholen wird immer schwieriger, weil die meisten Crews bei konstanten Bedingungen die bessere Seite der Bahn herausgefunden haben und diese konsequent ansteuern. Dennoch kann das Hauptfeld nochmals angegriffen werden, indem auf der vermeintlich schlechteren Seite ohne Abwinde vielleicht eine so viel höhere Geschwindigkeit gefahren wird, sodass doch noch einige Kats überholt werden. Dies ist jedoch immer eine riskante taktische Variante.

Konzentration ist Taktik

Allerdings werden einige Segler mit der Dauer einer Wettfahrt auch unkonzentriert oder versuchen mit einem hohen Risiko, vor ihnen liegende Kats noch zu überholen. Das ist die Chance für den konservativen Taktiker, der in erster Linie auf den optimalen Kurs zum Wind achtet. Auf der Zielkreuz sollte auf oder vor der Anliegelinie gewendet werden, weil nach dem Unterwenden immer nur noch eine weitere Wende ins Ziel notwendig wird. Vor einer Tonnenrundung zieht das Unterwenden zumindest der rechten Anliegelinie zwei weitere Wenden nach sich.

Nicht kneifen

Auf dem Weg zum Ziel sollte auch auf der Anliegelinie nie unnötig lange und viel Höhe gekniffen werden, weil immer nur noch eine Wende nötig ist, wenn das „Zieltor" auf dem optimalen Kurs nicht gehalten werden kann. Außerdem klappen bei einer ungünstigen Winddrehung in Luv neben oder hinter einem liegende Kats durch das Abfallen wegen der Drehung in die Abwinde und werden stärker benachteiligt, können einen also nicht gefährden. Wer dagegen seinerseits scheinbar aussichtslos zurückliegt, fährt manchmal sogar über die Anliegelinie hinaus. Ihn trägt die Hoffnung, mit stärkerem Wind auf Speed fahrend doch noch einige Kats überlaufen zu können.

Einen Verfolger decken

Vor allem gegen Ende einer Wettfahrt gilt es häufig, einen herausgesegelten Vorsprung gegen einen Verfolger zu verteidigen. Das geschieht, indem dieser gedeckt wird. Das heißt im Zweifel sogar, dass mit ihm über die Anliegelinie hinausgefahren wird, damit sein Risiko nicht belohnt wird, falls er so taktisch noch einmal angreifen will.
Riskant ist die Taktik des Deckens, wenn der Verfolger sein Glück über die bis dahin immer benachteiligte Seite der Kreuzstrecke versucht. Bleibt es bei den gehabten Windbedingungen, können noch weiter hinten liegende Kats über die richtige Seite überholen.
Das Sicherste ist zunächst, nach der eigenen Tonnenrundung die Hälfte des Vorsprungs auf einem Bug zu segeln und dann zu wenden. Wenn der Verfolger die Tonne rundet, liegt das eigene Boot genau zwischen ihm und dem Ziel, nur entsprechend höher. Sich selbst zwischen Tonne (oder Ziel) und dem Gegner aufzuhalten, ist die wichtigste taktische Grundregel für das Decken. Sie sollte bei Kats aber erst bei einem Vorsprung von mindestens 100 Metern angewendet werden, weil sonst der Verlust durch die zusätzliche Wende den Vorsprung zu klein werden lässt. Der Verfolger käme dann in die Abdeckung und würde seinerseits sofort wenden. Solche Wendeduelle enden dann oft mit Platzverlusten für beide Kontrahenten.

Um die Endplatzierung segeln

Bei der letzten Wettfahrt einer Regatta kann es eine ergebnisorientierte Taktik geben. Das betrifft meist nur den Gesamtführenden, der seine Gesamtführung verteidigen will, kann es aber theoretisch auch in den hinteren Rängen geben. Der Führende versucht dann, den Zweitplatzierten schon vom Start weg zu decken. Das ist im dicht gedrängten Starterfeld jedoch schwierig und kann schnell nach hinten losgehen. Wird der Verfolger jedoch erst einmal kontrolliert, hat er selten eine Chance, sich freizusegeln. Selbst wenn er einen etwas besseren Bootsspeed hat, unterliegt er meist zu vielen taktischen Zwängen, bevor er den Vorteil umsetzen kann. Dieses gezielte Decken eines bestimmten Gegners sollte jedoch nur versucht werden, wenn der Führende selbst durch eine schlechte Platzierung nicht mehr zurückgeworfen werden kann. Denn allein durch zwei zusätzliche Wenden beim Decken können vor allem bei Kurzwettfahrten schon mehrere Kats von hinten aufkommen. Je knapper der Vorsprung im Zwischenergebnis ist, desto riskanter ist häufig auch der Versuch zu decken, denn beim Katsegeln kann ein Konkurrent schnell ein paar Plätze wegziehen.
Das taktische Decken oder Nach-hinten-Segeln kommt in den Ruch des unfairen Segelns, wenn es aus Prinzip oder niederen persönlichen Gründen häufig betrieben wird. Nur beim Finale einer wichtigen Meisterschaft oder Ranglistenregatta gehört es zu den taktischen Varianten. Ansonsten geht es unter fairen Kat-Seglern rücksichtsvoll und umsichtig zu. Jeder versucht für sich durch guten Speed und eine durchdachte Gesamttaktik zu vorderen Platzierungen zu kommen.

Ziel

Der Zieleinlauf ist taktisch interessanter als eine Tonnenrundung, weil er auf beiden Bugs möglich ist. Wie bei der Startlinie ist allerdings auch die Lage der Ziellinie zum Wind wichtig. Festzustellen ist das meist erst auf der zweiten Hälfte der Zielkreuz, wenn die Lage zweifelsfrei eingeschätzt werden kann. Liegt die Linie nicht 90 Grad zum Wind, sollte sie an dem Ende gekreuzt werden, an dem ein Start ungünstig wäre.

Nachbereitung

Fast genauso wichtig wie eine gründliche Vorbereitung ist das Nachbereiten einer Wettfahrt auch unter taktischen Gesichtspunkten. Eine Fehler- oder auch eine Erfolgsanalyse kann die Taktik beim nächsten Rennen verbessern.

Zu Beginn der Zielkreuz haben die Kats mit den Segelnummern G-968 und I-200 keine Chance, die auf die rechte Kreuzseite fahrenden vorderen Kats in Lee oder in Luv zu überholen. Wahrscheinlich halten sie ohnehin die linke Kreuzseite für besser, weil sie bei der ersten Gelegenheit sofort gewendet haben. Auch der Kat in der Mitte will wenden. Deshalb sieht der Steuermann sich um, um keine anderen vorfahrtberechtigten Kats durch das Wenden zu behindern.

Ursachenforschung

Die Nachbereitung beginnt bereits auf dem Heimweg zum Strand oder Hafen. Die Crew lässt die Wettfahrt nochmals im Kopf Revue passieren und versucht, die guten und schlechten Punkte zu erkennen. Dazu muss zunächst erinnert werden, auf welcher Teilstrecke Plätze gewonnen oder verloren wurden. Das kann drei verschiedene Ursachen oder ein Zusammentreffen dieser Gründe haben. Fehlerquellen liegen im Trimm, bei der Technik oder tatsächlich in der Taktik.

Trimmprobleme liegen meist dann zugrunde, wenn Konkurrenten vorbeigezogen sind, die auf derselben Seite des Kurses in der Nähe des eigenen Boots gesegelt sind und nicht wesentlich früher oder später ihre Manöver gefahren haben. Krasse technische Probleme

sind missglückte, zeitraubende Manöver, die fast immer zum Verlust einiger Plätze führen.
Sind die genannten Gründe weitgehend auszuschließen oder wahrscheinlich von untergeordneter Bedeutung, liegen taktische Gründe vor. Diese werden oft zu leichtfertig als Pech abgetan. Doch bei der Feinanalyse lässt sich manchmal feststellen, dass eine Fehleinschätzung der vielleicht doch offensichtlichen Lage, eine Unaufmerksamkeit beim Beobachten oder eine falsche Schlussfolgerung daraus zu verlorenen Rängen geführt haben.

Konstruktive Kritik

Die Ursachenforschung gleich nach dem Zieldurchgang ist auf Zweimann-Kats zuweilen lautstark, ja handfest. Manche Crew oder gar Partnerschaft hat das gespalten, obwohl solche Spontanreaktionen völlig überzogen scheinen. Denn eine schlechte Wettfahrt darf niemals Auslöser für eine vorschnelle Trennung sein. Zwar kann ein heftiges Streitgespräch, bei dem Ärger (genau genommen meist über sich selbst) und Frust herausgelassen werden, seinen Zweck erfüllen. Es sollte aber nie destruktiv sein. Trotzdem ist die erste Analyse fast immer zu emotional beeinflusst. Haben sich die Gemüter beruhigt, ist ein sachliches Gespräch an Bord angesagt. Selbstkritik und Kritikfähigkeit sind die beiden Grundfesten einer gewinnbringenden Analyse. Sie vermeiden Streit und eröffnen die Chance, den Ursachen auch wirklich auf den Grund zu kommen. Dabei sollte niemand nachtragend sein.
Nicht nur für Einmann-Kats sind auch kritische Anmerkungen von Außenstehenden wertvoll. Die Diskussion an Land mit dem Erfahrungsaustausch, wer wo meint, die „richtige oder falsche Seite“ erwischt zu haben, kann auch Licht in die eigene Fehlersuche bringen. Unklare Punkte in der Auswertung der Wettfahrt können durch ergänzende Informationen Dritter geklärt werden. Oft bestätigt oder widerlegt das auch eigene Meinungen und Beobachtungen.
Letztendlich darf eine schlechte Wettfahrt aber auch nicht zerredet werden und zu schlaflosen Nächten führen. Ist die Analyse im Wesentlichen abgeschlossen, aber die Diskussion verrannt, sollte die Wettfahrt bis auf weiteres vergessen werden. Ablenkung mit einem anderen Thema macht den Kopf für neue, richtige Entscheidungen frei.

Umsetzung

Es nützt jedoch die beste Nachbereitung nichts, wenn die Erkenntnisse bei folgenden Wettfahrten nicht umgesetzt werden. Deshalb müssen sie ins Bewusstsein aufgenommen werden. Erfahrene Regattasegler notieren ihre Einzelanalyse in einem revierbezogenen Taktikbogen, auf den sie auch Jahre später noch zurückgreifen können. Revierspezifische Besonderheiten, wie bei bestimmten Winden begünstigte Seiten, werden so festgehalten und verschaffen einem bei der Vorbereitung einer zukünftigen Regatta Vorteile.
Die Nachbereitung sollte auch in das nächste Training münden. Nun sind Trimmeinstellungen und Manövertechnik eher zu üben als die klassische Taktik. Sie wird in neuen Regatten geschult, in denen zwar keine Wettfahrt wie die andere ist, allerdings Standardsituationen immer wieder auftauchen. Dennoch lassen sich die Taktik beeinflussende Situationen auch außerhalb des Wettkampfs trainieren. Dazu gehören simulierte Kurzwettfahrten, in denen Tonnenrundungen mit dem Einschätzen der Entfernungen, Windeinschätzung und anderes mehr trainiert werden (siehe TRAINING, „Manöver“, Seite 178).

TRIMM UND TECHNIK II

Beim Flying sitzt der Vorschoter in Lee und bekommt bei Starkwind ab und zu eine Vollgussdusche. Mit dieser Technik wird nicht so tief wie auf dem üblichen Vorwindkurs gefahren, dafür aber wesentlich schneller.

Sicherheit bei Starkwind und Schnelligkeit auf Regatten: Für beide Ziele werden Segeltechnik und Bootstrimm optimiert. Dazu hat jede Kat-Klasse ihren eigenen Trimmbogen.

Der Kat mit dem gelben Spi fährt bei Starkwind ein riskantes Überholmanöver in Luv des anderen Kats. Schon eine unglückliche Welle oder eine Bö könnten ihn zum Kentern bringen, weil er nicht abfallen kann, um Druck loszuwerden.

Regattamanöver

Manöver haben in einer Regatta eigene Gesetze. Sie werden häufig aus der Situation heraus von den Positionen der Konkurrenten mitbestimmt. Dabei spielen auch taktische Erwägungen eine Rolle. Maximale Geschwindigkeit zum Ziel ist oberstes Gebot.

Start

Vor dem Start liegt der Kat beigedreht, so wie beim Aufklarieren nach einer Kenterung, Reparaturen auf dem Wasser oder Ähnlichem (siehe TECHNIK, „Segelpause auf dem Wasser“, Seite 75). Nun dient die Konzentration der Crew bei Regatten allein dem Zweck, den Kat im beigedrehten Zustand auf der Stelle zu halten oder nur kurz auf eine bessere Startposition zu fahren und wieder beigedreht zu liegen.

Ist die gewünschte Warteposition erreicht, nimmt der Vorschoter die Fockschot auf der Backbordseite in die Am-Wind-Stellung dicht und beobachtet die Konkurrenz. Der Steuermann drückt die Ruder in die Stellung für extremes Anluven Richtung Steuerbord, behält die Pinne aber in einer Hand. Dabei lässt er die Großschot fast dicht, aber löst die Travellerschot, die er in der anderen Hand behält.

Die Fock wirkt nun dem Bestreben anzuluven entgegen, das Großsegel ist durch die Außenstellung neutral. So kann der Kat trotzdem jederzeit schnell mit Wind von Steuerbord losfahren beziehungsweise starten oder auf der Stelle wenden. Um anzufahren, werden nur die Pinne zum Abfallen angezogen und die Travellerschot dichtgeholt. Um auf der Stelle zu wenden, wird das Großsegel über die Mitte gezogen und mit Wind von Backbord ein Stück höher gesegelt, falls dort eine bessere Startposition zu erkennen ist.

Entscheidend für diese Regattatechnik ist das feinfühlige Wechselspiel von Traveller und Pinne. Treibt der Kat nach Lee, kann der Vorschoter zwischendurch die Fock flattern lassen, muss die Schot aber wieder dichtnehmen, damit sich der Kat nicht in den Wind dreht. Dann kann er nämlich nur langsam durch Backhalten der Fock und Einschlagen der Ruder beim Rückwärtstreiben (entgegengesetzt zum Abfallen bei Vorwärtsfahrt) wieder startbereit gemacht werden.

In Lee rauswenden

Kurz nach dem Start, kurz vor Erreichen der Anliegelinie oder auch kurz nach der Leetonnenrundung liegt häufig dicht in Luv neben oder mit wenig Luvabstand dicht hinter einem selbst ein anderer Kat. Er blockiert zum Beispiel aus taktischen Gründen durch sein Vorfahrtsrecht das Wenden, um selbst zum von ihm gewünschten Zeitpunkt als erster Kat auf den anderen Am-Wind-Bug zu wechseln.

Um dieser Situation zu entrinnen, gibt es folgenden Trick: Zunächst so weit abfallen, bis zwei Bootslängen Platz zum Kat in Luv bleiben. Dann wieder auf den Am-Wind-Kurs gehen, um den Wendewinkel wieder zu verkleinern, damit der Kat flüssig drehen kann und zum Schluss wenden.

Droht dennoch eine Kollision mit einem zurückliegenden, vorfahrtberechtigten Kat, kann es notwendig sein, den eigenen Kat vorübergehend zum Stillstand zu bringen, damit der andere vorbeifahren kann. Dazu kann zum Beispiel nach dem Abfallen auf die Rückkehr zum optimalen Am-Wind-Kurs verzichtet werden und gleich mit dem größeren Wendewinkel gewendet werden. Dadurch wird der Kat bei der Wende schon erheblich langsamer.

Das „Bremsen“ wird durch längeres Backhalten der Fock zusätzlich unterstützt, wobei

Wellen

Wellen können die Bootsgeschwindigkeit erhöhen, aber einen Kat auch bremsen. Aufgrund der Wellenlage wird der Trimm nicht grundsätzlich verändert. Darauf wird vielmehr mit Steuertechnik und Großschotarbeit reagiert. Die Taktik kann von Wellen mitbestimmt werden.

Am Wind

Da die Wellen fast ausschließlich aus der Windrichtung kommen, bremsen sie auf dem Am-Wind-Kurs. Deshalb sollte auf der Am-Wind-Kreuz die Seite mit den flacheren Wellen bevorzugt werden. Mit der Steuertechnik und der Großschotarbeit versucht die Crew, den Luvschwimmer auch über den Wellenkämmen zu halten, die er ab und zu schneiden darf. Bei höheren Wellen sollte die Crew das Trapez etwas höher einstellen, um nicht von den Wellen aus dem Trapez geschleudert zu werden.

Vorwind

Auf dem Vorwind-Kurs schieben die Wellen meist genau oder schräg von hinten. Mit ihnen kann oft kurzzeitig stärker abgefallen werden als auf dem optimal tiefen Kurs. Dadurch wird zusätzlich Tiefe gewonnen, indem die Wellen „abgeritten“ werden. Dazu luvt der Steuermann bei langsamer Fahrt im Wellental an und steuert auf die nächste Welle zu. „Springt der Kat auf dem nächsten Wellenberg an“, das heißt, er nimmt Geschwindigkeit auf, kann stark abgefallen werden, um den Schub der Welle ganz auszunutzen. Deshalb sollte bei Windgleichheit taktisch die Seite mit den höheren Wellen bevorzugt werden.

Strömung

Der Einfluss von Strömung auf die Taktik wird beim Regattasegeln meistens überschätzt. Sowohl die Segler selbst, aber auch viele Trainer räumen ihr einen viel zu großen Platz ein. Das liegt wohl daran, dass es bei der Strömungstaktik ganz klare Grundsätze gibt, was bei der windabhängigen Taktik viel schwieriger ist. Die jedoch ist praktisch immer die entscheidende.

Bei Katamaranen kommt noch hinzu, dass die Bootsgeschwindigkeit auch im Verhältnis zur Strömungsgeschwindigkeit viel höher ist als bei Einrumpfbooten und der Einfluss auf die zurückgelegte Strecke deshalb noch niedriger ist. Je stärker der Wind ist, desto geringer wird deshalb auch der Einfluss einer konstanten Strömung.

Abgesehen davon werden für die Erklärung der Strömungstaktik oft Idealbeispiele mit unterschiedlicher Strömung auf der Bahn bemüht, während die Wirklichkeit ganz anders aussieht. Schwierig wird es vor allem, wenn es sich um Gezeitenströmung handelt, die ab- und zunimmt und auch kippt.

Bei verschiedenen Strömungssituationen sind, abgesehen von der taktischen Schlussfolgerung am Start, auf den Kreuzstrecken und bei den Tonnenrundungen einige segeltechnische Besonderheiten zu beachten:

Messen der Strömung

Die Strömung sollte zwar von einem erfahrenen Coach an der Startlinie, auf beiden Seiten der Kreuzstrecke und an der Luvtonne gemessen werden. Doch das ist nicht nur ein Zeitproblem, sondern auch ein personelles. Theoretisch kann die Strömung aber auch selbst gemessen werden.

Hilfsweise wird eine Strommessboje aus einer etwa 1 Meter langen Segellatte gebaut. An einem Ende wird ein kleines Stück Blei befestigt und am anderen Ende ein Auftriebskörper (z. B. Angelpose). Beides muss so aufeinander abgestimmt sein, dass die Segellatte so gerade eben noch senkrecht im Wasser schwimmt.

An einer fest mit dem Grund verankerten Bahnmarke oder einem Seezeichen wird die Messboje ins Wasser geworfen und die Zeit gestoppt. Nach einer Minute wird der Abstand, auf den die Boje weggetrieben ist, möglichst genau geschätzt und die Richtung mit einem Handkompass gepeilt. Das Ergebnis ist eine Strömung in Metern pro Minute in eine bestimmte Kursrichtung.

Strömung aus Windrichtung

Bei einem tidenunabhängigen Revier und einem geraden Küstenverlauf kommt die Strömung meist windstärkenabhängig aus der Windrichtung. Dann muss vor dem Start etwas dichter als sonst an die Linie herangefahren werden und sollten auch früher die Schoten (oder Traveller) angezogen werden. Auf der Am-Wind-Kreuz kann etwas über die Anliegelinie hinausgesegelt werden, während auf der Vorwind-Kreuz etwas vor der Anliegelinie gehalst wird. Ist die Strömung auf beiden Seiten der Kreuzstrecke unterschiedlich stark, wird auf der Am-Wind-Kreuz auf die Seite mit der schwächeren Strömung gesegelt und umgekehrt. Das gilt entsprechend bei Strömung gegen den Wind für die Vorwind-Kreuz.

Um die Luvtonne muss ein größerer Bogen gefahren werden, bei dem nicht zu schnell abgefallen werden darf, da sonst die Gefahr besteht, auf die Tonne zu treiben. An die Leetonne kann dagegen enger herangefahren werden, da die Strömung einen sonst zu weit von der Tonne wegtreibt.

Strömung gegen Windrichtung

Fließt die Strömung gegen die Windrichtung, besteht eine höhere Gefahr des Frühstarts, da die Kats ohne eigene Fahrt auf die Startlinie zugetrieben werden. Also muss mehr Abstand zur Linie gehalten werden, und auch die Schoten sollten später angezogen werden. Auf der Am-Wind-Kreuz sollte schon vor der Anliegelinie gewendet werden, um keine Überhöhe zu bekommen. Umgekehrt wird auf der Vorwind-Kreuz erst hinter der Anliegelinie gehalst. An die Luvtonne kann enger herangefahren werden als sonst, während um die Leetonne ein größerer Bogen zu fahren ist.

Strömung von der Seite

Beim Start besteht bei Strömung von der Seite die Gefahr, entweder auf die Starttonne oder auf das Startschiff gedrückt zu werden. Das ist beim Ansteuern der Startlinie entsprechend zu berücksichtigen. Auf den Kreuzstrecken spielt Strömung genau von der Seite nur eine Rolle, wenn die Windstärke sich ändert. Nimmt der Wind zu, sollte mit dem ersten Schlag mit der Strömung schräg von hinten gesegelt werden, da später bei mehr Wind nur eine kürzere Zeit gegen die Strömung gesegelt werden muss. Nimmt der Wind ab, sollte umgekehrt erst gegen die Strömung (schräg von vorn) gesegelt werden, um danach länger mit schiebender Strömung (schräg von hinten) segeln zu können.

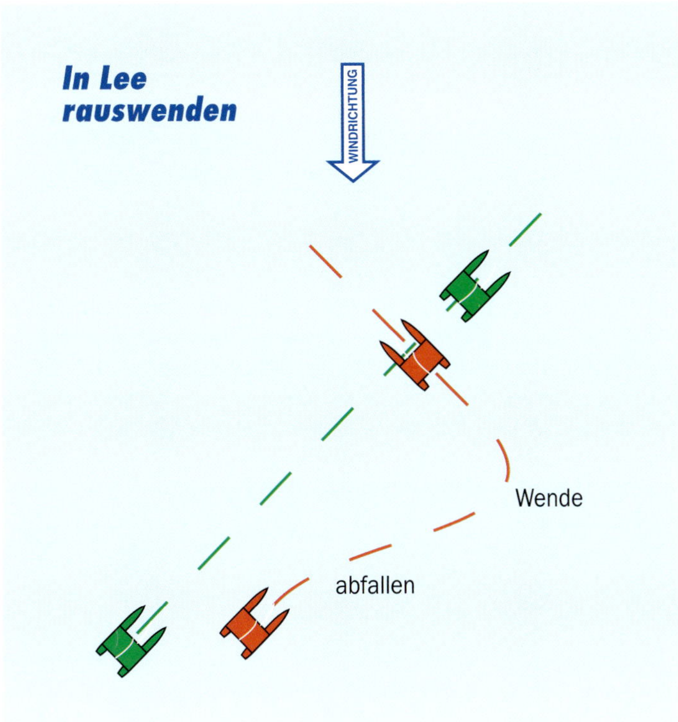

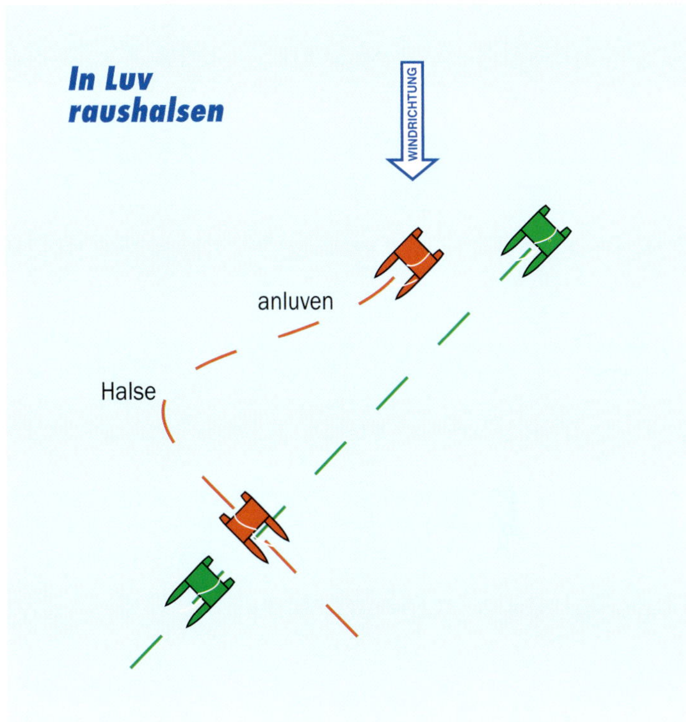

der Kat dadurch nicht mit dem Bug im Wind stehen bleibt, sondern zumindest fast ohne Fahrt voraus durch den Wind dreht. Um das Anfahren zu verzögern, kann dann noch der Traveller für einen Moment aufgefiert werden. Ist die Kollisionsgefahr gebannt, wird der vorfahrtberechtigte Kat am Heck passiert.

In Luv raushalsen

Dieses Manöver ist analog auch auf das Halsen zu übertragen. Die Situation: Der führende Kat segelt auf Vorwind-Kurs in Luv des Verfolgers und kann dadurch nicht freihalsen. Durch kurzes Anluven (auf Speed segeln) vergrößert sich der seitliche Abstand zum Verfolger schnell, bis der Platz zum Halsen ausreicht. Dann wird gehalst, aber gleich wieder höher (auf Speed) gesegelt, damit der andere Kat gefahrlos am Heck passiert werden kann. Dieses Manöver heißt „in Luv raushalsen".

Höhe kneifen

Das Höhekneifen wurde bereits als taktische Maßnahme auf dem Am-Wind-Kurs genannt (siehe TAKTIK, „Taktisch segeln", Seite 120). Um unter Verzicht auf die optimale Geschwindigkeit mehr Höhe zu segeln, wird jedoch nicht einfach nur angeluvt. Der Geschwindigkeitsverlust kann durch eine veränderte Trimmeinstellung – auf einen eine Windstärke leichteren Wind als den real vorherrschenden Wind – minimiert werden. Die wichtigste Trimmänderung ist das leichte Lösen des Cunninghams, um das Großsegel etwas voller und geschlossener zu fahren. Bei Starkwind kann zusätzlich die Rotation, wenn sie schon weiter reingedreht ist, wieder rausgedreht werden, bis die Mastnut wieder aufs Want zeigt. Wird das Höhekneifen länger dauern, sollte zusätzlich der Fockholepunkt in Querrichtung 10 Zentimeter weiter nach innen verstellt werden. Bei Leicht- bis Mittelwind kann darüber hinaus der Unterliekstrecker etwas loser gefahren werden, sodass das Großunterliek 2 bis 3 Zentimeter Profiltiefe hat und nicht ganz flach gezogen ist.

Diese Trimmveränderungen bringen mehr Segeldruck. Dadurch muss höher an der Windkante gesteuert werden, damit der Kat nicht kentert. Dabei versucht die Crew wie

beim optimalen Kurs durch Steuertechnik und Gewichtstrimm den Luvschwimmer über der Wasseroberfläche zu halten. Folge: Bei Mittelwind geht die Crew später ins Trapez als sonst. Solche Trimmkorrekturen werden beim Tiefekneifen auf dem Vorwind-Kurs nicht vorgenommen, weil der Trimm auf dem Vorwindkurs – abgesehen von geringen Änderungen bei Starkwind – immer auf maximalen Segeldruck eingestellt wird. Hier wird nur vom optimalen Kurs etwas abgefallen.

Beim Auf-Speed-Fahren auf dem Vorwind-Kurs wird meistens die Flying-Technik angewendet (siehe „Flying", Seite 146 ff.). Wer nur etwas anluvt, senkt zumindest das Leeschwert ab und löst den Barberhauler etwas, sofern er über diese Trimmeinrichtungen verfügt. Auf jeden Fall wird der Großschottraveller entsprechend weiter innen gefahren und die Großschot dichter geholt.

Auf Speed fahren

Das entgegengesetzte taktische Mittel zum Höhekneifen auf dem Am-Wind-Kurs ist das Auf-Speed-Fahren, das heißt, unter Verzicht auf die optimale Höhe am Wind, eine höhere Geschwindigkeit zu fahren. Wer auf dem Am-Wind-Kurs auf Speed fährt, wenn so gerade eben Trapezwind herrscht, fällt ebenfalls nicht einfach nur etwas ab, sondern verändert auch den Trimm, um den Verlust an Höhe nicht zu groß werden zu lassen.

Mit Spinnaker kann ein Kat tiefer fahren als ohne Spi, weil durch die höhere Geschwindigkeit der Fahrtwind größer ist, wodurch der scheinbare Wind spitzer einfällt. Bis 90 Grad Einfallswinkel bleibt es bei der laminaren Strömung, die ein Kat zum Segeln braucht.

Vor allem wird das Cunningham dichter gezogen, damit der Kat voller gesegelt werden kann, ohne zu steigen. Ist der Schlag länger (zum Beispiel bei Übersegeln der Anliegelinie durch eine plötzliche Winddrehung), kann zusätzlich der Fockholepunkt in Querrichtung bis zu 10 Zentimeter weiter nach außen verstellt werden. Bei Mittel- bis Starkwind wird die Mastrotation weiter reingedreht als sonst. Bei der Grenze vom Leichtwind zum Trapezsegeln wird das Unterliek früher ohne Profiltiefe gefahren, also der Unterliekstrecker früher ganz dichtgezogen als auf dem optimalen Kurs. Allgemein gilt umgekehrt wie beim Höhekneifen, dass so getrimmt wird, als herrsche eine Windstärke mehr als die reale Windstärke. Das gilt besonders für Kats mit wenig Trimmeinrichtungen, die dann eben nur den Traveller etwas weiter fieren.

Wende aus sicherer Leestellung

Vor allem kurz vor der ersten Luvtonnenrundung kommt es häufig vor, dass das Feld dicht an dicht auf die Tonne zukreuzt. Dabei kann ein führender Kat nicht gefahrlos wenden, wenn ein Verfolger dicht hinter ihm auf gleichem Kurs segelt oder auch eine halbe Bootslänge in Luv schräg hinter ihm.

Durch die Windablenkung (siehe Grafik, rechts) kann ein Verfolger gleichen Bootstyps so dicht in Luv zwar niemals überholen, aber den Führenden am Wenden hindern. Weil in diesen Fällen der Verlust für den Führenden beim In-Lee-Rauswenden zu groß wäre, wird zum Wenden Höhe gekniffen. Durch das Anluven erfährt der Verfolger eine noch größere Windablenkung als vorher und wird langsamer. Er kann also entweder auch noch mehr Höhe kneifen, wodurch er ebenfalls langsamer wird, oder auf optimalem Kurs hinter dem Führenden durchsegeln, wodurch dieser frei wenden kann. Der Führende kann also in diesen Situationen für sich eine Wende erzwingen und fast nie überholt werden. Deshalb wird für ihn von der „sicheren Leestellung" gesprochen.

Halse aus sicherer Luvstellung

Analoge Situationen gibt es auch wieder auf der Vorwind-Kreuz. Fährt der Verfolger dicht hinter dem Führenden oder eine halbe Bootslänge in Lee schräg hinter ihm auf dem Vorwind-Kurs, kann er ihn durch die Abdeckung in Lee zwar nicht überholen, aber zumindest am Halsen hindern. Das In-Luv-Raushalsen würde dem Führenden hier ebenfalls einen unnötigen Verlust einbringen.

Wenn er halsen will, kneift er stattdessen Tiefe, wodurch der Verfolger zwar von hinten aufkommt, aber in Lee ja weiterhin durch die Abdeckung nicht überholen kann. Er könnte also seinerseits stark Tiefe kneifen, kommt dabei aber zunehmend in die Abdeckung und wird langsamer. Oder er luvt an, um mit dem Führenden nicht von hinten zu kollidieren und fährt in Luv vorbei. Der Führende kann dann frei halsen.

Dazu ist durch das Tiefekneifen ohnehin nur noch eine geringere Kursänderung notwendig, und die Halse ist schnell gefahren. Der Führende kann also gegen dichte Verfolger aus sicherer Luvstellung heraus gut eine Halse erzwingen.

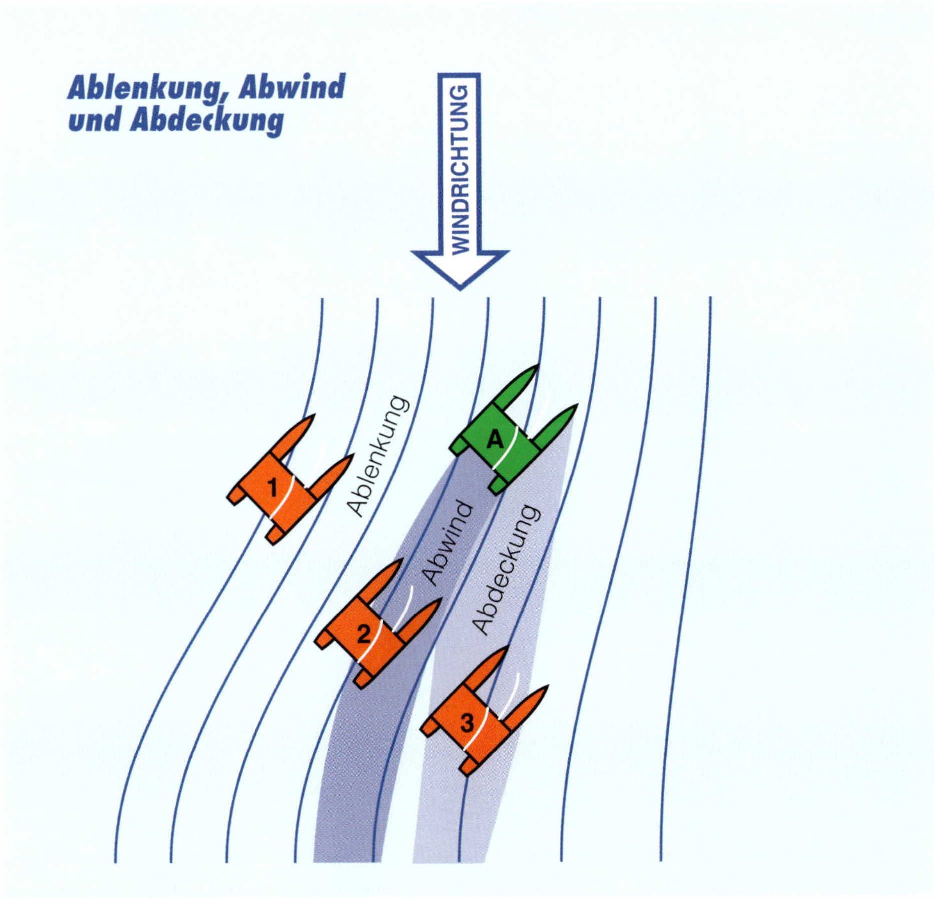

Kat A hat die sichere Leestellung gegenüber Kat 1, weil dieser durch die Ablenkung, die Kat A erzeugt, nicht so hoch wie Kat A fahren und ihn deshalb nicht überholen kann. Kat 2 ist im Abwind von Kat A und kann ihn deshalb auch nicht überholen. Das wird auch Kat 3 nicht gelingen, solange er in der Abdeckung von Kat A bleibt, statt abzufallen und auf Speed aus der Abdeckung herauszufahren.

Tonnenrundungen

Die Reihenfolge aller Handgriffe wird von ihren Auswirkungen auf den Bootsspeed bestimmt. Vor einer Tonnenrundung werden zuerst die Einstellungen verändert, die am wenigsten Einfluss auf die Geschwindigkeit haben. Nach der Rundung ist das umgekehrt. Auf Zweimann-Kats soll der Steuermann sich vorwiegend auf den optimalen Kurs konzentrieren, während der Vorschoter den Trimm einstellt. Ein geübter Steuermann nimmt ihm jedoch einige Verstellungen ab, damit die Manöver möglichst schnell abgeschlossen sind.

Luvtonne (Am-Wind-Kurs auf Flieger)

1. Luvschwert hochziehen
2. Schoten aus den Klemmen nehmen
3. Beim Abfallen Schoten auffieren und Crewgewicht nach hinten verlagern

Luvtonne (Am-Wind-Kurs auf Vorwind-Kurs)

1. Schoten aus den Klemmen nehmen
2. Beim Abfallen Schoten auffieren und Crewgewicht nach hinten verlagern
3. Traveller auffieren, aus dem Trapez kommen und Barberhauler ziehen oder Fockholepunkt nach außen verstellen
4. Unterliek öffnen, Mast rausrotieren, beide Schwerter hochziehen, Groß- und Fock-Vorliekstrecker lösen
5. Endgültige Sitzpositionen einnehmen

Raumtonne (Flieger auf Vorwind-Kurs)

1. Beim Abfallen Schoten auffieren und Crewgewicht nach hinten verlagern
2. Traveller auffieren, aus dem Trapez kommen und Barberhauler ziehen oder Fockholepunkt nach außen verstellen
3. Unterliek öffnen, Mast rausrotieren, Leeschwert hochziehen, Groß- und Fock-Cunningham lösen
4. Endgültige Sitzpositionen einnehmen

Leetonne (Vorwind-Kurs auf Am-Wind-Kurs)

1. Fock-Vorliekstrecker dichter
2. Schwerter nach unten drücken
3. Rausrotierer lösen, Reinrotierer einstellen
4. Unterliekstrecker ziehen; Groß-Cunningham einstellen
5. Barberhauler lösen oder Fockholepunkt in Querrichtung einstellen
6. Beim Anluven Traveller, Groß- und Fockschot dichtnehmen
7. Auf Am-Wind-Kurs Großschot noch dichter nehmen, Feineinstellung von Groß-Cunningham und aller Trimmeinrichtungen entsprechend der momentanen Windstärke vornehmen und Gewichtstrimm kontrollieren

Starkwind

Weil ein Kat schon bei mittleren Winden atemberaubend schnell werden kann, erscheint er vielen Seglern bei Starkwind unbeherrschbar oder gar gefährlich. Das liegt nicht nur an der inneren Angst (siehe TRAINING, „Psychologie", Seite 188), sondern häufig auch am schlechten Trimm und halbherziger Segeltechnik. Deshalb ist das vorwiegende Problem bei Starkwind nicht, die Manöver besonders schnell, sondern vielmehr sicher zu fahren.

Starkwindwende

Wer eine Leichtwindwende perfekt beherrscht, braucht eine Starkwindwende an sich nicht mehr zu fürchten. Denn der Bewegungsablauf ist nicht anders, höchstens schneller. Aber Starkwind verzeiht Fehler weniger, wenn die Technik nicht entsprechend flüssig abläuft. Entweder bleibt der Kat im Wind stehen, statt zu wenden, oder er kentert bei der Wende.

Das erste Problem entsteht, wenn der Steuermann bei Starkwind nicht mehr richtig hoch an den Wind geht, sondern mit halb geöffneten, teils flatternden Segeln auf einer Art Flieger hin- und herfährt. Aber selbst Regattaseglern fehlt es manchmal an einem korrekten Am-Wind-Kurs, der wie bei Leichtwind Voraussetzung für eine gelungene Wende ist.

Damit der Vorschoter oder auch er selbst ohne Kentergefahr aus dem Trapez kommen können, muss der Steuermann vorher etwas anluven. Und zwar so weit, dass der Druck in den Segeln nachlässt, bis der Luvschwimmer beim Einleiten der Wende schon auf der Wasseroberfläche liegt. Der Kat soll aber immer noch mit dichtgezogenen Schoten genügend Fahrt machen, um den nötigen Schwung für die Wende zu haben. Vor allem muss auch das Groß noch stehen, damit es das Heck durch den Wind drehen kann. Grundvoraussetzung ist jedoch ein schnelles Reinkommen und Aushaken aus dem Trapez, da sonst schon am Anfang der Wende zu viel Fahrt verloren geht.
Gelingt das Drehen durch den Wind, kommt es auf Zweimann-Kats danach entscheidend auf den Vorschoter an. Er muss sofort nach dem Backschlagen der Fock die Fockschot lösen, da die Fock sonst die Restfahrt aus dem Kat nimmt. Der hat dann keine Ruderwirkung mehr und kann nicht weiter abfallen, um Fahrt

1 Aus hoher Geschwindigkeit auf dem Am-Wind-Kurs leitet der Steuermann mit dem Kommando „Klar zur Wende!“ eine Starkwindwende ein. Der Vorschoter antwortet mit „Klar!“

2 Der Vorschoter kommt aus dem Trapez auf den Schwimmer und nimmt die Fockschot aus der Klemme am Want. Der Steuermann luvt etwas an, damit der Kat durch das fehlende Trimmgewicht im Trapez nicht steigt.

3 Der Steuermann dreht den Kat durch stärkeres Ruderlegen durch den Wind. Der Vorschoter greift die neue Fockschot, hält die alte Fockschot aber noch stramm. Dadurch schlägt die Fock kurz back.

4 Der Steuermann wechselt den Pinnenausleger in die neue Hand, während der Vorschoter die neue Fockschot fast ganz dichtzieht, nachdem der Kat durch den Wind gedreht ist.

5 Der Vorschoter hakt sich ins Trapez ein und zieht die Fockschot ganz dicht. Der Steuermann rückt nach vorn und zieht dabei die Großschot dicht.

auf dem neuen Bug aufzunehmen. Klemmt die Fockschot, muss der Steuermann sofort die Großschot etwas fieren, um eine Kenterung zu verhindern. Steht der Kat dann auf der Stelle, kann aus dem Stand gewendet werden (siehe TECHNIK, „Segelpause auf dem Wasser", Seite 75), oder es muss ein neuer Anlauf genommen werden.

Nach der Wende besteht auf dem neuen Bug auch die Gefahr einer Kenterung, wenn der Steuermann zu weit abfällt oder der Wind bei der Wende etwas dreht. Die Gefahr entsteht meist dann, wenn die Crew noch nicht wieder im Trapez steht und sich noch nicht aufmerksam auf den Segeltrimm und die Steuertechnik konzentriert. Auch in diesem Fall muss zur Not durch Fieren der Großschot die Kenterung verhindert werden.

Starkwindhalse

Von der Segeltechnik her gilt für die Halse das Gleiche wie für die Wende: Sie ist nicht anders als bei Leichtwind. Die einzige, wenn auch nicht zu unterschätzende Gefahr einer Starkwindhalse liegt in der Kenterung durch Stecker vor oder nach der Halse.

Um das zu verhindern, kommt es auf ein exaktes Segeln an der Windkante an. Das ist bei Starkwind der Kompromiss aus viel Tiefe, also einem sicheren Kurs ohne Unterschneiden des Leeschwimmers, aber immer noch guter Geschwindigkeit. Dann sollte der Zeitpunkt der Halse möglichst nicht in einer Bö gewählt werden, weil währenddessen ein Ausgleichen durch zusätzliches Abfallen nötig wird. Dabei kann die Halse unkontrolliert werden.

Auf einem Seerevier sollte die Halse möglichst mit einer Welle eingeleitet werden. Das Herunterfahren erhöht die Geschwindigkeit, wodurch der Druck im Großsegel weniger wird. Durch mehr Fahrtwind wird der scheinbare Wind spitzer, und es kann weiter abgefallen werden, was der Fahrtrichtung zum Halsen entgegenkommt.

Eine Kenterung vor der Halse entsteht häufig durch einen Steuerfehler. Anstatt zum Abfallen konstant an der Pinne zu ziehen, drückt der Steuermann sie noch mal kurz, worauf der Kat sofort gefährlich anluvt und zu kentern droht. Das passiert meist dann, wenn der Steuermann in die Mitte des Trampolins rutscht, also eine Bewegung entgegengesetzt zur Zugrichtung der Pinne ausführt.

Auch nach der Halse ist es Aufgabe des Steuermanns, sofort wieder auf die Steuerfäden am Hahnepot zu achten. Sobald der scheinbare Wind auf dem neuen Bug wieder aus 90 Grad kommt, darf er auf keinen Fall weiter anluven. Wer unsicher ist, sollte zunächst lieber etwas tiefer steuern, bis der Vorschoter seine Trimmaufgaben erfüllt hat (zum Beispiel Barberhauler und Rotation einstellen) und sein Gewicht wieder nach hinten verlagert hat. Dann kann der Kat sicher auf den optimalen Kurs an der Windkante gebracht werden.

Spi setzen oder nicht?

Schon ab vier Windstärken überlegen viele Crews zögerlich, ob sie auf dem Vorwindkurs den Spi noch setzen sollen oder lieber nicht. Dabei kann im Prinzip jeder Kat, der fürs Spisegeln konzipiert ist, bei jedem segelbaren Wind, also auch bei 6 Beaufort, noch mit Spi gefahren werden. Das Boot muss nur entsprechend getrimmt und gesteuert werden.

Dass die Kentergefahr durch einen Stecker unter Spi generell größer sei als ohne Spi, ist ein weit verbreiteter Irrtum. Denn wenn der Spinnaker steht, zieht er den Bug eher nach oben aus dem Wasser und wirkt dem Unterschneiden des Leeschwimmers entgegen.

Zum Spisetzen bei Starkwind kann es nötig sein, sogar so weit abzufallen, dass die Strömung am Großsegel abreißt. Dann ist die Crew zumindest sicher, dass keine akute Steckergefahr droht und dass der Spi beim Setzen nach vorn ausweht. Hat der Vorschoter das Spifall durchgesetzt, zieht der Steuermann die Leeschot und übergibt sie an den Vorschoter. Dann luvt er etwas an und sucht den optimal möglichen Kurs. Der Steuermann kann unter Spinnaker noch eher zu Gunsten von sicherer Tiefe auf Speed verzichten. Bei gutem Trimm „wackelt der Spi mit dem Ohr", das heißt, das Luvliek klappt ab und zu nach innen um.

Bei Starkwind erfordert das Spisegeln mindestens ebenso viel Konzentration wie die Halse. Steuermann und Vorschoter müssen jederzeit bereit sein, einen Stecker abzuwenden. Das macht der Steuermann durch Abfallen oder der Vorschoter durch Fieren und kurzes Einfallenlassen des Spis. Ist die Gefahr gebannt, wird wieder etwas angeluvt oder die Spischot wieder dichtgeholt, je nach dem, wer reagiert hat.

Flying

Die so genannte Flying-Technik, oder auch „wild thing" genannt, wurde 1992 auf der Weltmeisterschaft der Tornados zum ersten Mal in Perfektion gezeigt. Die Urheber waren die Australier Mitch Booth und John Forbes, die damit auf ihrem heimischen Windrevier überlegen den WM-Titel gewannen. Das Flying hat die Vorwind-Kreuz ähnlich spektakulär gemacht wie die Am-Wind-Kreuz und den Flieger. Flying ist eine anspruchsvolle Technik, die ab zirka drei Windstärken auf allen Schwert-Katamaranen statt des herkömmlichen Vor-

1 Der Steuermann leitet mit dem Kommando „Klar zur Halse!“ eine Starkwindhalse ein. Nachdem der Vorschoter „Klar!“ geantwortet hat, löst er den Rausrotierer.

2 Wegen des starken Winds und der hohen Geschwindigkeit braucht der Steuerman noch nicht abzufallen, während er sich mit dem Vorschoter zur Trampolinmitte begibt.

3 Der Steuermann hat wegen des Starkwinds die Ruder zum Abfallen nur leicht gelegt, was an der Stellung der Ruderblätter gut zu erkennen ist. Dabei hat der Vorschoter den Barberhauler gelöst. Jetzt legt der Steuermann die Pinne auf die andere Seite und zieht den Großbaum rüber. Der Vorschoter löst die Fockschot.

4 Der Steuermann blickt nach vorn, um den optimal tiefen Kurs zu steuern. Der Vorschoter nimmt die neue Fockschot dicht.

5 Beide nehmen ihre Sitzpositionen auf den neuen Bug ein. Während der Vorschoter noch den Barberhauler und den Rausrotierer zieht, achtet der Steuermann weiter allein auf das exakte Tiefefahren.

Mit Spi wird die Flying-Technik schon bei Leichtwind eingesetzt. Der Luvschwimmer kommt schon bei unter zwei Windstärken aus dem Wasser.

windkurses gesegelt wird. Dabei sitzt der Vorschoter in Lee, und der Steuermann versucht, den Kat nur auf dem Leeschwimmer zu segeln. Um das zu erreichen, verzichtet er auf etwas Tiefe, erreicht aber durch die erheblich höhere Geschwindigkeit sein Ziel in Lee schneller. Diese Technik wird auf den modernen Kats sogar unter Spinnaker oft schon ab Windstärke eins angewendet.

Segel- und Bootstrimm

Der Segel- und Bootstrimm für die Flying-Technik kann entweder gleich beim Abfallen vom Am-Wind-Kurs oder vom Flieger eingestellt werden oder beim Anluven vom üblichen Vorwindkurs. Während einer Wettfahrt kommt es auf den Zeitpunkt an, wann die taktische Entscheidung fällt, die Flying-Technik einzusetzen (Kasten rechts).

Während der Mast wie auf dem Vorwind-Kurs ganz nach außen rotiert ist, wird das Leeschwert nicht hochgezogen, sondern halb bis ganz unten gefahren. Ab Windstärke vier wird auf Kats mit Steckschwertern das Leeschwert auf jeden Fall 20 bis 30 Zentimeter hochgezogen. Der Barberhauler wird auf 30 Zentimeter innen vom Ende des Beams getrimmt. Auch der Großschottraveller wird nicht ganz außen

gefahren, sondern 20 Zentimeter weiter innen etwa in Höhe der Trimmgurte.
An diesen Einstellungen ist bereits zu erkennen, dass der Einfallswinkel des scheinbaren Winds beim Flying spitzer als auf dem Vorwindkurs ist. Er beträgt je nach Windstärke 70 bis 80 Grad statt 80 bis 90 Grad. Entsprechend werden auch die Fockschot und die Großschot erheblich dichter genommen, während Vorliek und Unterliek beim Großsegel so lose wie auf dem Vorwind-Kurs getrimmt werden.

Sitzpositionen

Die Sitzpositionen sind – wie bereits erwähnt – ungewöhnlich. Der Vorschoter sitzt auf dem Leeschwimmer direkt hinter dem Want, an dem er sich auch festhalten kann. In der anderen Hand hält er die relativ stark dichtgeholte Fockschot, mit der er jedoch nicht ständig arbeitet, wie sonst auf dem Vorwindkurs. Denn: Die Selbstsicherung ist seine wichtigste Aufgabe. Zeitweise erhält der Vorschoter eine Vollgussdusche nach der anderen. Vor allem deshalb, aber auch durch die tiefe Position mit schlechtem Ausblick unterm angehobenen Luvschwimmer kann er sich kaum um die Taktik kümmern.
Die Taktik ist beim Flying fast ausschließlich Aufgabe des Steuermanns, der etwa in derselben Höhe hinterm Want auf dem Luvschwimmer sitzt. Die Großschot fährt er aus der Hand. Bei zunehmendem Wind und erhöhter Steckergefahr rücken Vorschoter und Steuermann bis an den hinteren Beam. Neigt der Kat trotzdem noch ständig zu Steckern, wird am besten auf den üblichen Vorwindkurs abgefallen.
Für Vorschoter und Steuermann ist das Flying wesentlich kraftraubender als die normale Vorwind-Technik. Ein „Ausruhen“ nach dem Ausreiten und Schottrimmen auf der Am-Wind-Kreuz und auf dem Flieger ist nicht mehr möglich. Deshalb erfordert diese neue Technik sowohl vom Steuermann als auch vom Vorschotmann eine gute Kondition und erhöhte Konzentration (siehe TRAINING, „Kondition“, Seite 181).

Steuertechnik

Das Flying verlangt größere Kurskorrekturen und viel mehr Großschotarbeit als der Vor-Wind-Kurs, um den Kat auf einem Schwimmer zu halten. Ein kritischer Moment ist der Beginn mit der Flying-Technik. Es ist sicherer, aus dem Vorwind-Kurs zu starten, als vom Am-Wind-Kurs oder Flieger. Auf jeden Fall geht der Vorschoter erst nach Lee, wenn der Flying-Trimm eingestellt ist. Sobald er seine Position eingenommen hat, luvt der Steuermann etwas an, und beide nehmen die Schoten dichter.
Sobald sich der Luvschwimmer aus dem Wasser hebt, wird der Kat schneller. Deshalb muss der Steuermann mit Fingerspitzengefühl gleich wieder etwas abfallen, um auch Tiefe zu gewinnen. Dabei sucht er wie auf der Vorwind-Kreuz die Windkante, um den Luvschwimmer immer über der Wasseroberfläche zu halten und gleichzeitig den idealen Kompromiss zwischen Geschwindigkeit und Tiefe zu finden.
Die Gefahr einer Kenterung ist erheblich größer als auf dem üblichen Vorwind-Kurs, weil nicht nur ein Stecker, sondern auch ein Umkippen durch zu viel Winddruck passieren kann. Sobald der Luvschwimmer zu weit aus dem Wasser kommt, muss der Steuermann deshalb abfallen oder die Großschot fieren. Mit dem Wechselspiel zwischen Großschottrimm und Steuertechnik muss einerseits der Luvschwimmer über Wasser gehalten werden und andererseits eine Kenterung verhindert werden.

Einsatz von Flying

Während der Nicht-Wettsegler Flying allein wegen des Spaßes segelt, wird die Technik auf Regatten ab Windstärke drei und mehr angewendet, weil sie dann meist schneller als die übliche Vorwind-Technik ist. Bei Leichtwind wird Flying auch als taktisches Mittel auf der Vorwind-Kreuz eingesetzt. Dafür gibt es vier typische Situationen:

1. Wurde auf der Vorwind-Kreuz aufgrund eines taktischen Fehlers oder wegen einer Windänderung die Anliegelinie überfahren, kann die nicht mehr benötigte Tiefe durch Flying in Geschwindigkeit umgesetzt werden und der Verlust so wieder wettgemacht werden.
2. Herrscht auf einer Seite der Vorwind-Kreuz mehr Wind, kann es sich lohnen, mit der Flying-Technik dort schneller hinzusegeln als mit der normalen Vorwind-Technik, um früher vom besseren Wind zu profitieren.
3. Auf einem Dreieckskurs ist der dritte Schenkel kein richtiger Vorwind-Kurs, sondern spitzer, dann wird von vornherein mit Flying schneller zur Leetonne gefahren.
4. Zwingen einen mehrere Kats zum Luven, zum Beispiel weil sie mit einer Bö überholen wollen, kann der Angriff mit Flying abgewehrt werden, um schnell aus der Abdeckung zu kommen, ohne letztendlich Tiefe zu verlieren.
5. Bei Kats mit Spi wird die Flying-Technik schon bei Leichtwind angewendet, wird aber meist bei Mittelwind schon wieder zu riskant.

Auch wenn der wahre Wind stark aus raumer Richtung weht, segelt ein Kat grundsätzlich mit laminarer Strömung an den Segeln. Durch den starken Fahrtwind kommt der scheinbare Wind nämlich aus etwa 90 Grad. Hier segelt die Crew auf einem raumen Flieger.

Segelprinzip

Um das Geschwindigkeitspotenzial eines Zweirumpfboots möglichst voll ausschöpfen zu können, ist ein Verständnis des Segelprinzips, also wie ein Kat den Wind in Vortrieb umwandelt, notwendig. Es unterscheidet sich nämlich in einigen Punkten grundlegend vom Prinzip der Einrumpfboote. Dies kann eine sehr theoretische, schwierig verständliche Thematik sein, muss es aber nicht, wenn die Zusammenhänge aus der Praxis erläutert werden.

Laminare Strömung

Ein Zweirumpfboot kann ohne Probleme doppelt so schnell werden wie ein Einrumpfboot. Gerade das macht für viele den besonderen Reiz des Kat-Segelns aus (siehe EINFÜHRUNG, „Das ist Kat-Segeln“, Seite 14). Kats wandeln durch die schmalen Rümpfe und die große Breite den Winddruck effektiver in Fahrt um, weil sie neben der kleineren benetzten Fläche (weniger Reibungs- bzw. Wellenwiderstand) und der höheren Querstabilität (der Krängung entgegenwirkend) auch eine andere Art der Segel nutzen.

Groß- und Vorsegel haben einen besonders flachen Schnitt (Profil) und entfalten dadurch ihre beste Wirkung bei laminarer (am Segel anliegender) Strömung (Wind). Das heißt, die Segel sind aerodynamisch geformt, und der Wind streicht bei optimalem Anstellwinkel glatt und gleichmäßig vom Mast über das Vorliek bis zum Achterliek über das Tuch. Er schiebt den Kat auf keinem Kurs.

Das Segeln mit laminarer Strömung ist nur bis zu einem Einfallswinkel des scheinbaren Winds (wahrer Wind plus Fahrtwind) von 90 Grad, also genau von der Seite, möglich. Kommt der scheinbare Wind, mit dem jedes

Boot segelt, achterlicher als halbwind, reißt die laminare Strömung am Großsegel ab, und der Kat wird deutlich langsamer. Um das zu verhindern, wird mit allen modernen Kats auch vor dem Wind gekreuzt (siehe TECHNIK, „Vorwind“, Seite 65).

Wenn der scheinbare Wind auf die Segel trifft, entsteht durch die Wölbung in Luv ein Überdruck und in Lee durch den etwas längeren Weg, den die Luftmassen dort zurücklegen müssen, bevor sie sich am Achterliek wieder zusammenschließen, ein Unterdruck. Dieser Unterdruck erzeugt eine Kraft.

Die Richtung der Kraft wirkt nicht im 90-Grad-Winkel zum Rumpf, sondern senkrecht zur so genannten Sehne des Segels. Sie hat also auch einen Anteil Vorwärtskraft. Die relativ kleine Fock hat im Übrigen in der Hauptsache die Aufgabe, die Leeströmung am Großsegel zu beschleunigen, also den Unterdruck und damit die Wirkung des Großsegels zu erhöhen. Damit der Kat nicht überwiegend seitlich treibt (abdriftet), hat er Rümpfe, Schwerter und Ruderblätter als Lateralfläche (Gegenfläche), die den seitlichen Druck aufnehmen und im Wasser genau umgekehrt als Überdruck in Lee und Unterdruck in Luv in Fahrt umwandeln (Grafik).

Zu wenig und zu viel Druck

Bei Leichtwind hat die Crew insgesamt zu wenig Druck im Segel, sodass sie ihr Eigengewicht noch nicht zum Ausgleichstrimm ins Trapez hängen muss. Also versucht sie, die Segel so voll wie möglich zu trimmen, quasi um durch eine starke Wölbung die Wegdifferenz für die Luftmassen zwischen Luvseite und Leeseite möglichst groß zu halten, was letztendlich den Druck im Segel und damit die Fahrt des Boots erhöht.

Das geht auf dem Am-Wind-Kurs und auf dem Flieger nicht unbegrenzt. Denn zum einen be-

Segelprinzip am Katamaran

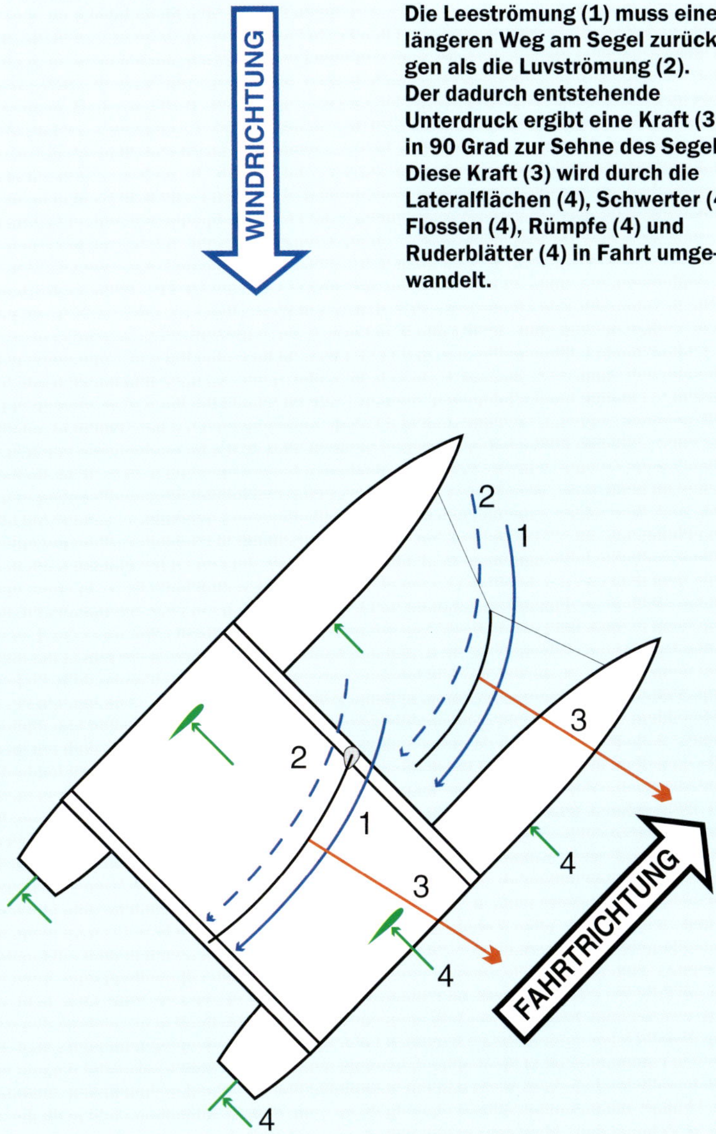

Die Leeströmung (1) muss einen längeren Weg am Segel zurücklegen als die Luvströmung (2). Der dadurch entstehende Unterdruck ergibt eine Kraft (3) in 90 Grad zur Sehne des Segels. Diese Kraft (3) wird durch die Lateralflächen (4), Schwerter (4), Flossen (4), Rümpfe (4) und Ruderblätter (4) in Fahrt umgewandelt.

Mit einem Spinnaker hat ein Kat auch bei Leichtwind genug Druck, dass die Crew ins Doppeltrapez gehen kann, wenn sie etwas höher als den optimal tiefen Vorwindkurs segelt.

ginnen stark gewölbte Segel durch den spitzen Windeinfallswinkel bald, im Vorliek einzufallen. Außerdem schafft die leichte Luftbewegung irgendwann die große Wegdifferenz nicht mehr und reißt ab, bevor sie am Achterliek wieder abströmt. Folge: Der Kat wird richtig langsam und luvgierig. Deshalb ist der maximal volle Leichtwindtrimm auf diesen Kursen, weil die Strömung immer anliegen muss, auf relativ flache Segel begrenzt (siehe „Trimmbögen", Seite 162 ff.).

Auf dem Vorwindkurs dagegen ist der Windeinfallswinkel zwar immer noch unter oder gleich 90 Grad, aber viel stumpfer. Deshalb können die Segel voll getrimmt werden, ohne dass die Strömung abreißt. Auch bei Starkwind wird der Druck fast nie so gross, dass die Segel abgeflacht werden müssen.

Auf dem Am-Wind-Kurs und Flieger steigt der Überdruck vor allem im Großsegel mit zunehmendem Wind, bis die Crew den Druck selbst durch Trapezsegeln nicht mehr ausgleichen kann. Der Kat krängt immer mehr, wird immer luvgieriger und droht zu kentern. Das gleichen völlig unerfahrene Crews durch Anluven und Auffieren der Schoten sofort aus. Sie segeln dafür aber nicht besonders schnell und meist ausgesprochen unsicher und unkomfortabel. Viel besser und feiner in der Abstimmung ist es, den zu großen Druck durch allmähliches Abflachen der Segel so zu verringern, dass der Luvschwimmer durch Steuertechnik und Großschotarbeit möglichst immer über der Wasseroberfläche zu halten ist. Das geschieht über die verschiedenen Trimmeinrichtungen (siehe „Trimm-Tabelle", Seite 156). Bis Starkwind (6 Beaufort) kann jeder Kat mit dem richtigen Trimm ohne Luvgierigkeit mühelos gesegelt und beherrscht werden. Ein teilweises Flatternlassen der Segel ist höchstens bei Sturmböen nötig, die einen überraschen können. Dann sollte allerdings schnellstens an Land gesegelt werden.

Luv- und Leegierigkeit

Über die angebliche Luv- oder Leegierigkeit eines Katamarans sind weit mehr Irrtümer als Wahrheiten im Umlauf. Viele Segler haben einen Kat, der vor allem bei Mittel- und Starkwind auf dem Am-Wind-Kurs und auf dem Flieger zu luvgierig ist. Das äußert sich in zu hohem Ruderdruck, der auf Dauer sogar zu chronischen Sehnenverletzungen in den Armen führen kann.

Bei den meisten liegt das an der Einstellung der Ruderblätter (siehe TRIMM, „Ruderanlage und Schwerter", Seite 35), die den Steuermann die Luvgierigkeit mehr oder weniger stark spüren lässt. Das heißt, falsch getrimmte Ruderblätter lassen den Steuermann ein wenig, (völlig normale) Luvgierigkeit auf den entsprechenden Kursen stark spüren.

Durch den Ruderdruck hat er das Gefühl, der Kat sei enorm luvgierig, was er aber wahrscheinlich gar nicht ist. Durch den Trimm der Ruderblätter wird also nicht die Luv- oder Leegierigkeit des Kats verändert, was eine weit verbreitete Meinung ist, sondern nur der optimale Ruderdruck zum exakten Steuern eingestellt.

Ist das geschehen, der Ruderdruck aber vor allem bei Mittel- und Starkwind immer noch zu hoch, ist der Kat tatsächlich luvgierig. Das liegt dann allerdings meistens am Segeltrimm und nicht am Masttrimm (Mastfall), wie wiederum viele Segler glauben.

Stattdessen wird an der Kreuz oft das Großsegel zu voll getrimmt, eine andere Trimmeinrichtung für Starkwind nicht richtig eingestellt oder die Fockschot nicht dicht genug geholt. Alle Serien- und Einheitsklassen-Katamarane sind so konstruiert, dass sie bei optimalem Trimm und entsprechender Segeltechnik nicht über Gebühr luv- oder leegierig sind.

Luv- oder Leegierigkeit entsteht immer dann, wenn der Segeldruckpunkt nicht senkrecht über dem Lateraldruckpunkt steht. Deshalb kommt es bei der Segeltechnik und dem Bootstrimm auch auf die Sitzpositionen an. Dies hat bei schwertlosen Kats, die ihre Lateralfläche überwiegend durch eine lang gezogene Rumpffläche (asymmetrische Rümpfe oder Flossen) erreichen, größere Auswirkungen als bei Schwert-Kats. Steht die Crew

Im Doppeltrapez soll die Crew dicht zusammenstehen, damit der Kat durch die Konzentration des Gewichts in der Mitte keine starken Nickbewegungen macht. Durch die richtige „Sitzposition" hinter dem Want wird der Kat auch optimal getrimmt und nicht luvgierig. Im Übrigen hängt der Steuermann etwas höher als der Vorschoter, damit er eine freie Sicht nach vorn hat.

zum Beispiel zu weit vorn im Trapez, wird der Kat luvgierig, weil die Lateralfläche (durchs Crewgewicht ins Wasser getauchte Widerstandsfläche des Rumpfes) zu weit vorn liegt. Das heißt, der Segeldruckpunkt liegt hinter dem Lateraldruckpunkt, wodurch der Katamaran quasi über eine gedachte Drehachse zwischen den beiden Druckpunkten nach Luv gedreht wird.

Umgekehrt ist die Drehrichtung, wenn der Segeldruckpunkt vor dem Lateraldruckpunkt liegt, zum Beispiel, wenn die Crew zu weit hinten steht. Dann wird der Kat leegierig.

Großer Unsinn ist das vielfach propagierte Verringern des Mastfalls, um einer angeblichen Luvgierigkeit entgegenzuwirken. Wer den Mastfall aus diesem Grund nach vorn verstellt, also weniger Mastfall fährt (Rake), verändert den Gesamttrimm des Kats stark und nimmt verschiedene andere, gravierende Trimmnachteile als Nebeneffekt in Kauf, die vor allem auf Kosten der Geschwindigkeit, aber auch der Beherrschbarkeit des Kats bei Starkwind gehen.

Jeder Kat hat bauartbedingt für verschiedene Windstärken und Crewgewichte einen bestimmten optimalen Mastfall (siehe TRIMM, „Mastgrundtrimm“, Seite 40, und „Trimmbögen“, Seite 162 ff.), der nicht wegen einer falsch geglaubten Luv- oder Leegierigkeit verändert werden sollte.

Den besten Beweis für den korrekten Einsatz des Mastfalls liefern die Spitzensegler in den weitverbreiteten Regattaklassen Hobie 16 und Dart 18. Bei diesen Kats mit weniger Trimmeinrichtungen ist der Mastfall die wichtigste Verstellmöglichkeit. Besonders bei Starkwind, bei dem der Ruderdruck und die Luvgierigkeit besonders groß sein müssten, fahren sie besonders viel Mastfall anstatt umgekehrt.

Trimm-Tipps

Grau ist alle Theorie – auch die des Trimms. Denn die richtigen Trimmeinstellungen nützen wenig, wenn sie zum falschen Zeitpunkt angewendet werden. Das Einschätzen der Windbedingungen und die schnelle Schlussfolgerung für den situationsgerechten Trimm ist genauso wichtig, wie den optimalen Trimm für die verschiedenen Bedingungen überhaupt zu kennen. Darüber hinaus gibt es viele Tipps, wie die festen Grundtrimmgrößen und variablen Einstellungen je nach Crewgewicht und Windbedingungen auch kursabhängig besonders schnell und effektiv verändert werden können.

Segellatten

Im Grundtrimm werden nur die Standard-Segellatten mit dem speziellen Knoten auf eine bestimmte Spannung eingestellt (siehe TRIMM, „Großsegel“, Seite 44), sodass sich am gesetzten Segel keine Falten quer zu den Lattentaschen bilden und die Latten am liegenden Segel in den Taschen hin- und herspringen können. Die oberen drei Latten, die am meisten Einfluss auf das Profil des Großsegels haben, sollten jedoch noch etwas strammer gespannt werden. Klappt das Groß bei Leichtwind nicht um, sollten die Latten jedoch etwas loser als sonst eingebunden werden.

Regattasegler aller Kats, bei denen die Segellatten nicht in den Klassenvorschriften vorgeschrieben sind, können durch Latten unterschiedlicher Härtegrade den Segeltrimm wesentlich verändern. Der Einfluss der oberen zwei bis drei Segellatten auf die Profiltiefe und die Achterlieksöffnung ist auch dabei am größten.

Die Latten darunter sind zu lang, um entscheidend mitzuwirken. Es gibt sie höchstens mit einem unterschiedlichen Lattenprofil. Sind sie gleichmäßig profiliert, liegt der Bauch im Segel in der Mitte; sind sie vorn weicher (dünner profiliert), wandert der Bauch etwas nach vorn zum Vorliek.

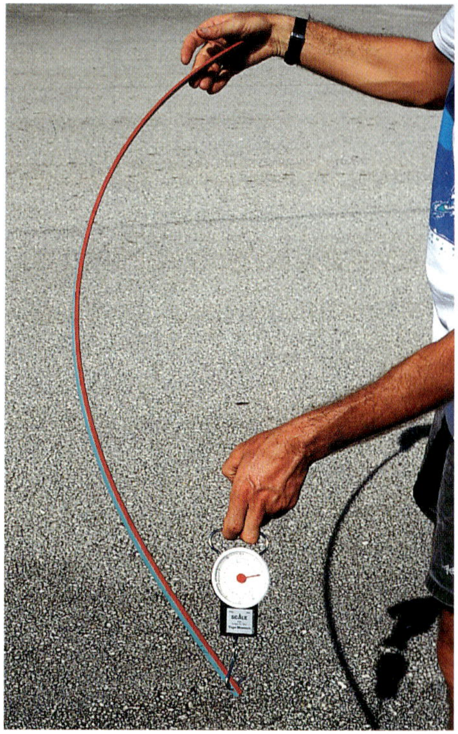

Mit einer Waage wird der Härtegrad der Segellatten gemessen. Ist der Anfangswiderstand gebrochen, bleibt der Messwert in Kilogramm konstant und wird nicht größer, wenn die Latte weiter durchgebogen wird.

Bei den Topplatten eins bis drei gibt es unterschiedliche Härtegrade. Der wird mit einer Lattenwaage (Fischwaage o. Ä.) in Kilogramm gemessen (Foto oben).

Eine gängige Kombination für Leicht- und Mittelwind ist 4 bis 5 Kilogramm bei der ober-

Für ein schnelles Lösen des Großsegels vom Großbaum sollte das Schothorn mit einem Fastpint – ein mit Gummistropp gesicherter Bolzen – am Baum befestigt werden. Dieser ermöglicht auch ein schnelles Bergen des Großsegels bei schwierigen Anlegemanövern.

sten Latte, 3 bis 4 Kilogramm bei der zweiten Latte und 2 bis 3 Kilogramm bei der dritten Latte. Damit ist das Groß im Topp voller und im Achterliek geschlossener. Die Kombination 6–8 kg/4–6 kg/3–4 kg lässt weniger Biegung der Latten zu, wodurch das Segel für Starkwind im Topp flacher und im Achterliek offener wird.

Versierte Regattasegler führen einen zweiten Satz Segellatten an Bord mit, den sie zum Beispiel mit einem Gummistropp am Großbaum befestigen. Um die Latten auch kurz vor einer Wettfahrt noch tauschen zu können, muss das Großsegel allerdings schnell vom Baum und vom Cunningham gelöst werden können. Am Baum hilft dabei ein so genannter Fastpint (Foto oben). Außerdem muss der Topphaken gut ein- und aushaken.

Mastvorbiegung und Biegeverhalten

Bei diamondverstagten Masten wird crewgewichtsabhängig (durch Salingwinkel) und windstärkenabhängig (durch Diamondspannung) die Mastvorbiegung eingestellt (siehe TRIMM, „Masttrimm“, Seite 38). Vor allem der Salingwinkel, weniger die Diamondspannung, bestimmen außerdem das Biegeverhalten des Mastes. Das ist die Eigenschaft, durch den Segeltrimm über die Vorbiegung hinaus noch erheblich weiter zu biegen (weich) oder nicht (hart).

Die Trimmgröße Biegeverhalten kann genutzt werden, um Trimmnachteile durch besonders flach oder voll geschnittene Großsegel oder durch von Grund her besonders harte oder weiche Masten auszugleichen. Die Beurteilung des Segelschnitts und der Masthärte erfordert viel Erfahrung und sollte im Zweifel mit einem erstklassigen Trainer oder Segelmacher besprochen werden.

Wer ein flach geschnittenes Großsegel oder einen weichen Mast hat, will ein möglichst hartes Biegeverhalten des Masts, weil er das Groß beim Segeltrimm nicht ungewollt noch flacher trimmen will (siehe unten). Das gilt besonders für schwere Crews. Umgekehrt wollen vor allem leichte Crews mit einem voll geschnittenen Groß oder einem harten Mast ein möglichst weiches Biegeverhalten, um das Groß durch den Segeltrimm noch flacher trimmen zu können als allein durch die Vorbiegung (siehe „Trimm-Tabelle", Seite 156).

Ein hartes Biegeverhalten wird mit einem kleinen Salingwinkel erreicht, weil der stumpfe Salingwinkel den Mast durch die Diamonddrähte gegen Durchbiegen umso mehr versteift, desto stumpfer der Winkel ist. Umgekehrt ist die Versteifung bei einem spitzen Salingwinkel geringer, das Biegeverhalten also weicher.

Deshalb kann der Salingwinkel (bei flach geschnittenem Groß oder weichem Mast) kleiner einstellt werden als im Grundtrimm für das entsprechende Crewgewicht üblich (siehe TRIMM, „Mastgrundtrimm“, Seite 40). Zum Beispiel nehmen schwere Crews dann nur 15 Millimeter Salingwinkel. Um für Leichtwind trotzdem eine Vorbiegung von 20 Millimetern

Trimm-Tabelle

Trimmgröße	Einstellung	Wirkung	nötig für
Mastvorbiegung	großer Salingwinkel	flaches Groß und weiches Mastbiegeverhalten	leichte Crews bei voll geschnittenem Groß
	kleiner Salingwinkel	volles Groß und hartes Mastbiegeverhalten	schwere Crews bei flach geschnittenem Groß
	hohe Diamondspannung	flaches Groß	Starkwind
	niedrige Diamondspannung	volles Groß	Leichtwind
Mastfall (Schwert-Kats)	verlängertes Vorstag und verkürzte Wanten	Segeldruckpunkt hinten und unten sowie flache und geöffnete Fock	leichte Crews
	verkürztes Vorstag und verlängerte Wanten	Segeldruckpunkt vorn und oben sowie volle und geschlossene Fock	schwere Crews
Mastfall (schwertlose Kats)	verlängertes Vorstag und verkürzte Wanten	Segeldruckpunkt hinten und unten sowie flache und geöffnete Fock	Starkwind
	verkürztes Vorstag und verlängerte Wanten	Segeldruckpunkt vorn und oben sowie volle und geschlossene Fock	Leichtwind
Riggspannung	hohe Wantenspannung	Flieger: flache Fock, Vorwind: Mast rotiert schwerer raus	Starkwind
	niedrige Wantenspannung	Flieger: volle Fock, Vorwind: Mast rotiert besser raus	Leichtwind
Reinrotierer	bis Mastnut auf Achterbeam zeigt	ganz flaches Groß	Am Wind bei Starkwind
	bis Mastnut aufs Want zeigt	flaches Groß	Am Wind bei Leichtwind
Rausrotierer	bis Mastnut auf Vorderbeam zeigt	volles Groß	Vorwind
Großunterliek (Kats mit Baum)	Strecker dicht	ganz flaches Groß	Am Wind/Flieger bei Starkwind
	Strecker fast dicht	flaches Groß	Am Wind/Flieger bei Leichtwind
	Strecker lose	volles Groß	Vorwind

Trimmgröße	Einstellung	Wirkung	nötig für
Großunterliek (Kats ohne Baum)	Schotzugpunkt vorn	ganz flaches Groß	Am Wind bei Starkwind
	Schotzugpunkt fast vorn	flaches Groß	Am Wind bei Leichtwind
	Schotzugpunkt hinten	volles Groß	Vorwind
Großvorliek	Cunningham dicht	flaches und offenes Groß sowie mehr Mastbiegung	Am Wind/Flieger bei Starkwind
	Cunningham lose	volles und geschlossenes Groß sowie wenig Mastbiegung	Leichtwind und Vorwind
Traveller	Mitte Beam	Groß-Anstellwinkel ganz innen	Am Wind
	40–80 cm von Beammitte	Groß-Anstellwinkel mittel	raumer Flieger
	100–120 cm von Beammitte	Groß-Anstellwinkel ganz außen	Vorwind
Traveller (nur schwertlose Kats)	Mitte Beam bis 50 cm raus	Groß-Anstellwinkel etwas nach außen	Am Wind bei Starkwind
Fockholepunkt in Längsrichtung	vorn	Schotzug steiler volle und geschlossene Fock	Leichtwind
	hinten	Schotzug flacher flache und geöffnete Fock	Starkwind
Fockholepunkt in Querrichtung	innen	viel Druck und Höhe	Leichtwind
	außen	wenig Druck, aber viel Speed	Starkwind
Barberhauler	ganz gezogen	Fock-Anstellwinkel ganz außen	Vorwind
	halb gezogen	Fock-Anstellwinkel halb außen	raumer Flieger
	lose	Fock-Anstellwinkel innen	Am Wind/Flieger
Fockvorliek	Strecker dicht	flache und geöffnete Fock	Starkwind
	Strecker lose	volle und geschlossene Fock	Leichtwind und Vorwind

einzustellen, muss die Diamondspannung entsprechend (eine Umdrehung) erhöht werden. Das Biegeverhalten wird durch die höhere Diamondspannung nicht wesentlich beeinflusst, es ist vor allem wegen des kleineren Salingwinkels härter. Auch wenn der Wind weiter zunimmt, kann die Vorbiegung, sprich Diamondspannung, entsprechend weiter erhöht werden, ohne dass sich das Biegeverhalten wesentlich ändert.

Das Biegeverhalten ist eine Masttrimmgröße, die beim Segeltrimm gezielt genutzt wird, aber auch ungewollt zwangsläufig auftritt. Das erklärt, warum nicht alle Crews ein möglichst weiches Biegeverhalten wollen.

Ein Mast mit weichem Biegeverhalten kann durch Zug am Cunningham, das über das Großvorliek am Masttopp zieht, noch erheblich weiter gebogen werden. Das ist bei einem harten Biegeverhalten kaum möglich. Aber auch durch den Schotzug macht sich das Biegeverhalten unabdingbar bemerkbar. Denn auf dem Am-Wind-Kurs muss die Großschot praktisch bei jeder Windstärke ganz dicht gefahren werden, damit das Segel optimal zum Wind (im Achterliek geschlossen) steht. Wenn durch den optimalen Schotzug jedoch zwangsläufig der Mast mit biegt, weil das Biegeverhalten zu weich ist, hätten schwere Crews einen Nachteil, weil sie das Segel bei Leichtwind ja gar nicht gleichzeitig flacher getrimmt haben wollen.

Für leichte Crews besteht dieser Nachteil des weichen Biegeverhaltens bei ganz leichtem Wind zwar auch. Er wird aber durch den Vorteil, das Segel bei Starkwind zusätzlich zur Vorbiegung noch erheblich flacher trimmen zu können, mehr als wettgemacht. Also: Leichte Crews stellen ihre Mastvorbiegung mit einem größeren Salingwinkel, aber einer niedrigeren Diamondspannung ein als schwere Crews.

Mastfall

Je weniger Trimmeinrichtungen ein Kat hat, desto wichtiger ist die Trimmgröße Mastfall, um möglichst schnell oder/und sicher segeln zu können. Das trifft für Kats mit nicht diamondverstagten Masten besonders zu, weil bei ihnen sowohl keine Mastvorbiegung eingestellt werden kann als auch häufig andere Verstellmöglichkeiten fehlen. Eine gleich große Bedeutung wie der Mastfall hat bei diesen Kats nur noch das Cunningham, um das Großvorliek abzuflachen. Deshalb wird der Mastfall häufiger verändert und weicht dann auch von den Grundeinstellungen ab (siehe TRIMM, „Mastgrundtrimm“, Seite 40).

Zur Erinnerung: Mit dem Mastfall wird in der Hauptsache der Zugwinkel der Fockschoten und bei Kats ohne Großbaum auch der Zugwinkel der Großschot verändert. Bei viel Mastfall wird der Zugwinkel flacher, das heißt, die Schot zieht mehr am Unterliek und weniger am Achterliek. Das Segel wird dadurch für Starkwind insgesamt flacher und im Achterliek offener getrimmt. Bei wenig Mastfall wird der Zugwinkel steiler, das heißt, die Schot zieht weniger am Unterliek und mehr am Achterliek. Das Segel wird dadurch insgesamt voller und im Achterliek geschlossener getrimmt.

Abgesehen von den veränderten Zugwinkeln der Schoten gibt es noch eine ganze Reihe komplexer Nebeneffekte beim Verändern des Mastfalls. Diese sind auf keinen Fall pauschal mit mehr oder weniger Luv- oder Leegierigkeit zusammenzufassen, wie es häufig noch geschult wird. Die einzelnen Nebeneffekte zu erklären, wäre aber höchstens für einen Aero- und Aquadynamiker interessant und für den Segler in der Praxis nur verwirrend.

Kats mit Wanten, die nicht in einem Locheisen in der Länge verändert werden können, wie vor allem die Topcats, können auch den Mastfall nur bedingt verändern. Bei ihnen werden die Wanten von der Werft auf einer unveränderbaren Länge mitgeliefert und mit einem speziellen Hakenterminal am Wantendraht in die Püttingeisen an den Rümpfen eingehakt. Verstellbar ist nur die Länge des Vorstags über ein Bändsel. Das heißt, durch Verlängern des Vorstags kann auch etwas mehr Mastfall gefahren werden, allerdings nur auf Kosten der Riggspannung. Deshalb ist der Spielraum für die Verstellung von Mastfall auf dem Wasser auch begrenzt. Denn je länger das Vorstag eingestellt wird, desto mehr kippt der Mast auch zur Seite, was das Segelverhalten zunehmend beeinflusst.

Eine Erweiterung des Spielraums lassen bei den Topcats jedoch die Klassenvorschriften zu. Während die Bauwerft zwar einheitliche Längen mit den üblichen technischen Toleranzen einer Produktionsreihe liefert, liegen Ober- und Untergrenze in den Klassenvorschriften generell 70 Millimeter auseinander. Demzufolge könnten also auch andere, selbst gepresste Wanten verwendet werden. Aber Vorsicht: Neue Wanten recken sich nach einiger Zeit um etwa 1 Zentimeter! Das muss bei der Anfangslänge berücksichtigt werden, damit die gereckten Wanten später nicht gegen die Vorschriften verstoßen.

Leichte Crews würden also möglichst eine Wantenlänge an der Untergrenze der Vermessungsvorschriften wählen, um möglichst viel Mastfall fahren zu können. Schwere Crews dagegen nähmen 2 bis 4 Zentimeter längere Wanten, um den Mast aufrechter zu fahren und die Segel durch die Zugwinkel der Schoten nicht so stark abzuflachen. Da die Wanten relativ schnell zu wechseln sind, könnten versierte Regattasegler sogar für verschiedene Windstärken verschiedene Race-Wanten-Sets vorhalten.

Die Hobie-16-Crew demonstriert den Vorwindtrimm perfekt. Beide sitzen weit vorn, der Vorschoter in Lee, um das Gewicht auf die beiden volumenarmen Schwimmer zu verteilen. Der Steuermann rotiert den Mast mit den Füßen nach außen. Um mit der Pinne ruhig den Kompromiss aus optimaler Tiefe und Speed zu steuern, lehnt er den Oberkörper an das Luvwant. Der Vorschoter versucht, mit aufmerksamer Schotarbeit die Strömung an der Fock nicht abreißen zu lassen.

Eine der verbreitetsten Regattaklassen, der Dart 18, kann zwar den Mastfall wie üblich verstellen, hat aber sehr strenge Klassenvorschriften. Darin sind sowohl die werftseitig gelieferten Locheisen der Wanten als auch das Bändsel, mit dem die Länge des Vorstags verstellt wird, genau vorgeschrieben. Beides zusammen gibt den Spielraum für den Mastfall vor. Gemessen mit der Trapezmethode reicht er sinnvoll von 10 Zentimeter (Leichtwind) bis 50 Zentimeter (Starkwind), entsprechend von 50 Zentimeter vor dem Achterbeam bis zum Achterbeam. Leichte Crews stellen bei Starkwind sogar bis zu 70 Zentimeter Mastfall ein (20 Zentimeter hinter dem Achterbeam).

Ein Sonderfall ist der Hobie 16. Nur bei ihm kann der Mastfall sogar auf dem Wasser während des Segelns verstellt werden. Um alle Möglichkeiten des optimalen Trimms auszunutzen, wird der Regatta-Trimmsatz benötigt. Dieser besteht aus einer „Harken"-Großschot, kleinen Fockblöcken und -klemmen, einem neuartigen Rollentraveller und einem Fockfall aus Spectra-Tau.

Das Trimmprinzip des Hobie 16 sieht einen Grundtrimm der Wantenlänge und einen variablen Trimm über das Fockfall vor. Im mittleren Grundtrimm, mit dem die meisten Segler bei fast allen Bedingungen gut zurechtkommen, wird die Länge der Wanten auf dem dritten Loch von unten im Lochband eingestellt. Schwere Crews wählen besonders auf Leichtwindrevieren das vierte Loch von unten, um später grundsätzlich weniger Mastfall zu fahren. Dagegen fahren leichte Crews besonders bei Starkwind mit einer Einstellung im zweiten Loch von unten, die grundsätzlich mehr Mastfall bedeutet, besser.

Über das Fockfall, das gleichzeitig das Vorstag ist, wird dann der Mastfall endgültig festgelegt. Bei Leichtwind sollte das Fockfall so dichtgeholt werden, dass die Großschot bei mittlerer Schotspannung noch nicht „Block auf Block" steht, das hieße, nicht mehr dichter zu ziehen ist.

Bei Mittelwind benötigt der Hobie 16 mehr Großschotspannung, um einen so hohen Druck im Groß zu erzeugen, dass die Crew möglichst früh im Trapez stehen kann. Deshalb muss das Fockfall sehr stramm durchgesetzt werden.

Bei Starkwind wird die Großschot maximal dicht Block auf Block gefahren. Das Fockfall sollte so weit gefiert werden, dass die Achterlieksöffnung des Großsegels den zu großen Winddruck herauslässt. Der Hobie 16 sollte mit entsprechender Steuertechnik gut zu halten sein, und die Kentergefahr darf nicht zu groß sein. Böen werden durch ständiges Fieren und wieder Dichtholen des Travellers ausgeglichen.

Riggspannung

Die Einstellung der Riggspannung laut Grundtrimm, indem zwei Personen mit den Trapezen den Mast in Richtung des jeweilig zu befestigenden Wants ziehen (siehe TRIMM, „Masttrimm“, Seite 42), ist für leichte und schwere Crews bei Mittel- und Starkwind optimal. Nur bei Leichtwind kann die Riggspannung in beiden Wanten ein Loch loser eingestellt werden, damit der Mast auf dem Vorwindkurs leichter rausrotiert und die Fock auf dem Flieger etwas voller steht.

Bei neuen Kats sollte die Riggspannung nach den ersten zehn Segelstunden auf beiden Wanten nachgestellt werden, weil sich neue Drähte dann um etwa 1 Zentimeter gereckt haben. Das fällt zunächst nicht auf, wenn nach dem Segeln zum Schonen des Materials die Riggspannung gelöst wird (siehe TRAINING, „Kat-Pflege nach dem Segeln“, Seite 178), weil dabei nur ein Want gelöst wird. Wird das andere Want nach dem „Einsegeln“ des Riggs nicht nachgestellt, steht der Mast bald schief auf dem Boot.

Fockholepunkt in Längsrichtung

Während der Fockholepunkt in Längsrichtung im Grundtrimm überwiegend nur crewgewichtsabhängig eingestellt wird, verändern ihn Regattasegler auf dem Wasser auch windstärkenabhängig. Das wird vor allem vor der Leetonnenrundung für den folgenden Am-Wind-Kurs gemacht, um über den Zugwinkel der Schot die Fock für Starkwind flach und offen (Holepunkt hinten) oder für Leichtwind voll und geschlossen (Holepunkt vorn) zu trimmen. Ist die Verstelleinrichtung vorhanden, wird der Fockholepunkt in Längsrichtung auch bei Kats verstellt, die den Zugwinkel der Fockschot schon mit dem Mastfall verändern.

Beim Dart 18 zum Beispiel ist der Fockholepunkt in Längsrichtung (in 4-Zentimeter-Schritten) zwar auch nur mit einem Schraubenzieher zu verstellen; das ist vor oder zwischen den Wettfahrten aber zumindest für geschickte Segler möglich, während der Mastfall beim Segeln nicht mehr verändert werden kann.

Fockvorliekstrecker

Der Fockvorliekstrecker endet bei den meisten Kats mit einer Übersetzung in einer Klemme am Segelhals. Nur geschickte Segler können die Einstellung auch auf dem Wasser ändern, indem sie sich in einem Balanceakt auf den Hahnepotdraht legen. Das wird dann kurz vor oder zwischen den Wettfahrten gemacht.

Bei anderen Klassen, in denen diese Art Fockvorliekstrecker nicht in den Klassenregeln vorgeschrieben ist, kann das Ende des Streckers über zwei Rollen am Hahnepotdraht entlang über einen Schwimmer zum Vorderbeam umgelenkt werden. Das ermöglicht ein ständiges windstärken- und kursabhängiges Trimmen des Fockvorlieks.

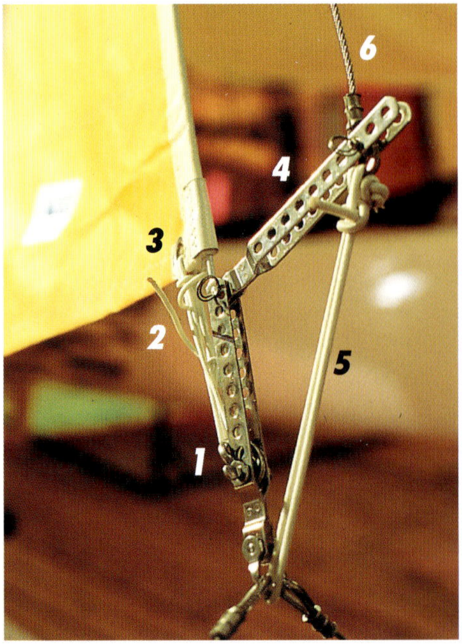

Der Fockhalsanschlag am Hahnepot beim Hobie 16: Die Fock wird so am ersten Locheisen (1) angebolzt, dass der Fockvorliekstrecker je nach Länge des Fockdrahts über das kleine Bändsel (2) an der Fockhalskausch (3) noch stark gezogen werden kann. Das zweite Lochband (4) wird mit dem Gummi (5) heruntergezogen, um das Vorstag (6) beim Segeln stramm zu halten.

Rotation

Mit der Rotation werden bei Kats mit diamondverstagten Masten vor allem auf dem Am-Wind-Kurs der Einfluss der Vorbiegung und die Einflussmöglichkeit des Biegeverhaltens auf den Großsegeltrimm reguliert. Je weiter der Mast reinrotiert ist, desto mehr wirken Vorbiegung und Biegeverhalten; je weiter er rausrotiert ist, desto weniger wirken sie (siehe TRIMM, „Großsegel“, Seite 48).

Deshalb kann auf Kats, die keine Rotation haben, bei denen die Klassenvorschriften aber eine zulassen (zum Beispiel Nacras und Prindles), trotzdem ein Rausrotierer nachgerüstet werden. Das lohnt sich allerdings nur, solange auf den Kats kein Spi gefahren wird.

Auch die Masten von Kats ohne Diamondverstagung rotieren in der Längsachse. Sie haben jedoch meist keine Rotation (Rein- oder Rausrotierer), mit der der Mast in einer gewünschten Stellung festgestellt werden kann, weil der Einfluss von Vorbiegung und Biegeverhalten wegfällt. Beim Dart 18 zum Beispiel ist die Rotation durch einen werftseitig eingebauten und in den Klassenregeln vorgeschriebenen Tampen begrenzt, der den Mast nicht weiter rausrotieren lässt. Er begrenzt die Drehung zu beiden Seiten, wenn die Mastnut etwa auf die Wanten zeigt. Dadurch wird zumindest auf dem Am-Wind-Kurs eine günstige Anströmung des Mastprofils erreicht.

Bei allen Masten ohne Rausrotierer dreht der Mast dann häufig bei Leicht- bis Mittelwind auf dem Vorwind-Kurs mit jeder Welle und jeder Bö auf dem Mastfuß hin und her. Das wirkt sofort negativ auf die Strömung am Großsegel. Um das zu verhindern, kann der Steuermann mit einem Fuß den Mast am Großbaum oder am Mast selbst rausdrücken (Foto) und so das Schlackern verhindern.

Bei den Hobie Cats 14 und 16 gibt es noch einen weiteren Trimm-Tipp. Bei ihnen ist das Rausrotieren nicht durch einen vorgeschriebenen Tampen, sondern durch zwei kleine Nasen aus Gussaluminium am Mastfuß begrenzt. Durch den Großschotzug vor allem auf dem Am-Wind-Kurs und auf dem Flieger wird der Großbaum gegen den Mast gedrückt, der dadurch soweit rausrotiert, bis die Alu-Nasen ihn stoppen.

Diese Nasen können abgefeilt werden, damit der Mast weiter rausrotieren kann. Das hat in der Hauptsache den Effekt, dass sich der Mast ohne Diamond-Verstagung mit seinem ovalen Profil durch den Großschotzug mehr biegen kann.

Durch das stärkere Biegen bei gleichem Schotzug wird wiederum das Großsegel stärker abgeflacht. Das ist der Effekt, den besonders leichte Crews mit dem Abfeilen der Alu-Nasen erzielen wollen.

Durchschnittlich gewichtige und schwere Crews wollen das nicht, weil sie diesen Effekt höchstens bei Starkwind gebrauchen könnten. Vor allem bei Mittelwind würde er ihnen aber zum gravierenderen Nachteil werden, weil der Hobie 16 dann mit hohem Schotzug gefahren wird, um viel Druck zu erzeugen und möglichst bald ins Trapez gehen zu können.

Das Abfeilen der Alu-Nasen hat nebenbei auf dem Vorwind-Kurs den Vorteil, dass der Mast günstiger angeströmt wird und das Segel besser steht. Durch den Druck des Großbaums wird der Mast allerdings auch auf dem Am-Wind-Kurs weiter nach außen rotieren, wodurch die Anströmung und das Segelprofil hier etwas ungünstiger werden.

Die Rotation am Mastfuß der Hobie 14 und 16 ist durch Alu-Nasen (1) begrenzt.

Trimmbögen

Grundsätzlich gelten bei allen Katamaranen dieselben Prinzipien beim Einstellen des Trimms. Vor allem die Schwert-Kats ähneln sich zudem noch in den Maßen für die verschiedenen Trimmeinstellungen. Die Trimmbögen sind basierend auf langjährigen Erfahrungen für verschiedene Kat-Gruppen zusammengestellt worden.

Eine sinnvolle Einteilung ergab die Unterscheidung nach Zweimann-Schwert-Kats mit und ohne Spi, Einmann-Schwert-Kats sowie verschiedene Regattaklassen. Diese Kat-Gruppen sind an die weit verbreiteten Regattaklassen Hobie 16, Dart 18 und Topcat angelehnt.

In diesen Trimmbögen kann sich jeder Kat-Segler mit seinem Boot wiederfinden. Der zu ihm gehörende Trimmbogen wird allerdings nicht immer exakt auf seinen Kat zugeschnitten sein.

Aber zum Beispiel für das Trimmprinzip des Fockholepunkts in Längsrichtung, also die Verstellung des Zugwinkels der Fockschot, ist es egal, ob dies über eine Travellerschiene auf dem Rumpf oder über eine Lochplatte am Fockschothorn geschieht. So kann der in den Bögen angegebene Trimm auf jeden Katamaran-Typ angewendet werden.

Das sollte jedoch nicht dazu verführen, stur nach den Trimmbögen zu trimmen. Viel wichtiger ist es, die Zusammenhänge und die Wirkung der verschiedenen Trimmeinrichtungen zu verstehen und sie auch selbst auszuprobieren.

Wer genug Erfahrung mit dem Trimmen gesammelt hat, müsste sich seinen eigenen individuellen Trimmbogen ausfüllen sowie verschiedene Trimmeinstellungen testen und vergleichen können.

Trimmbogen für Zweimann-Schwert-Kats mit Spi

Klassen: Tornado, Formula-18, Formula-20 (Kats mit Fockholepunkt auf dem Vorderbeam)

GRUND-TRIMM

Salingwinkel: 20 bis 50 mm **Mastvorbiegung:** 20 bis 70 mm **Mastfall:** 40 bis 100 cm
Ruderstellung: 37 bis 52 mm **Latten:** 5/3,5/2,5/1,5 Starkwind + 1 kg

	KURS	AM WIND		
	Windstärke	leicht	mittel	stark
Großsegel	**Mastrotation** Nut zeigt auf	Want	Want bis Achterbeam	
	Unterliek Profiltiefe	5 cm	0 cm	0 cm
	Vorliek	leichte Querfalten	immer stärker ziehen	
	Traveller	Mitte	Mitte	Mitte
	Schot	Achterlieksfaden auswehend, ab und zu fallend oder nach Lee umklappend		mehr Schotarbeit = mehr Bootsspeed
Fock	**Holepunkt** längs (Lochplatte Fock)	Fockschot zieht etwas mehr am Achterliek	Fockschot zieht gleich an UL + AL	Fockschot zieht etwas mehr am Unterliek
	Holepunkt quer	40 cm von Mitte Mast	45 cm	50 cm
	Vorliek	Querfalten wegziehen	Querfalten wegziehen	Querfalten wegziehen
	Schot	Achterliek der Fock 5–8 cm vom Diamonddraht entfernt		
Spi	**Schot**	–	–	–
Schwerter		beide ganz unten		beide etwas hoch
Sitz-/Trapezposition		Vordeck + Beam	Vorschoter vor, Steuermann hinter dem Want	
Steuertechnik		Fockleefaden anliegend Fockluvfaden	Fockleefaden anliegend leicht steigend	Fockleefaden anliegend stark steigend

	FLIEGER			VORWIND mit Spi		
	leicht	**mittel**	**stark**	**leicht**	**mittel**	**stark**
Großsegel	wie am Wind	wie am Wind	wie am Wind	möglichst weit raus (80 bis 90°)		
	5–10 cm	0–5 cm	0 cm	20 cm	10 cm	0 cm
	wie am Wind	wie am Wind	wie am Wind	leichte Querfalten etwas ziehen		
	wie am Wind Raume Flieger ohne Spi: bis 80 cm raus			0–10 cm raus	0–50 cm	0–100 cm
	Achterlieksfaden auswehend sehr viel Schotarbeit			noch loser als Flieger, kaum Schotarbeit Achterliek muss öffnen		
Fock	wie am Wind	wie am Wind	wie am Wind	wie am Wind	wie am Wind	wie am Wind
	wie am Wind	wie am Wind	wie am Wind	wie am Wind	wie am Wind	wie am Wind
	wie am Wind	wie am Wind	wie am Wind	wie am Wind	wie am Wind	wie am Wind
	Kursänderungen + Böen ausgleichen			Fäden oben und unten möglichst anliegend		
	–	–	–	Spi sollte nicht einfallen, aber so offen wie möglich		
	Luv oben, Lee unten			Luv oben, Lee 1/2 bis unten		
	Vorderdeck + Beam	beide hinter Want	bis Achter- beam	beim Schwert	am Achterbeam	
	wie am Wind aber größere Kursänderungen			anluven, bis Schwimmer raus bei Steckergefahr abfallen		

Trimmbogen für Zweimann-Schwert-Kats ohne Spi

Klassen: Tornado Classic, Nacra 5.5 + 6.0; Hobie 18 + 21; Prindle 18.2 + 19; Hurricane 5.9 (alle Kats mit Fockholepunkt auf dem Trampolin)

GRUND-TRIMM
Salingwinkel: 20 bis 50 mm **Mastvorbiegung:** 20 bis 70 mm **Mastfall:** 40 bis 100 cm
Ruderstellung: 37 bis 52 mm **Latten:** 4,5/3,5/2,5 /1,5 – Starkwind o. leichte Crew + 2 kg

	KURS	AM WIND		
	Windstärke	**leicht**	**mittel**	**stark**
Großsegel	**Mastrotation** Nut zeigt auf	Want	Want bis Achterbeam	
	Unterliek Profiltiefe	10 cm	0 cm	0 cm
	Vorliek	leichte Querfalten	immer stärker ziehen	
	Traveller	Mitte	Mitte	Mitte bis 40 cm raus
	Schot	Achterlieksfaden auswehend, ab und zu fallend oder nach Lee umklappend		mehr Schotarbeit = mehr Bootsspeed
Fock	**Holepunkt** längs (auf dem Tramplin)	Fockschot zieht etwas mehr am Achterliek	Fockschot zieht gleich an UL + AL	Fockschot zieht etwas mehr am Unterliek
	Holepunkt quer	40–30 cm	30–20 cm von Innenkante Schwimmer	20–10 cm
	Vorliek	Querfalten wegziehen		Längsfalte bei loser Schot
	Barberhauler	lose	lose	lose
	Schot	Achterliek der Fock 5–8 cm vom Diamonddraht entfernt		
Schwerter		beide ganz unten	beide ganz unten	beide 10–20 cm hoch
Sitzposition		Vordeck + Beam	vor und hinter dem Want	
Steuertechnik		Fockleefaden anliegend Fockluvfaden	Fockleefaden anliegend leicht steigend	Fockleefaden anliegend stärker steigend

	FLIEGER			VORWIND		
	leicht	**mittel**	**stark**	**leicht**	**mittel**	**stark**
Großsegel	wie am Wind	wie am Wind	wie am Wind	5° vor den Vorderbeam		
	10 cm	0–5 cm	0 cm	30 cm	25–20 cm	20–0 cm
	wie am Wind	wie am Wind	wie am Wind	Querfalten fast weg		
	wie am Wind Raume Flieger: bis 80 cm raus			100 cm raus	100 cm raus	100 cm raus
	Achterlieksfaden auswehend			noch loser als Flieger, Achterliek muss öffnen		
Fock	wie am Wind	wie am Wind	wie am Wind	durch Barberhauler ersetzt		
	wie am Wind	wie am Wind	wie am Wind	durch Barberhauler ersetzt		
	wie am Wind	wie am Wind	wie am Wind	unbedingt lösen, aber keine Querfalten		
	nur raume Flieger: Ziehen bis Fäden anliegen			ganz nach außen ziehen möglichst alle Fäden anliegend		
	Kursänderungen und Böen ständig ausgleichen			Fäden oben und unten möglichst anliegend		
	Luv ganz oben			beide oben	Flyer: Luv oben, Lee 1/2	
	Vordeck + Beam	beide hinter Want	bis Achter- beam	Vordeck + Beam	am Achterbeam	
	wie am Wind	wie am Wind	wie am Wind	Hahnepotfäden 80–90°		

Trimmbogen für Einmann-Schwert-Kats

Klassen: A-Kat; Hobie 17 + FX-One; Nacra Inter 17

GRUND-TRIMM

Salingwinkel: 20 bis 60 mm **Vorbiegung:** 20 bis 60 mm **Mastfall:** 40 bis 120 cm
Ruderstellung: 20 bis 50 mm **Steuerfäden:** 1 m lang am Vorstag – 1,50 m über Hanepotbeschlag

	KURS / Windstärke	AM WIND leicht	AM WIND mittel	AM WIND stark
Großsegel	**Mastrotation** Nut zeigt auf	hintere Schwertkante	hintere bis vordere Schwertkante	hintere Schwertkante bis Beam
Großsegel	**Unterliek**	4–6 cm	0 cm	0 cm
Großsegel	**Vorliek**	wenig Querfalten	immer stärker ziehen	
Großsegel	**Traveller**	Mitte	Mitte	Mitte
Großsegel	**Schot**	Achterlieksfaden auswehend, ab und zu fallend oder nach Lee umklappend		
Schwerter		beide unten		beide 10 cm hoch
Sitzposition		am Vorderbeam	am Want	etwas hinter dem Want
Steuertechnik		Steuerfäden am Vorstag zeigen auf den Mast		

Großsegel	FLIEGER leicht	FLIEGER mittel	FLIEGER stark	VORWIND leicht	VORWIND mittel	VORWIND stark
	wie am Wind	wie am Wind	wie am Wind	90°	90°	90°
	6 cm	2–3 cm	0 cm	20 cm	20–15 cm	15–0 cm
	wie am Wind	wie am Wind	wie am Wind	los	los	etwas ziehen
	wie am Wind, raumer Flieger: 20–30 cm			ganz nach außen	ganz nach außen Flyer: Mitte bis außen	
	Achterlieksfaden auswehend			noch loser als Flieger, Achterliek muss öffnen		
	Luv hoch	beide etwas hoch	Luv hoch Lee halb	tiefer Kurs: beide hoch Flyer: Luv hoch, Lee halb hoch		
	am Vorder-Beam	immer weiter nach hinten, um Stecker zu vermeiden		wie Flieger	wie Flieger	wie Flieger
	Böen nach Druck ausluven			Steuerfäden 80-90° Flyer: anluven, bis Schwimmer raus Bei Steckergefahr abfallen		

Hobie 16-Trimmbogen

Weitere Klassen: Hobie 14; Prindle 16 + 18

GRUNDTRIMM **Ruderstellung:** 30 bis 40 mm

		KURS	AM WIND		
		Windstärke	leicht	mittel	stark
Großsegel	Unterliek Strecker		2–4 cm los	dicht	Falte parallel zum Baum
	Vorliek		mittel	voll dicht	voll dicht
	Traveller		5–7 cm raus	5–7 cm raus	10–50 cm raus
	Schot		etwas los	Block auf Block	
Fock	Holepunkt längs		unterstes Loch in der Schothornplatte		
	Holepunkt quer		ganz innen	ganz innen	10–20 cm raus
	Vorliek		leicht	mittel	stark
	Schot		nicht ganz dicht	voll dicht	
Mastfall		Fockfall	mittel	stark	mittel
		Wanten	4. Loch	3. Loch	2. Loch von unten
Sitzposition			in Luv und Lee am Vorderbeam	am und hinter dem Want	Vorschoter 30 cm hinter dem Want
Steuertechnik			Fockleefaden immer anliegend Fockluvfaden leicht ansteigend		

	FLIEGER			VORWIND		
	leicht	**mittel**	**stark**	**leicht**	**mittel**	**stark**
Großsegel	wie am Wind	wie am Wind	wie am Wind	5 cm los	dicht	dicht
	wie am Wind	wie am Wind	wie am Wind	etwas lösen	etwas lösen	etwas lösen
	wie am Wind, raume Flieger: etwas raus			ganz außen	ganz außen	ganz außen
	nach Druck	nach Druck	nach Druck	ganz los	immer dichter	
Fock	wie am Wind	wie am Wind	wie am Wind	wie am Wind	wie am Wind	wie am Wind
	wie am Wind	wie am Wind	wie am Wind	ganz nach außen	ganz nach außen	ganz nach außen
	wie am Wind	wie am Wind	wie am Wind	wie am Wind	wie am Wind	wie am Wind
	nach Druck ziehen	nach Druck ziehen	nach Druck ziehen	Fäden anliegend	Fäden anliegend	Fäden anliegend
	wie am Wind	wie am Wind	wie am Wind	wie am Wind	wie am Wind	wie am Wind
	wie am Wind	bis zum Heck		wie am Wind	bis zum Heck	
	wie am Wind	wie am Wind	wie am Wind	Steuerfäden am Hanepot aus 80–90°		

Dart 18-Trimmbogen

Weitere Klassen: Dart Sting, 15 und 20; Nacra 450, 500 und 570; Prindle 15 und Escape

GRUND-TRIMM

Ruderstellung: 20 bis 40 mm, wenn nicht werftseitig vorgegeben

	KURS	**AM WIND**		
	Windstärke	**leicht**	**mittel**	**stark**
Großsegel	**Mastrotation** Nut zeigt auf	nicht verstellbar	nicht verstellbar	nicht verstellbar
	Vorliek	wenig Querfalten	immer stärker ziehen	
	Traveller	Mitte	20 cm raus	30–50 cm raus
	Schot	Achterlieksfaden auswehend ab und zu fallend oder nach Lee umklappend		
Fock	**Holepunkt** längs	72 cm	76 cm von Achterkante Vorderbeam	80 cm
	Vorliek	Querfalten wegziehen		Längsfalte bei loser Schot
	Schot	Fockfäden oben und unten anliegend leicht ziehen	mittel ziehen	stark ziehen
Mastfall		10 cm	30 cm	50 cm
Sitzposition		in Luv und Lee am Vorderbeam	vor und hinter dem Want	hinter dem Want
Steuertechnik		Fockleefaden immer anliegend Fockluvfaden leicht steigend		stärker steigend

	FLIEGER			VORWIND		
	leicht	**mittel**	**stark**	**leicht**	**mittel**	**stark**
Großsegel	nicht verstellbar	nicht verstellbar	nicht verstellbar	mit dem Fuß rausrotieren	nicht verstellbar	nicht verstellbar
	wie am Wind	wie am Wind	wie am Wind	Querfalten fast weg	Querfalten weg	
	wie am Wind	wie am Wind	wie am Wind	ganz außen	ganz außen	ganz außen
	nicht ganz so stark wie am Wind ziehen			ständiges Fieren und Dichtholen um Tiefefahren zu unterstützen		
Fock	wie am Wind	wie am Wind	wie am Wind	mit der Hand nach außen	wie am Wind	wie am Wind
	wie am Wind	wie am Wind	wie am Wind	wie am Wind	wie am Wind	wie am Wind
	nach Druck ziehen	nach Druck ziehen	nach Druck ziehen	Fäden oben und unten möglichst anliegend		
	wie am Wind	wie am Wind	wie am Wind	wie am Wind	wie am Wind	wie am Wind
	nach Druck Stecker vermeiden, aber kein Saugen am Spiegel			Luv und Lee am Vorderbeam	wie Flieger	
	wie am Wind	wie am Wind	wie am Wind	Steuerfäden am Hanepot aus 80–90°		

Topcat-Trimmbogen

Weitere Klassen: Topcat K 1, K 2, K 3, Classic, 18, F 2 und Spitfire

GRUND-TRIMM — **Ruderstellung:** Werftseitig vorgegeben; F2, 18 + Spitfire: Holepunkt quer am Wind 20/10/0 cm (leicht/mittel/stark) von Innenkante Schwimmer

	KURS / Windstärke	AM WIND leicht	AM WIND mittel	AM WIND stark
Großsegel	**Unterliektraveller** bestimmt Mastrotation + Unterliek	15 cm von vorderster Stellung entfernt	15 cm von vorderster Stellung entfernt	10 cm von vorderster Stellung entfernt
Großsegel	**Vorliek**	wenig Querfalten	immer stärker ziehen	immer stärker ziehen
Großsegel	**Traveller**	Mitte	bis 20 cm raus	20–40 cm raus
Großsegel	**Schot**	Achterlieksfaden auswehend, ab und zu fallend oder nach Lee umklappend		
Fock	**Holepunkt** längs	mittleres Loch in der Schothornplatte	mittleres Loch in der Schothornplatte	ein Loch weiter unten
Fock	**Holepunkt** quer	innerhalb Trimmgurt	Trimmgurt	außerhalb Trimmgurt
Fock	**Vorliek**	Querfalten wegziehen	Querfalten wegziehen	Längsfalte bei loser Schot
Fock	**Schot**	Fockfäden oben und unten anliegend		
Mastfall	Fockfall / Wanten	mittlere Länge der Wantenvermessung	mittlere Länge der Wantenvermessung	kürzeste Länge
Sitzposition		in Luv und Lee am Vorderbeam	vor und hinter dem Want	hinter dem Want
Steuertechnik		Fockleefäden immer anliegend; Fockluvfäden leicht steigend	Fockleefäden immer anliegend; Fockluvfäden leicht steigend	Fockleefäden immer anliegend; stärker steigend

	FLIEGER			VORWIND		
	leicht	mittel	stark	leicht	mittel	stark
Großsegel	wie am Wind	wie am Wind	wie am Wind	ganz hinten mit dem Fuß 90° rotiert halten	ganz hinten	ganz hinten
	wie am Wind	wie am Wind	wie am Wind	wenig Querfalten	wenig Querfalten	wenig Querfalten
	wie am Wind, raumer Flieger: bis 60 cm raus			ganz außen	ganz außen mit Spi: Mitte bis außen nach Druck	ganz außen
	nicht ganz so stark wie am Wind ziehen			noch loser als Flieger, Achterliek muss öffnen		
Fock	wie am Wind	wie am Wind	wie am Wind	wie am Wind	wie am Wind	wie am Wind
	Barberhauler etwas ziehen Luv + Leefäden anliegend			mit Barberhauler nach außen ziehen, bis Fockfäden oben und unten anliegen		
	wie am Wind	wie am Wind	wie am Wind	wie am Wind	wie am Wind	wie am Wind
	wie am Wind	wie am Wind	wie am Wind	alle Fäden durch Fieren + Dichtholen anliegend Spischot: siehe Kats mit Spi		
	wie am Wind	wie am Wind	wie am Wind	wie am Wind	wie am Wind	wie am Wind
	nach Druck Stecker vermeiden, aber kaum ein Saugen am Spiegel			in Luv und Lee am Vorderbeam	wie Flieger	
	wie am Wind	wie am Wind	wie am Wind	Steuerfäden am Hanepot aus 80–90°		

TRAINING

Nur wer seinen Katamaran beherrscht, hat auch Spaß und Erfolg. Regattasegeln verlangt deshalb zunächst weniger die klassischen Trainingsziele Kraft, Ausdauer und Schnelligkeit, sondern vielmehr das Automatisieren der komplexen Manöver- und Trimmtechnik. Wichtig ist auch eine starke Psyche.

Zum Training gehört auch, an die Grenzen der segelbaren Bedingungen zu gehen. Diese Crew hat bei Windstärke vier bis fünf unter Spinnaker versucht, mit dem Tornado etwas höher als den optimal tiefen Vorwindkurs zu segeln. Das führte in einer Welle zum Stecker. Geistesgegenwärtig hat der Vorschoter sofort den Spinnaker aufgefiert, sonst hätte dieses Manöver mit einem spektakulären Überschlag geendet.

Anpassen zu dritt: Die beiden Kats in Lee haben genau den richtigen Abstand zueinander. Der Kat in Luv war etwas mehr Höhe gefahren als die anderen und fährt jetzt mit Speed wieder in die ideale Ausgangsposition, damit das Training ohne Unterbrechung fortgesetzt werden kann.

Bootsspeed

Wer sich zum Trainieren aufrafft, denkt zuerst meist an den Bootsspeed. Um ihn zu optimieren, muss zunächst der Grundtrimm stimmen. Dann sind aussagekräftige Vergleiche der Feineinstellungen nur durch Sparring möglich. Das ist das gemeinsame Regattatraining von zwei oder mehr Crews aus derselben Bootsklasse. Sie trainieren gleichzeitig ein bestimmtes Trainingsziel.

Disziplin beim Anpassen

Das Anpassen, auch Angleichen genannt, ist eine der effektivsten, aber auch anspruchsvollsten Trainingsmethoden. Es ist der parallele Vergleich der Geschwindigkeit und Höhe oder Tiefe, um den Trimm aller – meist aber nur von zwei – Beteiligten zu optimieren. So werden auch neue Segel in der Einstellung optimiert.

Die Sparringspartner segeln auf dem gleichen Kurs nebeneinander her, um zu sehen, wer schneller ist. Das erfordert von beiden Crews nicht nur große Aufmerksamkeit und viel Disziplin, sondern auch ein annähernd gleiches Können. Schon kleine Unkonzentriertheiten verfälschen das Ergebnis und damit die Schlussfolgerung aus dem Anpassen enorm.

In der Ausgangsposition liegen die Kats im Abstand von zwei Bootslängen nebeneinander, wobei der luvseitige Kat zudem – auf beide Bugs bezogen – 3 Meter hinter dem Kat in Lee beginnt. Dann hat die Crew in Luv nicht das Gefühl, hochgeluvt zu werden und ungewollt Höhe kneifen zu müssen. Der vermeintlich schnellere Kat sollte in Lee beginnen, weil er in Luv den langsameren Kat bald überlaufen und den Vergleich mit seinen Abwinden verfälschen würde. Fährt einer der beiden Sparringspartner mehr Höhe, sollte er wiede-

Die drei Tornados zeigen die optimale Ausgangsposition für das Anpassen. Der Abstand nebeneinander beträgt zwei Bootslängen, während die luvwärtigen jeweils etwa drei Meter hinter ihrem leewärtigen Partner zurückliegen.

Die drei Hobie 14 liegen zum Anpassen schon zu dicht zusammen. Der seitliche Abstand ist zu gering und könnte zu Windablenkungen führen (siehe TRIMM UND TECHNIK II, „Regattamanöver", Seite 142), die den Bootsspeedvergleich verfälschen würden. Außerdem liegen die Kats schon fast gleichauf, wodurch zu schnell eine beim Anpassen ungewollte Situation des „Abklemmens" oder Hochluvens entsteht.

rum in Luv beginnen, um nicht den anderen von Lee kommend „abzuklemmen".

Einfacher ist es für die meisten trotzdem, in Lee zu segeln, weil die Lage und das Verhalten des Sparringspartners das eigene Verhalten im Unterbewusstsein nicht so leicht beeinflussen. Deshalb sollte auch der schnellere Kat einmal in Luv beginnen, um festzustellen, ob er auch dort schneller ist oder die höhere Geschwindigkeit auch in eine bessere Höhe umsetzen kann.

Es gilt, zunächst den gewünschten Trimm einzustellen und möglichst gleichzeitig loszusegeln. Wird der Abstand durch Geschwindigkeitsunterschiede zu groß, wartet der schnellere Kat. Anschließend beginnt das Anpassen, eventuell mit getauschten Ausgangspositionen, erneut. Dann werden Trimmveränderungen eingestellt und erneut angepasst.

Offener Trimmvergleich

Das Anpassen kann sowohl ein stiller als auch ein offener Vergleich sein. Auch Konkurrenten nutzen diese Methode nämlich, um sich gegenseitig zu tunen. Manche passen sogar kurz vor einer Wettfahrt nochmals an. Dabei wird jedoch das Ergebnis von den beiden Partnern getrennt, das heißt, von jedem für sich allein bewertet. Trimmveränderungen werden nicht besprochen, sondern es wird nur geklärt, ob eventuell Winddreher oder Böen und Windlöcher statt des Trimms für Speedunterschiede verantwortlich waren.

Beim offenen Anpassen dagegen stimmen die Sparringspartner jede einzelne Verstellgröße und deren Änderung nacheinander ab, um exakt die Auswirkungen des veränderten Trimms analysieren zu können. Jeder beginnt zunächst mit den Trimmeinstellungen, die er bis dahin aus seinen Erfahrungen für gut befunden hat. Ist dann ein Kat schneller, wird der langsamere auf den gleichen Trimm eingestellt und wieder angepasst. Solange einer von beiden langsamer bleibt, trimmt diese Crew die Feineinstellungen um. Dabei muss nicht bei jedem erneuten Anpassen immer derselbe Kat langsamer sein.

Durch Experimentieren schaukeln sich beide in der Geschwindigkeit hoch. Ist immer derselbe Kat langsamer, sollte der Grundtrimm noch einmal geprüft und abgesprochen werden oder die Mannschaften die Boote tauschen. Bleiben Unterschiede bestehen, muss unter Umständen ein anderes Segel ausprobiert werden.

Der A-Kat mit der Segelnummer KA-662 will in einer Wettfahrt nicht überlaufen werden. A-Kat G-8 dagegen will verhindern, das KA-662 in die sichere Leestellung kommt. Auch auf solche Situationen bereitet das Anpassen im Training vor.

Diese Prozedur erfordert viel Zeit und Konzentration und sollte nach längeren Anpassschlägen durch Manöver zur Auflockerung unterbrochen werden. Gleichzeitig wird beim Anpassen eine exakte Schotführung und Pinnenbedienung geschult, was unter anderem in der Nachstartphase wichtig ist.

Manöver

Das Optimieren der Bootsgeschwindigkeit steht nicht nur bei den Freizeitseglern, sondern auch bei den Regattafreaks im Vordergrund. Wichtig ist jedoch auch das Manövertraining, denn durch schlechte Wenden, Halsen und Tonnenrundungen gehen in einer Wettfahrt mehrere hundert Meter verloren, die durch guten Speed allein kaum wettzumachen sind.

Das liegt wiederum an der absolut gesehen hohen Geschwindigkeit. Nur 10 bei einem Manöver verlorene Sekunden können schon 70 Meter Rückstand bedeuten. Gute Manöver bedeuten außerdem Sicherheit bei allen Windbedingungen. Und sie sind Voraussetzung für eine erfolgreiche Taktik.

Kat-Pflege nach dem Segeln

Wie jedes technische Sportgerät verlangt gerade ein Katamaran nach jedem Einsatz eine besondere Pflege. Wer das beherzigt, beugt ärgerlicher Schwergängigkeit der Verstellmöglichkeiten oder Bedienelemente vor, vermeidet unnötigen Materialbruch und hat insgesamt länger Freude an seinem Boot.

- Kat vor allem nach dem Segeln im Salzwasser immer mit Süßwasser spülen, besonders alle Metallteile und beweglichen Teile, wie Traveller, Ruder, Schwerter in den Schwertkästen etc., die zusätzlich mit Sand in Berührung gekommen sind
- Ablassschrauben öffnen und Wasser aus den Schwimmern ablassen; Stopfen wieder schließen, damit das vor dem nächsten Ablegen nicht vergessen wird; Restfeuchtigkeit mit einem Schwamm aufnehmen
- Deckel an beiden Schwimmern offen lassen, damit die Luft zirkuliert und sie ganz austrocknen
- alle Bolzen und Splinte kontrollieren und neu abtapen
- angescheuerte Strecker und Schoten erneuern
- Riggspannung auf einer Wantseite lösen

Zum Manövertraining gehört möglichst eine Tonne. An ihr orientiert sich die Crew, um den zeitlichen Ablauf und die gewünschte Stelle – hier der Wende – zu kontrollieren.

Trockenübung

Ein Manövertraining sollte am besten zu Hause in Ruhe vorbereitet werden, indem sich die Crew die Bewegungsabläufe aufschreibt. Dazu muss sich jeder alle Handgriffe einzeln in der richtigen Reihenfolge vor Augen führen. Zweimann-Crews sprechen die Schritte zusammen durch. Oftmals können so frühzeitig Missverständnisse beseitigt und Unstimmigkeiten vermieden werden. Niemand sollte sich im Zweifel schämen, die optimale Technik nachzulesen. Auch die zweite Trainingseinheit findet noch auf dem Trockenen, nämlich auf dem an Land stehenden Kat, statt. Dazu sollte er auf einem stabilen Slipwagen oder auf alten Autoreifen sicher aufgestellt werden. Ein robuster Kat kann auch im weichen Sand oder Gras stehen.

Zum Trockentraining können die Segel gesetzt und der Kat mit dem Bug in den Wind gestellt werden. Schotzug und Travellerbedienung müssen zum Teil angedeutet bleiben, da der Kat nicht mitdrehen kann. Beim Üben wird gleichzeitig die Bedienerfreundlichkeit der Beschläge (Klemmen, Umlenkrollen etc.), Strecker und Trapeze kontrolliert. Fehlplatzierte Beschläge können mit Werkzeug ummontiert werden, gleichfarbige Schoten und Strecker sollten ausgetauscht werden, damit sie bei Manövern schnell zu erkennen und mit einem Handgriff zielsicher zu bedienen sind.

Wenden und Halsen mit Tonne

Manöver können auf dem Wasser auch allein ohne einen zweiten Kat effektiv trainiert werden. Denn ob ein Bewegungsablauf zügig und harmonisch war, und ob der Kat flüssig durch den Wind gedreht hat, merkt eine Mannschaft selbst.

Am besten lassen sich Manöver mit einer Tonne üben. Vor allem der Regattasegler schlägt so zwei Fliegen mit einer Klappe. Denn er trainiert nicht nur die Wenden und Halsen für die Am-Wind-Kreuz und die Vorwind-Kreuz, sondern gleichzeitig das Runden der Bahnmarken während einer Wettfahrt.

Als Tonnen können feste Seezeichen der Schifffahrt oder andere fest liegende Bojen genutzt werden. Eine Wendetonne lässt sich aber auch mit einem großen Fender, einem Tampen sowie einem Gewicht oder Anker schnell selbst bauen.

Beim Manövertraining mit einer Tonne wird auch das Abschätzen der Entfernungen geübt und ein Zeitgefühl für die Dauer einer Wende oder Halse entwickelt. Die Tonne zwingt die Crew, die Wende oder Halse an einem bestimmten Punkt zu fahren und nicht beliebig lange auf optimale Bedingungen für das Manöver zu warten. Wird die Tonnenrundung selbst trainiert, stellt die Crew nach dem Ende des Manövers am Abstand zur Tonne fest, wie lange die Trimmeinstellung auf den neuen Kurs gedauert hat.

Beim Üben ist immer daran zu denken, dass vor einem Manöver die Trimmeinstellungen zuerst verändert werden, die am wenigsten Einfluss auf die Geschwindigkeit haben, und nach dem Manöver umgekehrt (siehe TRIMM UND TECHNIK II, „Regattamanöver", Seite 139 ff.). Nach einigen Versuchen bespricht die Mannschaft nochmals den Ablauf, um eventuelle Schwachpunkte gezielt zu verbessern.

1 Ausgangsposition für das Trainieren einer Wende um die Luvtonne: Die Crew steuert die Bahnmarke auf dem Am-Wind-Kurs an ...

2 ... und fällt dann etwas ab, um bei dem leichten Wind und der entsprechend langsamen Wende genügend Abstand zur Tonne zu halten.

3 Rechtzeitig wird die Wende mit den Kommandos und dem Verändern der Trimmeinstellungen eingeleitet.

4 Trotzdem wird es nach dem Abfallen auf den neuen Bug beim Passieren der Tonne sehr eng.

5 Nach der Tonnenrundung kann entweder auf den Flieger oder auf den Vorwindkurs abgefallen werden.

Trainer

Wer seine Leistung nachhaltig und konzentriert verbessern will, kommt ohne Training unter fachlicher Anleitung kaum aus. Von einem außen stehenden Experten kann auch jeder erfolgreiche Regattasegler noch etwas lernen, denn von außen sind auch kleine Fehlerquellen oft viel besser zu erkennen, die noch ausgemerzt werden können.

Ein guter Trainer beobachtet seine Segler aus einem Beiboot, geht aber auch selbst mit an Bord. Er kann sowohl die Position des Steuermanns als auch die des Vorschoters einnehmen, um auch eine Zweimann-Crew individuell zu beraten. Die Investition in ein professionelles Trainingswochenende mit Einzel- oder Gruppenschulung lohnt sich für jede Leistungsstufe. Denn abgesehen vom reinen Manövertraining gibt es meist auch noch eine ganze Menge Trimm-Tipps.

Der Vorschoter fährt die Großschot aus der Hand und trimmt sie so, dass der Luvschwimmer auch bei Wellen möglichst so gerade über der Wasseroberfläche gehalten wird. Der Steuermann hat neben der Pinne in der einen das Cunningham in der anderen Hand, mit dem er größere Windstärkenunterschiede ausgleicht. Dazu benötigen beide vor allem statische Haltekraft und Konzentration.

Kondition

Wie anstrengend Katamaran-Segeln ist, wird von vielen Nicht-Seglern unterschätzt. Die Leichtigkeit, mit der einige erfahrene Kat-Segler im Doppeltrapez bei Starkwind übers Wasser rauschen, täuscht über die enorme Kraft und Ausdauer hinweg. Mit der Anfahrt zur Regattabahn und zwei Wettfahrten pro Tag sind Regattasegler manchmal acht oder mehr Stunden auf dem Wasser aktiv. Nur topfitte Mannschaften können dabei in der Spitze mithalten.

Statische Haltekraft

Ab Trapezwind spielt die statische Haltekraft eine große Rolle. Beim Ausreiten müssen Bein- und Bauchmuskeln den Oberkörper zum Gewichtstrimm außenbords halten. Auch das Stehen im Trapez erfordert Ausdauer. Bei Wellengang macht der Kat Nickbewegungen, gegen die sich die Crew ständig abstützen muss. Ist es zudem böig, müssen Schoten und Strecker ständig gefiert und wieder dichtgeholt werden. Konditionsstarke Segler fahren die Schoten deshalb nicht nur auf dem Flieger, sondern fast immer aus der Hand.

Die Vielzahl der spezifischen Krafteinsätze ist am besten beim Segeln selbst zu trainieren. Lange Anpassschläge und drei Stunden Manöverdreiecke verbessern automatisch die Kondition. Einige Winterstunden im Fitnessstudio können jedoch im Sommer Wunder wirken. Grundsätzlich sind Halteübungen, die die Situationen beim Segeln nahezu simulieren, am effektivsten. Die Erhaltung der Gesamtfitness durch Joggen oder Schwimmen schadet selbstverständlich auch einem Segler nicht.

Aufwärmprogramm

So wie das Trockentraining bei vielen Seglern verpönt ist, verzichten die meisten auch auf ein Aufwärmprogramm, das jedoch besonders an kalten Wettkampftagen für die nötige „Betriebstemperatur“ und damit für schnelle Manöver sorgt. 5 bis 10 Minuten Dehnübungen der Muskeln und Sehnen (Schultern, Rücken, Beine etc.) kurz vor dem Ablegen, vor dem Start und zwischen den Wettfahrten beugen zudem einer Verletzungsgefahr vor, die nicht ignoriert werden sollte. Ein paar Auf-

Ein langer Trainings- oder Wettfahrttag dauert oft bis in die Dämmerung. Nur mit der richtigen Ernährung ist das durchzuhalten.

lockerungsübungen wird der Körper jedem – auch nach einem langen Segeltag – danken. Je kontinuierlicher auch nach der Saison die entscheidenden Muskeln mit Stretchingübungen fit gehalten werden, desto leichter, „schmerzfreier" und letztlich erfolgreicher werden die nächsten Trainings- und Regattastunden durchgestanden.

Ernährung

Wie bei allen Sportarten fördert eine gesunde, ausgewogene Ernährung auch beim Segeln die Leistung. Durch eine ausgesprochen lange Belastungszeit (bis zu 8 Stunden und mehr) verlangt der Speiseplan eines Regattaseglers schon einige Besonderheiten.
Die Ernährung für einen Wettfahrttag beginnt bereits mit dem Abendessen zuvor. Eine kohlehydratreiche Mahlzeit mit Nudeln oder Kartoffeln und einem vitaminreichen Salat liefert die Energie für den nächsten Tag. Der Energievorrat wird 3 Stunden vor dem Start beim Frühstück am besten mit einem nährstoffreichen Müsli mit Obst ergänzt. Je näher die Wettfahrt rückt, desto weniger wird gegessen. Außerdem ist leichte Kost – wie zum Beispiel Bananen – vorzuziehen, die auch zwischen den Wettfahrten zur Stärkung dient.

Tipp: Babykost in Gläsern ist gut zu transportieren und enthält alle Nährstoffe.
Besonders im Sommer ist der Flüssigkeitsverlust in den Trockenanzügen enorm. Mineraldrinks oder eine Mischung aus Obstsaft und Mineralwasser füllen ihn am besten wieder auf. Der Regattatag endet dann wieder mit dem ausgiebigen Abendessen, zu dem ein Bier manchem Segler die Nerven beruhigt und ihn besser einschlafen lässt.

Warm anziehen

Auch aus der Werbung vieler Katamaran-Hersteller werden die Segler in puncto Kleidung geblendet. Die Prospektfotos „in Badehose und Bikini“ sind nämlich meist im Mittelmeer oder in der Südsee entstanden. Auf mitteleuropäischen Gewässern ist selbst an heißen Tagen aufgrund der Wassertemperatur eine passende Kleidung angesagt. Außerdem wird häufig die Verdunstungskälte durch die hohe Geschwindigkeit unterschätzt.

Der erste Grundsatz beginnt an den Füßen: Es sollte niemals barfuß gesegelt werden. Die Verletzungsgefahr beim Ab- und Anlegen im flachen Wasser und beim Segeln an Bord ist zu groß. Die Schuhe sollten warm und bequem sein sowie eine rutschfeste Sohle haben. Neoprenschuhe oder Trapezstiefel erfüllen diese Anforderungen.

Die Schuhgröße sollte so gewählt werden, dass in den kalten Jahreszeiten noch Socken unter den Gummisocken angezogen werden können. Wenn die Füße abgeschnürt sind, werden sie schnell kalt. Die Gummisocken gegen Nässe gibt es als Paar (wie übliche Wollsocken) oder aus einem Stück wasserdicht an die Fußmanschetten des Trockenanzugs geklebt.

Solche Trockenanzüge sind die geeignetsten Segelanzüge fürs Kat-Segeln. Sie bestehen aus PVC, beschichtetem Nylon oder atmungsaktiven Materialien. Ein Trockenreißverschluss sowie Gummimanschetten am Hals, an den Ärmeln und an den Beinen (oder geschlossene Socken) schützen den Segler auch beim Schwimmen völlig wasserdicht. Diese Manschetten können besonders am Hals unangenehm eng sitzen. Dazu werden mit einer scharfen Schere nach und nach kleine „Ringe“ abgeschnitten, bis die Manschette angenehmer sitzt. Es sollte jedoch nie zu viel abgeschnitten werden, da nach der Bequemlichkeit bald der Wassereinbruch folgt. Es gibt auch Halsmanschetten, die mit einem Klettverschluss individuell verstellbar sind.

Alle Gummimanschetten und -socken sollten ab und zu mit Babypuder aus der Apotheke eingerieben werden, damit sie nicht spröde werden und geschmeidig bleiben. Das ist hautschonender als Talkum.

Unterm Trockenanzug sind Skiunterwäsche oder Faserpelze (auch beim Schwitzen) angenehm zu tragen und wärmen zusätzlich. Das ist nachteilig bei Neoprenanzügen (Nassbiber), die ideal sind, solange sich der Träger bewegt. Sitzt er aber während einer Trainings- oder Wettfahrtpause ruhig auf dem Kat, friert er schneller als im Trockenanzug. Bei warmem Sommerwetter kann auch ein Shorty (kurzer Neoprenanzug) oder zumindest ein Neoprennierengurt getragen werden. Ohne Kälteschutz im empfindlichen Nierenbereich sollte niemand lossegeln.

Zum Schutz der Hände vor Blasen vom Schotziehen, aber auch vor Kälte gibt es verschiedene Arten von Handschuhen. Jeder muss für sich ausprobieren, ob er Lederhandschuhe, lederbesetzte Neoprenhandschuhe mit offenen oder geschlossenen Fingerkuppen oder Stoffhandschuhe bevorzugt. Mancher kommt auch ganz ohne aus.

Empfehlenswert ist auch eine Mütze, da die meiste Körperwärme über den Kopf verloren geht. Eine Sonnenschutzkappe, die mit einem Bändsel gegen den Wind gesichert wird, ist ebenso zweckmäßig. Eine vor gefährlichen UV-Strahlen schützende Sonnenbrille und Sonnenschutzcreme mit hohem Lichtschutzfaktor sind auf dem Wasser zwingend erforderlich.

Das (lebens-)wichtigste Kleidungs- oder Sicherheitsausrüstungsstück ist die Schwimmweste. Einsteiger tendieren zur ohnmachtsicheren Feststoffweste. Teurer, aber bequemer sind ebenfalls ohnmachtsichere Automatikwesten, die über der Segelkleidung getragen werden müssen. Diese Westen werden von Regattaseglern bevorzugt, die allerdings auch so genannte Schwimmhilfen aus Feststoffmaterial tragen. Solche Schwimmhilfen sind klein und entsprechend bequem, aber nicht ohnmachtsicher. Generell sollte eine Signalfarbe ausgesucht werden und eine Tasche oder Befestigungsmöglichkeit für ein Seenotsignal gegeben sein.

Last but not least muss die Trapezhose „wie angegossen passen“. Sie sollte unbedingt vor dem Kauf ausprobiert werden (irgendwo einhängen und Trapezsegeln simulieren). Die Gurte müssen den Zug von der Hakenplatte druckfrei auf das Hosenteil übertragen und dürfen nicht auf die Nieren drücken und möglichst auch nicht an den Schultern oder im Schritt.

Viele Kat-Segler schwören auf ihre individuell angepasste Trapezhose. Zu lange Gurte schneiden sie ab, schweißen die Enden mit einem Feuerzeug zu und nähen sie gegen Herausrutschen aus den Schnallen um.

1
CATAMARAN
SWISS WATCHES

2
CATAMARAN
SWISS WATCHES
CATAMARAN

3
CATAMARAN
SWISS WATCHES

1 **Zum Training gehören Spaß und das Austesten der eigenen Grenzen. Die Tornado-Crew versucht, unter Spinnaker etwas höher als den bei diesen Bedingungen optimal tiefen Vorwindkurs zu segeln. Das kann zum Beispiel beim zweiten Raumschenkel notwendig sein.**

2 **Plötzlich erfassen eine Bö und eine Welle den Kat. Der Leeschwimmer beginnt zu unterschneiden, bevor der Steuermann ausreichend abfallen kann. Der Vorschoter hat jedoch aufgepasst und beginnt schon, die Spischot zu fieren.**

3 **Der Vorschoter hat die Situation richtig eingeschätzt, denn der Kat steckt die Spitze des Leeschwimmers ganz unter Wasser und steigt bedrohlich. Deshalb fiert der Vorschoter die Spischot jetzt ganz auf.**

4 **Der Kat wird beim Stecker voll abgebremst. Der Vorschoter hat zuvor noch schnell das Hecktrapez gegriffen und wird deshalb nicht nach vorn geschleudert. Nur dadurch verhindert er die Kenterung vornüber, weil er den Gewichtstrimm nach hinten aufrechterhalten kann.**

5 **Der Steuermann hätte zusätzlich etwas abfallen können, um das Kenterrisiko ganz abzuwenden. Aber er wollte möglichst schnell wieder die volle Geschwindigkeit aufnehmen und weiter auf diesem hohen Kurs segeln. Die Bö ist jedoch noch nicht vorüber, als die nächste Welle den Katamaran erfasst. Bei diesem Stecker taucht sogar der Vorderbeam ins Wasser ein und duscht die Crew vollständig. Dennoch verhindert sie auch hier eine Kenterung.**

Psychologie

In fast allen Disziplinen werden viele Wettkämpfe „im Kopf" verloren. Die Sportpsychologen sprechen von der mentalen Verfassung, die dem Ziel entgegensteht. Wer mit der inneren Einstellung antritt, unbedingt gewinnen zu müssen, verkrampft schnell. Die Folge sind oft unüberlegte, falsche Entscheidungen, die den möglichen Sieg zunichte machen. Jeder sollte sich die Psychologie hinter dem Regattasport bewusst machen, die oft unterschätzt wird.

Spaß an der Freude

Nicht umsonst sagen selbst Segel-Profis, dass sie an Bord Spaß haben müssen, um erfolgreich zu sein. Das ist im Prinzip in anderen Berufen nicht anders. Da für die meisten Regattasegler der Sport nicht mehr als die so genannte schönste Nebensache der Welt ist, dürfte das an sich nicht so schwer fallen. Trotzdem gehen auf vielen Regatten „verbissene Mienen" an den Start, die eine übertriebene Selbstbestätigung auf der Regattabahn suchen.

Ihnen fehlt die richtige Einstellung zum Regattasport. Trotz eines gesunden Ehrgeizes muss die ganze Regatta quasi ein Spiel bleiben – mit vielen kleinen Problemen, die es zu lösen gilt.

Auch bei Flaute kann (fast) ernsthaft trainiert werden. Zum Beispiel das „Doppel"-Trapezsegeln so ...

... oder so. Der Spaß darf jedenfalls nie zu kurz kommen.

Die Suche nach Schuldigen

Oft werden auch die Grundvoraussetzungen wie Wind und Wetter zum Problem gemacht. Das hat jedoch wenig Zweck, denn sie sind nicht zu ändern. Psychologisch ist es besser, diese Voraussetzungen hinzunehmen, aufmerksam zu beobachten und auszunutzen, statt sogar auf sie zu schimpfen. Natürlich kann ein Winddreher jeden unvermittelt benachteiligen, aber Glück und Pech gleichen sich auch im Seglerleben aus.

Statt stets Fortunas Willen vorzuschieben, wenn der Erfolg ausgeblieben ist, sollte lieber nach den wahren Gründen einer Niederlage gesucht werden. Sind sie erkannt, baut das für den nächsten Start auf. Das Bewusstsein, Fehler erkannt zu haben und zukünftig vermeiden zu können, macht stark.

Ein weiteres „unlösbares Problem“ sind Entscheidungen und Handlungen der Wettfahrtleitung. Das sind auch nur Menschen mit Fehl und Tadel, die gute und schlechte Tage haben. Sie machen jedoch nichts weiter, als nach bestem Wissen und Gewissen die Rahmenbedingungen vorzugeben, damit überhaupt eine Regatta gesegelt werden kann.

Auch diese Bedingungen sollten während einer Wettfahrt so hingenommen werden, wie sie sind. Der ausgelegte Kurs zum Beispiel ist wie eine Schiedsrichterentscheidung beim Fußball – sie ist durch lauthalses Krakeelen nicht zu ändern. An Land, wenn sich die Gemüter abgekühlt haben, kann kritisiert werden. Ein Pöbeln gegen die Funktionäre ist jedoch unsportlich. Niemand sollte sich zieren, so etwas auch als Unbeteiligter zu kritisieren.

Wer ist der Gegner?

Anders als zum Beispiel ein Skiabfahrtslauf lebt eine Wettfahrt beim Segeln vom gleichzeitigen Zurücklegen desselben Kurses. Gedränge um die beste Startposition und packende Wendeduelle gehören dazu. Es gibt viele in der Sache namenlose Gegner, die besiegt werden sollen.

Denn eine Wettfahrt ist weder ein persönlicher Kampf gegen den Stegnachbarn oder Vereinskameraden noch gegen den Rest der Teilnehmer. Es ist höchstens ein Kampf mit den Elementen, was den wesentlichen Charakter des Segelsports ausmacht. Auch beim Matchrace, dem Zweikampf Boot gegen Boot, sollten solche persönlichen Emotionen von außen nicht mit an den Start genommen werden. Das lenkt nur von der Konzentration aufs Wesentliche ab. Und diese Konzentration ist oft länger vonnöten als bei den meisten anderen Sportarten.

Wer aufgibt, verliert immer

Die Motivation der meisten Regattasegler lässt mit der Platzierung im Feld nach. Je weiter sie hinten liegen, desto eher neigen sie dazu, aufzugeben. Das ist psychologisch völlig verkehrt und das Negativste, was ein Regattasegler machen kann.

Oft genug wurde derjenige belohnt, der selbst in scheinbar aussichtsloser Position bis zum Schluss versucht hat, noch einen Platz gutzumachen. Wer nicht bis zum Zieldurchgang kämpft, hat auch nicht die Gewissheit, alles gegeben und alle Chancen zumindest zu nutzen versucht zu haben. Und einer muss immer Letzter werden. Auch er lernt bis zum Schluss noch etwas über Trimm, Taktik und das Revier hinzu und befindet sich hinterher an Land nicht in der psychologisch unbefriedigenden Situation, nicht zu wissen, was er wirklich noch hätte erreichen können.

Solange keine Havarie oder ein Materialschaden vorliegen, die den Segler selbst in Gefahr bringen, sollte keine Wettfahrt vorzeitig aufgegeben werden. Wer später ein Materialproblem vorgibt, betrügt sich selbst und wird in der Regattaszene schnell entlarvt, wenn das häufiger vorkommt. Der Ruf des Möchtegern-Pechvogels nagt dann irgendwann am eigenen Selbstbewusstsein.

Spielregeln

Von einigen Regattaseglern wird die Aufgabe der Jury missverstanden. Sie ist kein Instrument, um irgendeinen Konkurrenten einzuschüchtern, sondern soll strittige Situationen verhandeln und Verletzungen der WR (Wettfahrtregeln) ahnden. Und sie ist kein Kriegsgericht, vor dem mit psychologischer Kriegsführung der Erfolg erzwungen werden kann.

Ein begründeter Protest dagegen ist ein legitimes Mittel, um mutmaßliche Verstöße feststellen und bestrafen zu lassen. Deshalb sollte niemand einen berechtigten Protest gegen sich persönlich nehmen. Jeder macht manchmal einen Fehler und sieht ihn nicht sofort ein. Immer wieder zeigen einige Segler während der Wettfahrt aus Prinzip die rote Protestflagge, und reichen an Land letztlich so gut wie nie einen Protest ein. Sie laufen Gefahr, jeglichen Respekt zu verlieren oder als ewige Nörgler zu gelten.

Konkurrenten sind gegenseitige Hindernisse auf dem Weg zum gemeinsamen Ziel. Wenn sie sich begegnen, sollten sie sich nach den festgeschriebenen Vorfahrtsregeln ausweichen. Dabei sollte der Vorfahrtsberechtigte nicht aus Prinzip auf sein Wegerecht pochen, sondern auch mal einen Konkurrenten „durchwinken“, wenn er selbst dadurch keinen wesentlichen Nachteil hat. Das schafft Freunde auf der Bahn, die bei fairem Sportsgeist genauso reagieren werden, wenn sie einen unter umgekehrten Vorzeichen wieder treffen.

Angst

Das wohl größte psychologische Problem beim Segeln ist die Angst. Sie entsteht oft aus Unsicherheit bei der Bootsbeherrschung. Dem lässt sich nur durch häufiges Training und Wettkampferfahrung begegnen.

Am größten ist die Angst meist bei Starkwind. Durch die höhere Geschwindigkeit werden schnellere Entscheidungen verlangt, denen manche sich nicht gewachsen fühlen. Außerdem spüren diese Segler, dass Steuerfehler andere Folgen haben können als bei Leichtwind.

Die Angst vor dem Kentern, oder besser gesagt vor den Folgen des Kenterns, verleidet vielen den Spaß. Dabei ist die objektive Gefahr nicht halb so groß wie die innere Befürchtung. Auch das Kentern will allerdings gelernt sein (siehe TECHNIK, „Kentern und Aufrichten“, Seite 78). Dann ist die Wahrscheinlichkeit, sich beim Kentern schwer zu verletzen, im Vergleich zu Standardsituationen zum Beispiel in den Ballsportarten vergleichsweise gering.

Wer dennoch kraftlos oder hilflos wird, sollte sich nicht schämen, ein Notsignal einzusetzen, das er immer dabeihat. Auf Regatten sind ohnehin so viele andere Boote in unmittelbarer Nähe, dass schnell Hilfe kommt.

Die eigene Erwartung

Häufig steht einem spontanen Wettkampferfolg nach intensivem Training die eigene Erwartungshaltung im Wege. Der psychologische Druck, jeden Trainingstag sofort in eine Ergebnisverbesserung bei der nächsten Regatta umwandeln zu wollen, führt dann zum Gegenteil. Die ersten Wettfahrten nach dem Training enden vielleicht sogar schlechter als vorher. Die Verkrampfung nimmt dadurch noch mehr zu und kann sogar zu unberechtigtem und vor allem unnötigen Selbstzweifel an sich oder am eigenen Training führen.

Doch wie im Freizeitsport ist auch im Leistungssport das Training eine Investition für die Zukunft. Manchmal zahlt sich ein hoher Trainingsaufwand erst ein halbes Jahr danach oder noch später aus. Mehr Sicherheit beim Einstellen und Verändern des Trimms, ein schneller Ablauf der Manöver sowie zielsichere taktische Entscheidungen sind dann früher oder später doch die erhofften und erwarteten Früchte. Und bringen plötzlich auch bessere Resultate.

Ohne Fleiß kein Preis

Ein Wettkampf ist das beste Training, sagen die Regattasegler und treffen nur die halbe Wahrheit. Denn zu viele situationsbedingte Zwänge und nicht zuletzt ein innerer Erfolgszwang lassen oft zu wenig Entscheidungsspielraum. Eine Wettfahrt schult alles auf einmal, aber selten bestimmte Schwächen gezielt, die wohl jeder hat.

Deshalb sollte sich auch ein Regattasegler bewusst Trainingstage einrichten, an denen er nach einem Plan Manöver einstudiert oder Trimmeinstellungen ausprobiert. Einem effektiven Training steht im Wege, dass die eigenen Schwächen normalerweise bei von einem selbst ungeliebten Bedingungen auftreten. Wer zum Beispiel bei Leichtwind langsamer als andere von der Leistungsstärke her vergleichbare Segler ist, hat häufig besondere Motivationsprobleme, gerade bei Leichtwind zu trainieren. Dabei hat auch das konzentrierte, ruhige Liegen auf dem Kat bei wenig Wind seinen Reiz.

Die beste Motivation, und dort schließt sich der Kreis, ist wiederum ein kleiner Trainingswettkampf. Ein Kurzrennen um eine Portion Eis zum Beispiel wird auch den Verlierer trösten. Denn er weiß ja, dass der Gewinner an Gewicht zunimmt und dadurch das nächste Mal bestimmt langsamer sein wird.

Zum Starkwind-Segeln
gehört auch eine
Portion Mut.
Mitch Booth
und Scott Anderson
zeigen bei der
Regatta „Ronde om Texel“,
wie es geht.

FACHLEXIKON und STICHWORTREGISTER

GRAFIK © Hans Barth • 10DEC95

Abdeckung: Zone im Windschatten hinter einem Boot

Abdrift: seitliches Versetzen des Kats nach Lee durch Winddruck

abfallen: Kursänderung vom Wind weg nach Lee (z. B. um zu halsen)

abklemmen: einen Kat am Überholen hindern, indem Höhe gekniffen wird

Ablenkung: durch ein Boot hervorgerufene Änderung der Windrichtung

Abwind: verwirbelter Wind hinter einem Boot

Achterliek: hintere Kante eines Segels

Achterlieksöffnung: auch Twist genannt, Verdrehung des Achterlieks

Ankündigungssignal: Schuss mit Setzen der Klassenflagge fünf Minuten vor dem Start

Anliegelinie: Linie, von der ohne weitere Wende oder Halse eine Regattabahnmarke erreicht werden kann

anluven: Kursänderung zum Wind hin nach Luv (z. B. um zu wenden)

Anpassen: auch Angleichen genannt, der Geschwindigkeitsvergleich von zwei oder mehr Booten

Anstellwinkel: Winkel, in dem ein Segel(profil) zum Wind steht

Anströmung: Auftreffen des Winds auf ein Segel(profil)

am Wind: Fahrtrichtungen mit Wind von Steuerbord oder von Backbord zirka 45 bis 50 Grad zur Windrichtung

Am-Wind-Kreuz: Regattateilstrecke gegen den Wind, auf der die nächste Bahnmarke (Luvtonne oder das Ziel) in Luv liegt

asymmetrische Rümpfe: Rümpfe mit einer geraden Außenkante (statt Flossen oder Schwertern) als Lateralfläche (zur Abdriftvermeidung)

Aufrichthilfe: Stange unterm Kat, um ihn leichter aufrichten zu können

Aufschießer: Bugspitzen in den Wind drehen

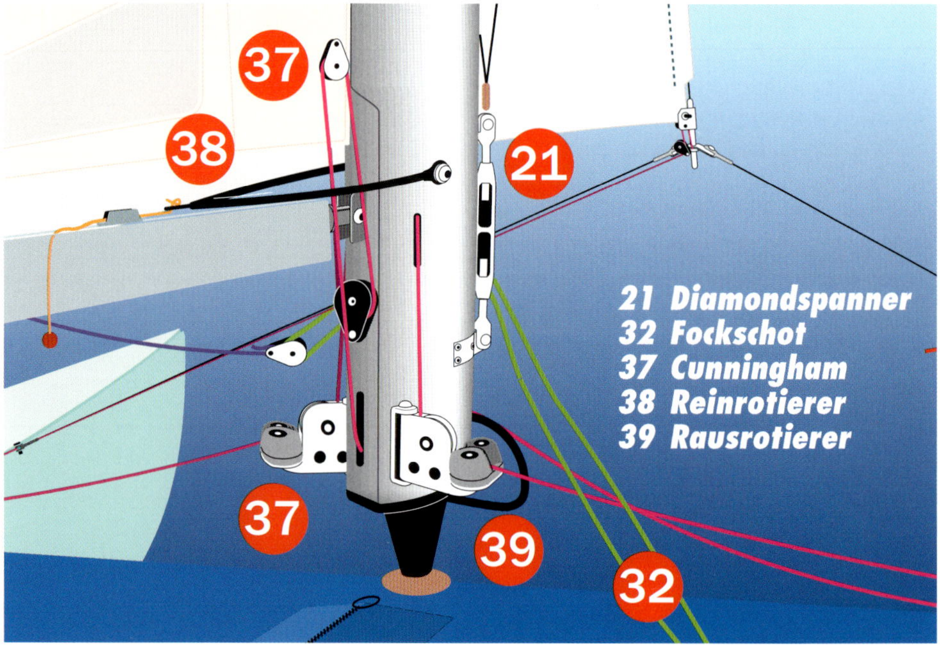

Auf-Speed-Fahren: unter Verzicht auf Höhe oder Tiefe etwas schneller fahren als den optimalen Kurs (Kompromiss aus Höhe/Tiefe und Geschwindigkeit)

aufstoppen: stoppen eines Segelboots durch Aufschießer

Auftriebsvolumen: durch die Größe der Schwimmer bestimmte Auftriebskraft des Kats, von der unter anderem das ideale Crewgewicht abhängt

Ausgleichsgewicht: Bleigewicht, mit dem laut Vermessungsvorschrift ein zu geringes Crew- oder Bootsgewicht ausgeglichen wird

Ausreitgurt: auch Trimmgurt genannt, unter den die Füße gesteckt werden, um das Körpergewicht zum Trimmen über die Bordkante zu bringen

Außenposition: Position des bei Überlappung an einer Bahnmarke außenliegenden Kats

Backbord-Bug: alte Bezeichnung für „mit Wind von Steuerbord“ (vorfahrtberechtigter Bug)

back halten: Segel auf der Luvseite eines Boots halten (z. B. um eine Wende zu unterstützen)

Barberhauler: auch Fockbeiholer genannt, Trimmeinrichtung, um den Anstellwinkel der Fock für einen raumen Flieger oder Vorwind-Kurs zu vergrößern, indem die Fockschot nach außen gezogen wird

Beam: Querverbindungen vorn und hinten zwischen den Rümpfen

Beamschalen: Vertiefungen in den Rümpfen, in denen die Beams sitzen

beigedreht liegen: fast ohne Fahrt am Wind liegen

Beschlag: Sammelbegriff für an Rumpf und Rigg befestigten Teilen wie Rollen, Klemmen, Ösen u. a .m.

Block auf Block: Zustand, in dem eine Talje (meist bei Großschot) nicht mehr weiter dichtzuholen ist
Bolzenverbindung: Beam-Rumpf-Verbindung mit geschraubten Bolzen

Catstick-Zahlen: Ausgleichfaktoren, nach denen unterschiedliche Kattypen in Regatten gegeneinander segeln
Cunningham: auch (Groß-)Vorliekstrecker genannt, Trimmeinrichtung zum Abflachen des (Groß-)Vorlieks

Diamondverstagung: Versteifung des Masts durch zwei Salingspreizen und zwei Drähte
Doppeltrapez: gleichzeitiges Trapezsegeln von Steuermann und Vorschoter
Dreher: Änderung der Windrichtung

Fall: Draht oder Tau, mit der ein Segel gesetzt wird
Fastpint: durch Gummistropp oder Kugelverschluss schnell zu lösender Bolzen
Flieger: Katamaran-Kurs mit wahrem Wind aus 90 Grad
Flosse: Lateralfläche (statt Schwert) unterm hinteren Drittel des Rumpfs
Flying: auch „wild thing“ genannt, spezielle Vorwind-Technik, mit der nicht so tief, aber erheblich schneller als auf dem üblichen Vorwind-Kurs gesegelt wird
Fockholepunkt in Längsrichtung: Punkt, mit dem der Zugwinkel der Fockschot und damit der Trimm eingestellt wird
Fockholepunkt in Querrichtung: Punkt, mit dem der Anstellwinkel der Fock über die Fockschot eingestellt wird

Gennaker: flacher, asymmetrischer Spinnaker
Gewichtstrimm: nutzen des Crewgewichts zum Trimmen

Halse: Drehung mit dem Heck durch den Wind, um auf den anderen Vorwindkurs zu kommen
Handicap: Zeitausgleichs-Faktoren für verschiedene Kattypen, die in einer Regatta gegeneinander gewertet werden sollen
Hahnepot (auch Hanepot): zwei Drähte, die vorn an der Innenseite beider Schwimmer angebracht sind, in etwa 70 cm Höhe zusammenlaufen und den Ansatzpunkt für das Vorstag und den Fockhals bilden
Hecktrapez: Trapezleine, um bei Starkwind das Nach-vorn-Rutschen auf raumen Fliegern und Vorwind-Kursen zu verhindern
hit the corner: extremes Fahren auf eine Kreuzseite, um mit nur einer Wende oder Halse eine Kreuz zu segeln
hochluven: auf einem Flieger oder Vorwindkurs durch Anluven einen Kat am Überholen hindern

Höhe kneifen: unter Verzicht auf die optimale Geschwindigkeit etwas höher am Wind zu segeln als den optimalen Kurs (Kompromiss aus Höhe und Geschwindigkeit)

Innenposition: Position des bei Überlappung an einer Bahnmarke innen liegenden Kats, der damit das Wegerecht hat

Klammerverbindung: Beam-Rumpf-Verbindung mit geschraubten Klammern
Klappschwert: Schwert, das um einen Drehpunkt im Schwertkasten abgesenkt wird
Kopfbrett: feste Platte oben am Großsegel, um das Fall anzuschäkeln
Kurzwettfahrt: auf 70 bis 90 Minuten Dauer begrenzte Wettfahrt

laminare Strömung: am Segelprofil anliegende (Wind-)Strömung

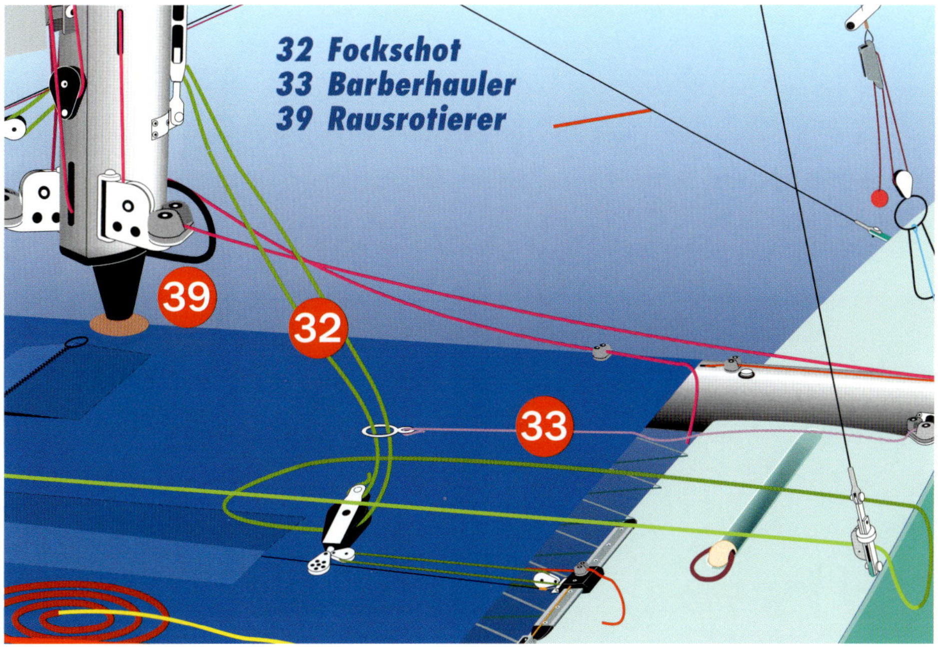

laminieren: verarbeiten von Glasfasermatten und Polyesterharz beim Bootsbau

Lateralfläche: Fläche zur Vermeidung der Abdrift (Rümpfe, Schwerter, Flossen und Ruderblätter)

Lattentaschen: auf ein Segel aufgenähtes Tuch für die Segellatten

laufendes Gut: alle Fallen, Schoten und Strecker im Rigg

Leebogen: ein Kurs in Lee vom direkten Weg zwischen Luv- und Raumtonne oder Raum- und Leetonne

Leegierigkeit: durch falschen Trimm hervorgerufenes Bestreben des Kats, ohne Ruderlegen abzufallen

Leetonne: Bahnmarke 3 in Lee des Regattakurses

Leetor: auch Leegate genannt, Bahnmarke aus zwei Leetonnen (3 und 3 G), die nach der Vorwind-Kreuz oder nach dem zweiten Raumschenkel wahlweise zu runden sind

Lenzschraube: Wasserablassschraube unten am Heck der Schwimmer

Liektau: Tau im Vorliek des Großsegels, das in der Mastnut läuft

Locheisen: Platten mit mehreren Löchern, in den Bolzen justiert werden können

Lochschiene: Schiene, auf der ein Rutscher an verschiedenen Löchern justiert wird

Lümmelbeschlag: Verbindung zwischen Großbaum und Mast

Luvbogen: ein Kurs in Luv vom direkten Weg zwischen Luv- und Raumtonne oder Raum- und Leetonne

Luvgierigkeit: durch falschen Trimm hervorgerufenes Bestreben des Kats, ohne Ruderlegen anzuluven

Madenschraube: Schraube ohne Kopf, die in einer Bohrung verschwinden kann (z. B. zum Feststellen des Fockblockwirbels)

Mastfall: Neigung des Masts in Längsschiffsrichtung

Mastfuß: auf der Mastkugel sitzendes unteres Ende des Masts

Mastnut: Schlitz hinten im flachen Ende des ovalen Masts, in dem das Liektau des Großsegels beim Setzen läuft

Mastrotation: siehe Rotation

Mastvorbiegung: durch Salingwinkel und Diamondspannung erzeugte Biegung des Masts

Mylar: spezielle Segeltuchfolie

optimaler Kurs: schnellster Kurs (Kompromiss) aus Höhe oder Tiefe und Geschwindigkeit, um ein Ziel in Luv oder Lee zu erreichen

peilen: bestimmen einer Richtung (mit Kompass oder über zwei Marken)

Pinne: am Ruderkopf befestigter Arm

Popnieten: Nieten zum Befestigen von Beschlägen

Power-Otto: Drahtspannungsmessgerät

Presshülse: mit einer Zange zusammengedrücktes Kupferstück, um ein Drahtauge zusammenzuhalten

Presskausch: Edelstahlinnenteil eines Drahtauges

Profiltiefe: die Wölbung in einem Segel

Püttingeisen: Flachstahlstück zur Befestigung der Wanten am Rumpf

raumer Flieger: Kurs zwischen Flieger und Vorwind-Kurs

Raumtonne: zweite Bahnmarke eines Dreieckskurses

Rausrotierer: Trimmeinrichtung, mit der der Mast quer zur Fahrtrichtung gedreht und festgestellt werden kann (vor allem auf Vorwind-Kursen)

Reinrotierer: Trimmeinrichtung, mit der der Mast in Fahrtrichtung gedreht und festgestellt werden kann (vor allem auf Am-Wind-Kursen)

Rigg: Oberbegriff für Mast, Wanten, Vorstag, Fallen und Großbaum

Riggspannung: Druck auf den Wanten

Rotation: Drehvermögen des Masts

Round-the-Ends-rule: Verbot des Einfahrens von Luv hinter die Startlinie (gilt ab einer Minute vor dem Start)

Ruderaufhängung: Beschläge am Heck, an denen die Ruderanlage befestigt wird

Ruderblatt: Teil der Ruderanlage, das zum Steuern und als Lateralfläche im Wasser dient

Ruderdruck: beim Steuern spürbarer Druck, der auch eine Ruderfehlstellung oder einen falschen Trimm mitteilt

Ruderkopf: Teil der Ruderanlage, in dem das Ruderblatt drehbar gelagert ist

Ruder legen: ziehen des Pinnenauslegers zum Abfallen oder Drücken zum Anluven

Rutscher: Laufschlitten auf einer Schiene

Saling: Spreizen zu den Diamonddrähten

Salingwinkel: Winkel, in dem die Salingspreizen nach hinten stehen

Sandwich-Bauweise: Schichtbauweise aus Polyester, Schaum und Polyester

Schäkel: Bügel mit Bolzen zum Befestigen von Schoten, Fallen, Blöcken u. a.

scheinbarer Wind: aus wahrem Wind und Fahrtwind zusammengesetzter Wind, mit dem ein Boot segelt

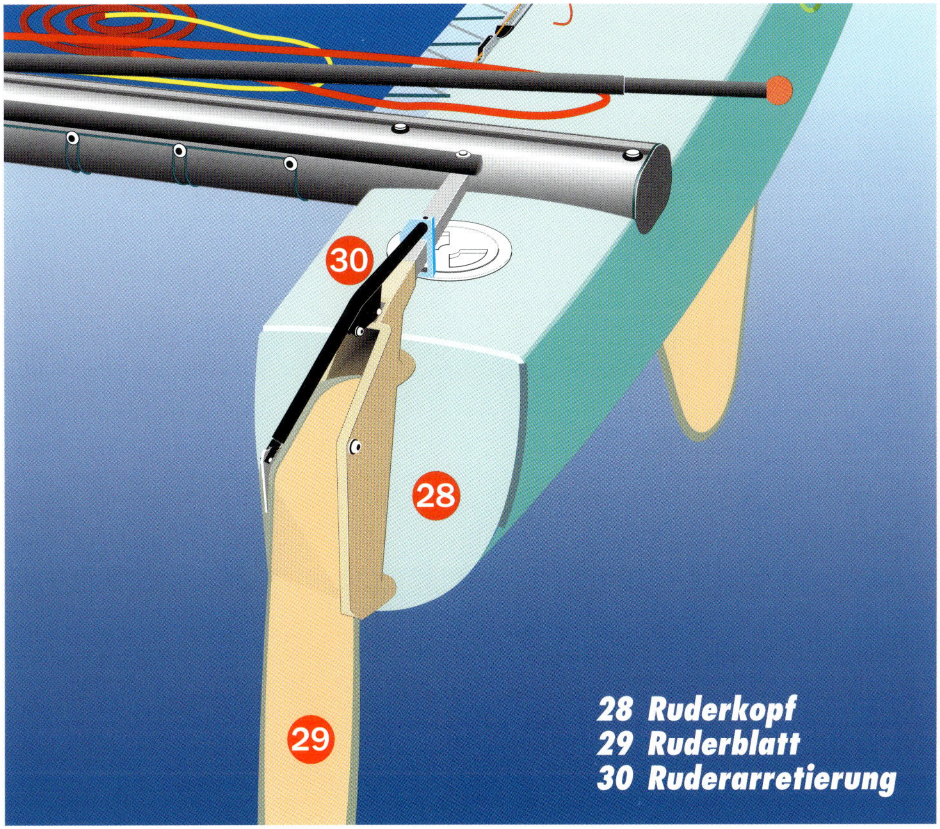

Schenkel: Teilstrecken eines Regattadreiecks zwischen Luv- und Raumtonne (Flieger) sowie zwischen Raum- und Leetonne (zweiter Raumschenkel)

Schot: Leine zum Bedienen der Segel

Schothorn: Ecke von Achterliek und Unterliek des Segels, an der die Schot befestigt wird

Schwert: Lateralfläche zur Vermeidung der Abdrift

Schwertkasten: Schlitz im Rumpf, in dem ein Klapp- oder Steckschwert geführt wird

Schwimmer: Rümpfe beim Katamaran

Segelanweisung: Reglement für eine bestimmte Regatta

Segelhals: Ecke von Vorliek und Unterliek eines Segels

Segelkopf: obere Ecke von Vorliek und Achterliek eines Segels

Signale: optische und akustische Zeichen bei einer Wettfahrt; an Land, am Startschiff oder von einem Boot der Wettfahrtleitung zur Information der Regattateilnehmer gesetzt oder gegeben

Skippers-Meeting: Treff zum Mitteilen der letzten Anweisung für einen Wettfahrttag

Slipwagen: kleiner Transportwagen, um einen aufgeriggten Kat an Land zu bewegen

Spectra: spezielles Tau, das sich wenig reckt

Spinnaker: bauchiges Segel für raume Kurse, beim Kat ein flach geschnittener Gennaker

Spibaum: am Vorderbeam und Hahnepot befestigter Baum, an dem der Spi mit der Luvschot nach vorn gezogen wird

Spifall: am Spikopf befestigte Leine, um den Spi zu setzen

Spisack: Tasche auf dem Trampolin, in der der Spi verstaut wird

Spischot: am Schothorn angeknotete Leine zum Bedienen des Spis

spitzer Flieger: Kurs zwischen Am-Wind-Kurs und Flieger

Splint: Sicherungsring für einen Bolzen

Spurstange: Verbindungsstange zwischen den beiden Rudern, an der die Parallelität der Ruderblätter eingestellt wird

Stagreiter: beim Kat Kunststoffteile, mit denen die Fock am Vorstag eingehakt wird, um sie zu setzen (bei den meisten Kats durch Reißverschluss am Vorliek ersetzt)

Stecker: Unterschneiden der Wasseroberfläche durch die Rümpfe, was häufig eine Kenterung zur Folge hat

Steckschwerter: gesteckte Schwerter, die bei Grundberührung nicht wegklappen

Steckverbindung: gesteckte Beam-Rumpf-Verbindung

Steuerbord-Bug: alte Bezeichnung für „mit Wind von Backbord“ (ausweichpflichtiger Bug)

Strafkringel: 360-Grad-Drehung, um eine Regelwidrigkeit auszumerzen

Strecker: dünne Taue, mit denen – meist über Taljen – Segel getrimmt werden

Taktikbogen: revierbezogene Notizen über taktische Erfahrungen

Talje: Flaschenzug, um mit weniger Kraftaufwand eine Schot, einen Strecker o. Ä. ziehen zu können

Tampen: Ende einer Schot oder eines Streckers

Tankdeckel: große Schrauböffnung im Deck des Schwimmers

Tape: Klebeband

Teflon: Gleitmaterial (auch als Spray)

Telltales: Windfäden

Terminal: auf einen Draht gewalzte Hülse mit Loch oder Gabel zur weiteren Befestigung an einem Beschlag

Tiefe kneifen: unter Verzicht auf Geschwindigkeit tiefer als den optimalen Kurs (Kompromiss aus Tiefe und Geschwindigkeit) fahren

Trailer: Bootstransportanhänger

Trampolin: engmaschiges Netz zwischen Rümpfen und Beams

Trapez: Draht von Mast, an den sich ein Segler hängt, um sein Gewicht möglichst weit außenbords zu trimmen

Traveller: aus Schiene und Rutscher bestehende Trimmeinrichtung, mit der über die Großschot der Anstellwinkel des Großsegels eingestellt wird

Trimmgurt: siehe Ausreitgurt

Überdruck: zu viel Druck in den Segeln

Überhöhe: auf der Am-Wind-Kreuz über die Anliegelinie hinausgesegelt

Überlappung: mit dem Bug über der gedachten Verlängerungslinie der Spiegel eines anderen Kats liegen

überlaufen: in Luv überholen

übertakelt: etwas mehr Segelfläche als nötig

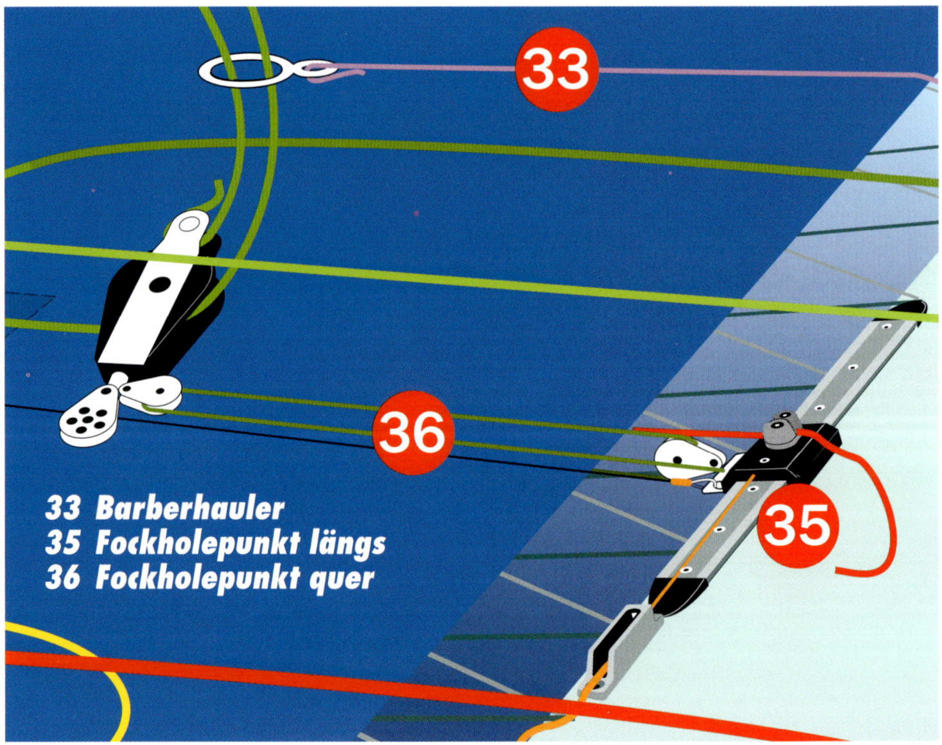

Unterliek: untere Kante eines Segels
Unterliekssstrecker: Trimmeinrichtung zum Flachziehen des Unterlieks
unterschneiden: das Abtauchen der Spitzen des Leerumpfs oder beider Rümpfe unter die Wasseroberfläche, was häufig zur Kenterung führt
unterwenden: in Lee von einem oder mehreren Kats wenden
Unterzug: Spanneinrichtung unter dem Vorderbeam, um ihn gegen den Druck des Masts (durch die Riggspannung) abzusteifen
Unterzugspanner: auch dolphin striker genannt, Gewindestange zum Spannen des Unterzugs
Untiefe: flache Stelle im Wasser, an der die Gefahr einer Grundberührung besteht
Up-and-Down-Kurs: auch Windward-Leeward-Kurs, Aufzug u. a. genannt, Regattakurs nur mit Luv- und Leetonne ohne Raumtonne 2

Vermessung: Kontrolle der Klassenvorschriften
Vollwettfahrt: Kat-Wettfahrt von 12 bis 18 Seemeilen Länge
Vorbereitungssignal: ein Schuss mit Setzen der Flagge zur Startregel vier Minuten vor dem Start
Vorbiegung: siehe Mastvorbiegung
Vorliekstrecker: Trimmeinrichtung am Vorliek zum Flachziehen des Segels, beim Groß auch Cunningham genannt
Vorschot: Fockschot
Vorstag: Draht vom Mast zum Hahnepot
Vorwind: beim Kat der Kurs mit raumem wahrem Wind, aber scheinbarem Wind aus etwa 90 Grad
Vorwind-Kreuz: Teilstrecke eines Regattakurses von der Luvtonne zur Leetonne (oder Leetor), auf der ein Kat mit Halsen vor dem Wind kreuzt
wahrer Wind: realer Wind (Stärke und Richtung), der zusammen mit dem Fahrtwind den scheinbaren Wind bildet, mit dem ein Boot segelt
Want (das, auch die Want): seitlicher Draht zum Absteifen des Masts
Wantenspanner: Beschlag zur Einstellung der Länge der Wanten (z. B. beim Mastfall)
Wende: Drehung mit dem Bug durch den Wind, um auf den anderen Am-Wind-Kurs zu kommen
Wendeduell: bei Kats selten vorkommender Zweikampf
Wettfahrtleitung: führt die Organisation einer Wettfahrt durch
Wiedergutmachung: Wiedereinsetzen durch die Jury auf einen gesegelten, angenommenen oder errechneten Platz (z. B. nach unverschuldeter Aufgabe)
wild thing: siehe Flying
Windabdeckung: siehe Abdeckung
Windablenkung: siehe Ablenkung
Windex: Windrichtungsanzeiger (Pfeil) am Hahnepot
Windfäden: Strömungsanzeiger an den Segeln
WR: Wettfahrtregeln

Yardstick-System: Berechnungssystem für die Wertung verschiedener Kattypen in einer Wettfahrt

Zwei-Längen-Kreis: im Radius von zwei Bootslängen geschlagener Kreis um die Raum- oder Leetonne, in dem vor der Tonnenrundung die Wegerechtsregel der Überlappung gilt

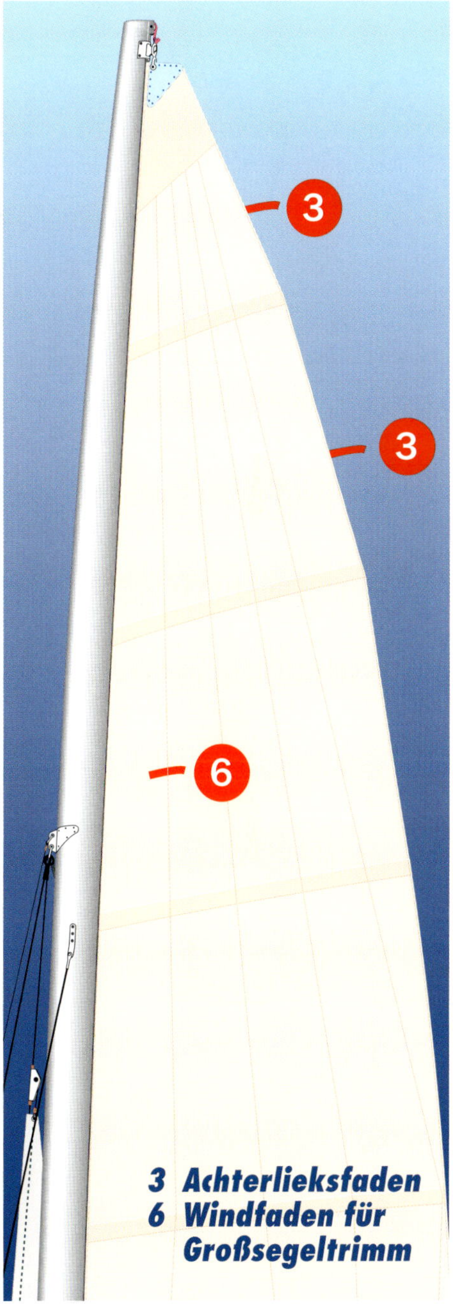

3 Achterlieksfaden
6 Windfaden für Großsegeltrimm

1 Großfallhaken
2 Kopfbrett
3 Achterlieksfaden
4 Topplatte
5 Mastbeschlag für Vorstag, Wanten und Trapeze
6 Windfaden für Großsegeltrimm
7 Achterliek
8 Fockfallarretierung
9 Radialgroßsegel
10 Windfaden Focktrimm
11 Diamondsaling
12 Diamonddraht
13 Mast, drehbar
14 Fock
15 Trapezdraht
16 Want
17 Steuerfaden, Fock
18 Hahnepot
19 Steuerfaden, Vorwindkurs
20 Trapezhöhenverstellung
21 Diamondspanner
22 Unterliek
23 Baum
24 Großschot
25 Spurstange
26 Achterbeam mit Traveller
27 Klappschwert
28 Ruderkopf
29 Ruderblatt
30 Ruderarretierung
31 Teleskop-Pinnenausleger
32 Fockschot
33 Barberhauler
34 Fockschotklemme
35 Fockholepunkt längs
36 Fockholepunkt quer
37 Cunningham
38 Reinrotierer
39 Rausrotierer
40 Mastfuß

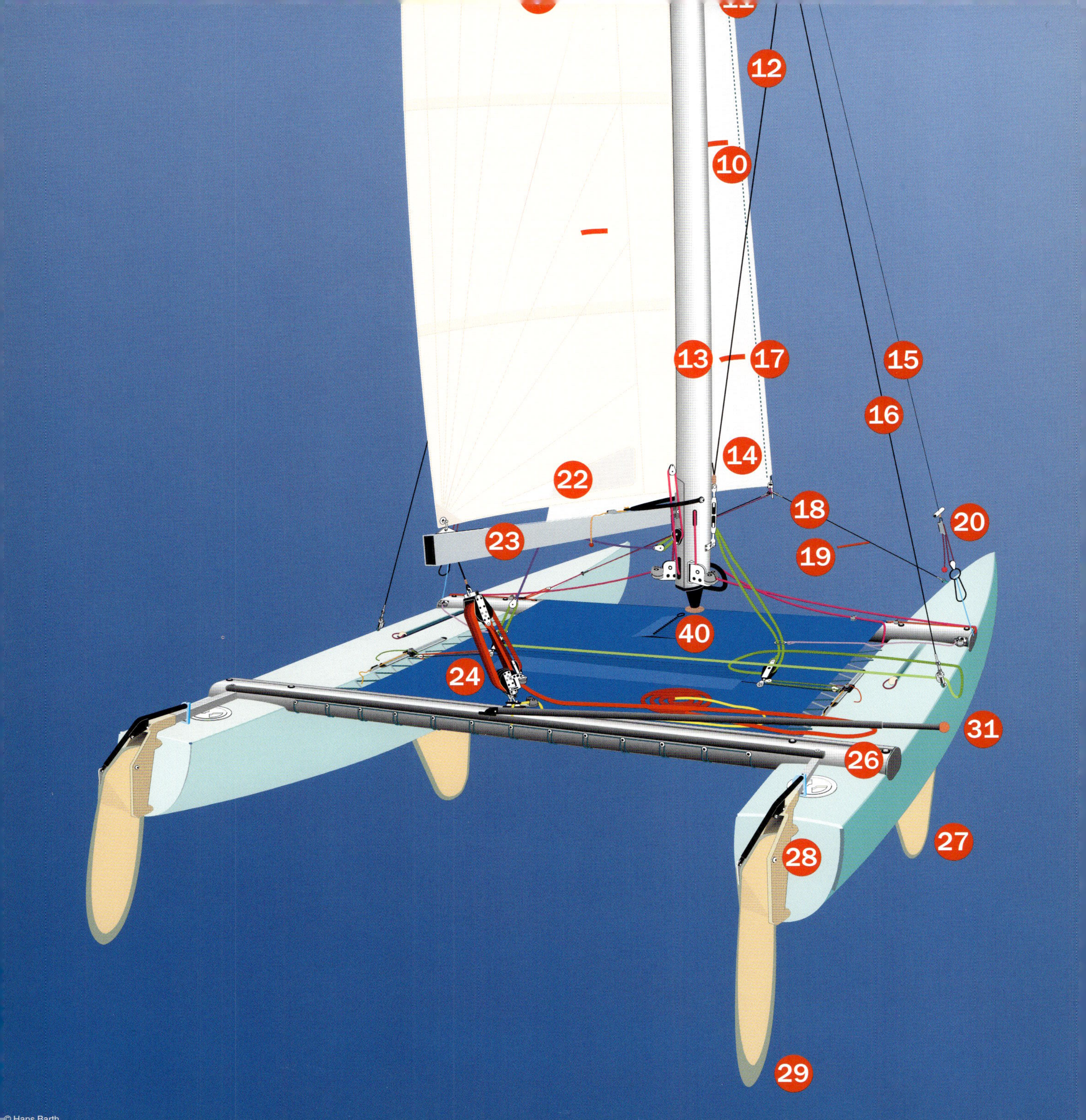

© Hans Barth

Danke!

*Viele verschiedene Kats hast du geholt,
aufgebaut, getrimmt, gesegelt – wieder
und wieder, tagelang und manchmal
sogar nachts. Geduldig musstest du auf
Sonne warten, dann auf Wind.
Wir brauchten einen Segler, der jeden
Handgriff beherrscht und ihn auch
zeigen kann. Mehr noch: Wir brauchten
einen perfekten Segler, der bei
Starkwind den Spinnaker setzt und
der einen spektakulären Stecker fährt.
Wir brauchten einen Stuntman.
Wir brauchten dich.
Du hast mehr Wenden und Halsen für
uns gesegelt, als wir dir je Cappuccinos
spendieren können.*

Danke, Christian!

Wir danken Hans Barth, Nils Bunkenburg, Peter Nowotny, Lore Voß, Giorgio Zuccoli und "Kirsche"

Bibliografische Information der Deutschen Nationalbibliothek
Die Deutsche Nationalbibliothek verzeichnet diese Publikation in der Deutschen Nationalbibliografie; detaillierte bibliografische Daten sind im Internet über http://dnb.d-nb.de abrufbar.

2. Auflage
ISBN 978-3-88412-364-5
DSV-Verlag

Redaktion: Helge Sach, Andreas Kling
Manöverdarstellung:
Helge und Christian Sach
Fotos: Andreas Kling.
Grafik und Layout: machArt, Hamburg
Druck: Merkur Druck GmbH, Norderstedt
Printed in Germany 2007

Vertrieb: Delius Klasing Verlag,
Siekerwall 21, D-33602 Bielefeld
Tel.: 0521/559-0, Fax: 0521/559-115
E-Mail: info @delius-klasing.de
www.delius-klasing.de

Fotoverzeichnis
S. 4 rechts: Heiko Bitter
S. 21, 25, 88, 103, 142,
94 rechts: Topcat GmbH
S. 177 unten: Bernard Henry
S. 90 unten, 178: Sabine Habermann
S. 93 rechts: Kirsten Sach
S. 106: Regina Rohde
S. 15, 22, 23, 24: J. de Boer Catamarans
S. 16, 18: Hobie Cat Europe
S. 85 links: Kirsa Sach
Grafiken
S. 191 bis 199: Hans Barth